LITTEKENS

LITTEKENS

Toni Davidson

Vertaling Annelies Konijnenbelt

ROMAN

1999
UITGEVERIJ DE BEZIGE BIJ
AMSTERDAM

Voor mijn familie,
mijn hele familie

'Littekens groeien vanbinnen en vanbuiten, een cultuur van littekens in petrischaaltjes opgekweekt, op onze huid geënt en onuitwisbaar in onze geest gegrift.'

REX OTTO, *The maelstrom of memory*

KLIK

Ter informatie. De volgende aantekeningen en foto's zijn door de autoriteiten ter plekke aangetroffen. Ze zijn hier weergegeven in de volgorde waarin ze zijn gevonden.

Het gekreun hoorde ik het eerst, zeventien fluitende borstkreunen, de vertrouwde geluiden van mijn vader die door de spleten tussen de houten planken van de hut sijpelden. Ik bekeek de schrammen van mijn val – oppervlakkige schaafwonden op mijn armen en benen, een flinke bloeduitstorting op mijn rug waar mijn T-shirt was gescheurd en onbedoeld camouflagekleuren had gekregen en een bonzend hoofd door het voortdurende gebonk op de boomwortels – maar de schaafwonden en blauwe plekken stelden niets voor. Ik had de veerkracht van de verwachting, een ongelooflijk, onweerlegbaar schild, een sterk pantser.

Toen.

Ik wist dat dit de plek was waar mijn vader de laatste week elke dag uren achtereen naartoe was gegaan, hij liet de samengepakte intimiteit van ons mobiele beest achter en ontvluchtte de benauwing van de gebutste caravan waarin we moeizaam met ons drieën woonden. En in mijn ontvankelijke stadium van bijna-volwassene kon ik hem alleen maar gelijk geven. Daar, hoger op de helling, was de vuile roestbak op vier wielen die ik sinds mijn kopcamera voor het eerst klikte mijn huis noemde. O God daar was hij, terug in de zoeker, en hij belette me het zicht op de hut. En daar

9

was zij. Exit die aan de ramen krabbelt om eruit te komen, Exit die haar armen om zich heen slaat en in paradepas een wonderlijke quickstep of verminkte foxtrot met haar benen uitvoert, in de tweeënhalve meter brede ruimte tussen de ene wand en de andere ijsbeert, naar zichzelf kijkt, naar haar opgezweepte spiegelbeeld in de gebarsten oude spiegel die altijd scheef hing omdat niemand tijd of zin had om er iets aan te doen. Daar liep ze met haar eigen spiegelbeeld heen en weer, aarzelend tussen trots en walging. Daar was ze. Een twee drie BOEM, een twee drie BOEM.

Wat lachte ze.

Het gekreun in de hut hoorde ik luider worden, de kracht van het gebons en gebonk toenemen alsof er meubels opzij werden geschoven. Er ruimte werd vrijgemaakt om iets onbekends te onderzoeken. Het kon van alles zijn. Zou wel van alles zijn.

Hoe vaak ben ik niet voor de gedachten in mijn hoofd op de loop gegaan.

Maar de kopcamera kan liegen. Mijn vader danste, mijn vader *danste*. Niet de stijve, mechanische bewegingen van Exits loopje, maar de vloeiende zwenkingen van een danser... Ondanks mezelf gleed er een brede lach over mijn gezicht. Met mijn ogen twee centimeter boven de vensterbank keek ik naar hem en zijn wonderbare dans. Hij tolde en stampte op de maat van een onhoorbaar ritme, onhoorbaar voor mij maar misschien niet voor hem. Ik kan de vorm, de stijl niet beschrijven; de beweging oogde wild en toch gecontroleerd; onregelmatig maar naadloos. Maar wat ik zag beviel me, wat ik zag deed dammen van emotie in me doorbreken en gaf me zoveel hoop dat ik op de deur van de hut af rende om naar binnen te stormen en mee te doen in deze onverwachte horlepiep, met mijn vader mee te doen in een nieuwe beweging. Al het voorgaande was de voorbereiding geweest voor deze intimiteit tussen vader en zoon. Toen begreep ik het, nu begrijp ik het.

KOPFOTO

Exit knielde aan het voeteneind van mijn bed neer. Ik keek op uit de nevel van de halfslaap en zag haar gezicht tussen mijn voeten. Ik vroeg wat ze aan het doen was. De caravan was stil, het was in de tijd voordat het dansen en ijsberen begon, de tijd waarin mijn vader rustig in zijn stoel zat te lezen. De tijd waarin Exit haar echte naam had. Mama. De tijd waarin ze uren met mij doorbracht, wakker of slapend. En soms zat ze voor zich uit te staren alsof ze ergens mee communiceerde zonder dat ik iets kon horen. Ik voelde het natte washandje tussen mijn tenen glijden, een voor een, talmend om elk pluisje en vuiltje te verwijderen. Ik zag hoe ze de laatste teen bewerkte, zag hoe ze achteroverleunde om de stijfheid uit haar rug te strekken en haar arbeid te bestuderen. Mijn hoofd viel duizelig van moeheid terug op het kussen, maar ik hoorde mijn moeders stem die steeds weer herhaalde: O lieve help... o lieve help... o lieve help. En het washandje hervatte zijn korte strijkbewegingen tussen mijn tenen.

Mijn hand was zes centimeter van de kruk toen ik hem met een ruk terugtrok. Het geluid in de gammele hut was ineens veranderd. Van gekreun in geschreeuw, van gekerm in gegil. De stoelen werden getrapt, niet geschoven, de tafel van de ene wand naar de andere gesmeten. Drie meter, schatte ik. Drieënhalf misschien. Iets misschien iemand had het ritme in de hut veranderd, het ballet verstoord en nu, en nu was het geen dans meer, althans niet het geluid of gevoel van een soort dans die ik kende. Het waren schokkerige rukken, zijn ledematen bewogen houterig, af en toe onderbroken door een grillige stramheid.

Er waren geen woorden, er was alleen geluid, zijn lange zwarte baard raakte verstrikt in zijn mond en bij elke kreet, elke snerpende gil werden de lange zwarte slierten weggeblazen en landden dan weer in zijn mond. Hij wierp zich tegen mijn kant van de hut en ik dook een snelle vijftig centimeter van schrik onder de vensterbank, geschokt door de kracht van de dreun tegen de halfrotte planken. Hij wierp zich met toenemend geweld van de ene wand tegen de andere, en ik raakte verstrikt in mijn pogingen om te begrijpen wat ik zag, om deze plotseling omslag, deze metamorfose te beredeneren...

Ik sloop weg van het raam en vluchtte rennend en klauterend de heuvel weer op, glippend en glijdend op het natte laagveen, met nauwelijks grip meer op de grond, in het geheel nauwelijks grip meer.

KOPFOTO

Mijn moeder zit aan mijn vaders keel. Ik ben zes. Ik heb een nieuwe teddybeer, vers uit een speelgoedwinkel waar we langs waren gekomen met de caravan in stuipen en schokken slingerend over de hobbelige straten achter ons aan. De beer doet me niet veel, in elk geval minder dan hij mijn moeder leek te doen toen ze hem kocht. Ze drukte zijn nieuwruikende synthetische vacht tegen mijn gezicht, pakte zijn pootje vast en streek ermee langs mijn lippen, duwde zijn zachte voetjes met trage, lichte bewegingen in mijn mond en lachte met korte ademstootjes. Toen ik hem meenam de caravan in leek hij meer van haar dan van mij te zijn en hij lag onaangedaan op mijn borst terwijl ik toekeek hoe mijn moeder haar tanden langs mijn vaders lange hals

schraapte. Ik wist alles van kussen. Op sommige dagen leek ik
wel te druipen van mijn moeders speeksel, mijn wangen, mijn
hals, mijn armen en benen, nat en glimmend met dat vreemde
gevoel en die vreemde geur waarvan ik niet wist of ik ze prettig
of onprettig vond. Na het kussen rook mijn moeder niet geparfu-
meerd, niet naar haarlak of zeep. Alleen de wee-zoete geur
van speeksel. Ik wist ook niet of mijn vader het prettig vond.
Hij stond tegen de caravandeur geleund met mijn moeder aan
zijn hals, en haar handen duwden zijn borst nog dichter tegen de
wand. Hij zweeg terwijl mijn moeder tussen het geslobber door
kreunde. Ze zag me kijken en draaide zichzelf en mijn vader
een slag zodat ze me over zijn schouder kon zien. Ze ving mijn
blik en hield die vast en ik voelde me ongemakkelijk, betrapt ter-
wijl zij zich verder een weg over mijn vaders gezicht sabbelde.

FOTO 1   MOEDER EN ZOON

De caravan is voor niemand een toevluchtsoord; als er
ooit al een stille idylle heeft bestaan voordat die werd
overreden door dat vuile karkas op wielen, van links
naar rechts zwoegend in zijn vertrouwde uitzinnige,
tegendraadse ritme, dan was daar nu niets meer van te
merken.

'Kom met me spelen, jongen, je speelt nooit meer
met me.'

Ik omlijstte Exit met mijn handen, stelde mijn ogen
alleen op haar scherp, zoomde in op het lange bruine
haar dat over haar schouders viel, haar hand uitgestrekt
naar de mijne.

'Ik heb een cadeautje voor je.'

Haar glimlach was geloofwaardig en de hand achter
haar rug al helemaal. Ik liep naar haar toe en ze nam
me op schoot, haar armen om mijn middel.

'Wil je weten wat het is?'

In haar adem kon ik ons eten ruiken en een mengeling van zwavel en rook van haar sigaret die op het aanrecht in de kookhoek lag te branden.

'Van wie is het?'

Haar armen omknelden mijn ribben en mijn adem werd uit mijn mond gestoten.

'Hoe bedoel je van wie is het? Wat is dat nou voor vraag. Denk je soms dat het van je vader is? Denk je dat?'

Haar stem veranderde, haar mond kwam dichter bij de mijne en ik voelde de haarsluier in mijn ogen strijken. Dit waren geen goede tekenen. Daar wist ik alles van. Maar ze had gelijk. Het was even zwart-wit als deze foto, maar dat klopt ook niet, wat ik bedoel is dat deze foto grijs is, honderd schakeringen en tinten grijs en de waarheid is dat mijn vader me geen cadeau zou hebben gegeven.

'Nee,' zei ik.

'Dat dacht ik ook niet. Nou, alsjeblieft.'

Haar andere hand verscheen voor mijn neus met een kleine instamatic-camera, een zwart kastje met een felgekleurd riempje.

'Zeg niet dat je dit niet graag wou. Ik weet dat dit al heel lang je hartenwens is.'

Ze had natuurlijk gelijk, ze had mijn handen gezien, mijn vingers die alles omkaderden, van het ons omringende landschap tot elke beweging die zij of Paniek in de caravan maakten.

In mijn ogen bood de camera de beste blik op de wereld om me heen.

'Waar zal ik foto's van maken?' vroeg ik haar.

Ze lachte en liet me los, zette me voor zich neer, nog vlak bij haar gezicht, onze voorhoofden botsten bijna, onze neuzen vochten bijna om dezelfde lucht.

14

'Gut, waar je altijd foto's van maakt natuurlijk.'
Nu lachte ik. Dat meende ze niet. Ze zou de foto's niet willen die ik met mijn kop of vingers had genomen, of kon nemen. Paniek ook niet, die zou kilometers weg rennen of lopen of zwemmen voordat hij ernaar keek.
'Ik neem de eerste wel.'
Ze trok me tegen zich aan, pakte de camera in de ene hand, mijn middel in de andere en we keken allebei naar het trillende zwarte boxje in haar hand. Klik.
'Ziezo. Heb ik nu geen kusje verdiend?'
Met mijn samengeknepen lippen beroerde ik de huid van haar wang. Die voelde droog en poederig aan. Ze lachte weer, wierp haar hoofd in haar nek zodat het haar uit onze ogen verdween.
'Malle jongen ben je toch. Een vriend kus je op de wang. Je moeder kus je op de mond.'
Weer greep ze me bij mijn middel en haar lippen ontmoetten de mijne halverwege en ik voelde zwavel prikkelen en rook mijn keel binnendringen.
'Vergeet niet dat je uit mij voortkomt, uit dit lichaam, en dat mijn ogen alles hebben gezien wat er van je te zien is. Alles, hoor je. Ga nu maar met je nieuwe speeltje spelen.'
Zij had haar ogen, ja, maar ik had de camera.
Klik.

KOPFOTO

Mijn moeder schreeuwde tegen mijn vader. Haar mond een paar centimeter van zijn oor. Haar stem had geen volume — ik lag op de vloer in de zithoek en zij waren in bed en ik hoorde nauwelijks woorden die niet in een lange sisklank eindigden, een aangehouden, venijnige snauw. Er waren geen woorden al-

leen een diepe weergalm die door de dunne bodem naar mijn
op de vloer gekleefde dijen leek te trillen, naar mijn armen die
voor me uitgestrekt lagen in een vrije val naar niets. Er was een
gevoel dat verder ging dan de trillingen die ik in mijn lichaam
voelde, een huivering in mijn hart; een pijnscheut in mijn
hoofd... Als ik niet op die plek was vastgekleefd was ik wegge-
rend. Als ik niet had gezien dat mijn moeder aan mijn vaders
lange zwarte haar rukte en het daarna van haar hand schudde
alsof het de restanten van een dood knaagdier waren, dan had ik
me misschien wel goed gevoeld. Zoals het toen was, en mis-
schien wel zoals het nu is, voelde ik de tranen in mijn ogen
springen en die konden nergens heen. Mijn vader reageerde
niet, ze trok zijn hoofd naar zich toe en duwde het van zich af,
met zijn haar als een slappe sliert zonder eigen wil. Voorzover
ik kon merken was er geen ontknoping, het getrek en zachte ge-
sis ging door tot lang nadat ik mijn gezicht in mijn handen
had verborgen.

FOTO 2   ZELFPORTRET: PENIS IN ERECTIE

Ik hoor Exit fluisteren, de woorden zijn gesmoord en
gedempt maar de scherpte, de vlijmende zeis van de
klank overspant de bedompte lucht van de caravan toch
wel. De nacht klopt van het gezinskabaal. Net als alle
andere nachten is het een nacht vol geluid na een lange
stille dag. Het staccato gesis van mijn adem tussen mijn
tanden, het lage gegrom en verstikte gehoest van mijn
vader, die in zijn halfslaap ligt te woelen om een paar
centimeter dichter naar de wand te vluchten in een poging te ontkomen aan de speldenprikken van de eindeloze stroom bijtende woorden, aan het gezoem van de
koelkast, het jammeren van de wind buiten. Het geluid van iets. Ik tel hoe vaak een losse tak tegen het
raam boven mijn opklapbed slaat. Tot nu toe 258. Het

gaat maar door. Het korte gekras brengt een glimlach op mijn lippen, een geruststelling in mijn hart. Ik slinger mezelf het raam uit de tak op, één snelle, onwezenlijke beweging, kopcamera in de aanslag en in actie en ik zoek met uitgestrekte armen als een wankelende koorddanser mijn evenwicht. De caravan lijkt vanaf mijn hoge plek zo klein, een gebroken-witte vlek in de zwarte omgeving van het nachtlandschap. Hij kraakt en steunt en schuift, de ademing van zijn slaap vloeit samen met het geruis en geritsel van de botsende en weer uitwaaierende takken.

Met mijn instamatic stevig in mijn hand neem ik nog een foto: ik weet dat ik geen kostbare film moet verspillen maar daar trek ik me niks van aan. Ik kan de verleiding niet weerstaan, kan de verlokkende opwelling van mijn eigen lichaam niet negeren wanneer het in de nachtlucht zwelt. Met zijn volle 11,2 centimeter steekt *hij* door mijn dunne katoenen pyjama, een kokertje in het landschap, nu en dan overschaduwd door lusteloze takken, en danst hij in zijn eigen ritme op en neer. Moeizaam spreid ik mijn benen over twee takken, het evenwicht is wankel maar houdt voor mij lang genoeg stand om de camera naar beneden te richten en mezelf voor een nieuwsgierige nazaat vast te leggen. Niet dat er veel te zien valt. De zoveelste tak in de bomen, een knop die op openbarsten staat... Ik moet erom lachen. Klik kiekt pik... Een dierbaar moment verandert in celluloid geheugen.

KOPFOTO

Ik hoor mijn vader en moeder in de keuken fluisteren. Hun oren en mond tegen elkaar aan, een hoofd keert zich naar een mond, dan keert de andere mond zich naar het andere oor. Enzovoort

enzoverder. Ik weet niet waar het over gaat maar ik voel de kor-
te haartjes in mijn nek, voel ze opkomen, de huid trekt strak
maar ik probeer me te concentreren op de legpuzzel voor me.
Vijftig stukjes waarvan er niet één lijkt te passen. Ik zou het
liefst de hele bups in de lucht willen gooien om te zien hoe de
stukjes zich over de caravan verspreiden. Dan hoor ik mijn
moeder op me afstormen, haar armen strekken zich naar me
uit, haar handen zijn onder mijn armen en ik zie de caravan
die ik met de legpuzzel had bedreigd. Ze pakt me op en zwiept
me langs mijn vader die zijn hoofd afwendt, zijn ogen gericht
op het eten dat in de pan suddert. Zes worstjes, twee eieren,
drie plakken bacon. Mijn moeder zet me voor de gootsteen,
trekt mijn handen naar voren en duwt ze onder de koude kraan.
Het water spat alles nat en haar handen pakken de mijne, kras-
sen verwoed over de huid, onder de nagels, tussen de vingers.
'Weet je het nou nog niet?' Ik snap niet goed waar ze het over
heeft maar mijn handen worden gevoelloos van het koude wa-
ter.

FOTO 3   NACHTELIJK BEZOEK

Exit kwam uit bed en ik verroerde me niet. Ze liep
naar de kookhoek en zette de kraan boven de gootsteen
open. Ik hoorde haar water uit de kraan drinken en
even overstemde het geslurp al het andere. Toen hoorde ik haar op haar knieën vallen met haar handen klet-
send op de vinyl vloer en gleed ze de keuken uit naar
de zithoek waar ik op een gammel oud opklapbed
sliep.

Als ik haar nog niet had gehoord had de rooklucht
me wel gewaarschuwd. Dit was een spel dat 's nachts
werd gespeeld, net als jaren geleden toen ik op haar
schoot kon zitten zonder de onhandigheid van gewicht
en we naar horrorfilms keken als mijn vader, die toen

net begonnen was met rondzwerven, weg was. Ik putte troost uit de situatie, ook die een afleidingsmanoeuvre van het celluloid, maar Exit kende de films altijd al en vlak voordat de muziek aanzwol tot crescendo prikte ze me tussen mijn ribben, beet ze in mijn hals, kneep ze in mijn been. En dan sprong ik van schrik uit mijn vel en rolde zij over de grond terwijl de tranen over haar wangen biggelden en zei ze: 'Je schrok je dood, hè?'

Ze had me elke keer weer te pakken.

Ze schoof haar lichaam naar het voeteneinde van het bed en ik wachtte op de schok, maar de wetenschap dat die kwam hielp niets want ik wist nooit van tevoren wat de schok zou zijn en ik was altijd, altijd wakker. Als hij kwam sprong ik uit bed, uit mijn vel, en hapte ik buiten adem een paar tellen naar lucht. Ze gierde het uit, blij dat ze me een variant had bezorgd op de horrorfilms die we hadden gezien, maar dan bedacht ze dat de schok van het ontwaken wel genoeg was geweest, dat de grap nu wel was overgekomen. Niet haar aanwezigheid maar de aanraking van haar ijskoude handen op mijn blote schenen had me uit bed geslingerd. En ik realiseerde me dat ze niet alleen haar mond onder de kraan had gehouden maar ook haar handen. Onderdeel van het spel.

Toen ze terugliep naar haar bed schaterde ze zo luid dat ze de klik van de instamatic die vanonder het dek tevoorschijn kwam niet hoorde.

KOPFOTO

Het is midden in de nacht en ik ben weer in de badkamer. Ik ben duizelig. Er zitten vlekken op mijn lichaam en ik heb pijn in mijn buik en die gaat niet over. Ik kreun om aandacht, om iemand die binnenkomt en me uit mezelf tilt, ik hang boven de wc-pot en hoop dat ik kan overgeven.

Dan komt mijn vader door het plastic kralengordijn binnen. Zijn ogen zijn mistig van de slaap en het duurt even voor hij me ziet, zijn ogen knijpen zich samen tegen het naakte schijnsel van het peertje. Hij is bloot maar het enige wat ik zie is hoe lang zijn haar is en hoe de zwarte slierten over zijn rug vallen. Zonder een woord te zeggen tilt hij me met zijn sterke handen, die onder mijn armen schrijnen, van de pot en gaat hij zitten. En dan is het enige geluid zijn wc-geluid en komt de enige beweging van zijn ontlasting die losjes en soepel in de closetpot zakt. Hij zegt geen woord tegen me terwijl hij daar zit, maar zijn gezicht drukt plezier en opluchting uit als de zachte stoelgang in het water valt. Zijn voorhoofd parelt van het zweet en hij ziet er even ziek uit als ik, maar hij zegt niets over mijn vlekken, mijn handen die tegen mijn buik zijn gedrukt, mijn pijn die open en bloot op mijn gezicht te lezen is om het hem te laten weten, om zijn aandacht te krijgen. Maar hij zegt niets. Hij trekt aan de rol wc-papier en het geluid van de rol is op dat ogenblik het luidste geluid in de caravan. Hij staat op en rekt zich uit. De druppel aan het puntje van zijn geval fascineert me. Als hij zijn ogen sluit en zijn armen uitstrekt weet ik dat ik even mag kijken. Wanneer zijn lichaam zich ontspant en zijn ogen weer opengaan, vraag ik me af hoe hij daar kan blijven hangen. Maar dan komt het antwoord van de onverschillige bewegingen waarmee mijn vader zonder een woord de wc uit loopt. De gele druppel springt over van hem naar mij, hij landt op mijn arm, een geel vlekje tussen de rode puistjes, en ik laat hem daar liggen en vergeet de pijn in mijn maag even.

FOTO 4   EXIT EN PANIEK

Ik hoorde nog steeds gefluister. Maar deze keer werden er woorden geademd.

'Niet nu.'

'Alsjeblieft...'

'Dit is niet het juiste moment.'

'Alsjeblieft...'

'Heb geduld... een andere keer... binnenkort.'

'Waarom?'

Paniek, vier stappen van mijn bed verwijderd, heeft het tegen Exit. Als ik de woorden niet had kunnen horen had ik ze in de mist boven hun bed kunnen zien, de gesmoorde dialoog die oplost in damp en verlicht wordt door de kleine neonbuis die aan een koord tussen hen in hangt en op de wisseling van hun adem heen en weer bungelt.

'Ik begrijp het niet.'

Ik kon zijn gezicht niet goed zien, maar ik hoorde zijn stem. De toon was zo vreemd, zo dun en treurig, trots en verward. Toen een korte stilte. Rust gevolgd door een plotseling staccato gekrijs toen hij losbarstte en het dekbed keihard wegtrapte, zijn voeten uitzinnig in de vulling hakte zodat ik in de schemerige caravan het dek zag golven, opgehangen aan twee witte koorden die verbonden waren met mijn vader. Toen kwam het, het trage gerommel van zijn aardbeving, een gebrom dat aanzwol tot gebulder. Fluisterend vloekte en tierde hij en zijn benen beukten steeds feller op het dekbed in.

'Hou op,' schreeuwde ik tegen hem.

Maar hij was nog maar net begonnen. Net als andere keren, toen hij ergens anders lag te beuken, was hij niet te stuiten. Het was sterker dan hij. Toen hij mijn moeders naam schreeuwde, was dat niet uit woede maar hopend op haar kalmte. Maar ze dook de badkamer in, smeet de deur achter zich dicht, ramde de grendel op zijn plaats. Zijn geschreeuw en zijn jankende woede raasden door de caravan, zijn vingers hakten en klauwden verwoed in het katoen van zijn pyjama en het materiaal wond zich in knopen rond zijn lichaam.

De uitbarsting leek uren aan te houden, het geluid van het afgeranselde vulsel verzonk langzaam in het achtergrondgezoem en -gedein van de caravan. Ik dook dieper in mijn opklapbed, verborg me nog beter maar liet net genoeg ruimte over om de camera te richten.

Klik.

FOTO 5 PANDEMONIUM

Deze is wazig, deze foto, het beeld maar niet de herinnering.

Exit schreeuwt vanuit de badkamer: 'De beuk erin, cowboy!'

En dan begint de show, ik ben het publiek, de stille getuige van het pandemonium in de caravan, een aanhoudend misbaar dat het lawaai van de rusteloze bomen buiten overstemt.

'Zijn jullie nou verdorie nog niet klaar? Hoe lang duurt het wel niet voordat jullie zijn uitgeraasd?'

Ik riep het tegen allebei, een zwakke kreet die niet boven de warboel van lakens en dekens of Exits vloeken en beledigingen uit kwam, en daarom kroop ik naar Paniek toe om zijn benen te pakken, maar pas nadat ik zijn benen in mijn nieuwe zoeker had gevangen. Hij begon moe te worden en ik knipte af voordat hij ophield, voordat het allemaal te rustig werd. Daarna trok ik het dek strak rond zijn lichaam en drukte ik de randen met mijn volle kindergewicht neer. Ik keek niet naar hem, hij keek niet naar mij. Het was afgelopen. Net als andere keren, ontelbare andere keren, was hij van een machine in een cocon veranderd, en zijn lange zwarte haar viel over zijn benen toen hij die tegen zijn borst klemde. Ik keek uit het raam en vond de tak waarop ik zo vaak met mijn kopcamera had gezeten. Ik keek naar de knoestige en kronkelige bast en begon de inkepingen te tellen die ik door het raam kon zien.

Exit in de badkamer gaf geen kik.

FOTO 6 ZELFPORTRET: BORST

Ik lag boven op het dek terwijl mijn vader in slaap viel en ik verplaatste mijn blik van de bomen naar het kippenvel dat mijn lichaam bespikkelde. Ik zette de camera op mijn blote borst met de lens naar mijn gezicht toe.

Klik.

Portret van... zes genomen, nog zes over als ik die van de boom buiten meetelde. En dat deed ik. Die Klik was even echt als degene die wedlopen in het kippenvel deed en met zijn vinger rond vlekjes en verse rode littekens gleed.

KOPFOTO

Ik zag haar in het benauwde badkamertje van de caravan, ze was boos op me. Ze trok me naar binnen en kleedde me uit, rukte de met vuil besmeurde kleren van me af en tilde mij, met mijn huid van acht die blauw van de kou was en bestreept met rode aders en klodders bruine modder, in het bad vol dampend water. Er was geen schuim, alleen snel naar de oppervlakte opstijgend vuil dat van mijn huid losliet zodra die het water raakte.

'Waarom waarom waarom moet je toch altijd zo vuil wor-

den?' zei ze tegen me terwijl ze mijn hoofd onder water duwde.
Ze liet me even los om haar lange steile haar bijeen te binden,
ze rolde haar mouwen op en onthulde een gevlekte huid waar
het wit van haar botten doorheen schemerde.

Toen keerde ze me om, mijn gezicht was ineens tegen de
wand van het plastic bad gedrukt en mijn gat stak hoog de lucht
in. Haar vertrouwd vastberaden hand begon energiek te schrob-
ben met de bezieling van iemand die het voornemen heeft het
minimaalste smetje, het kleinste onooglijkheidje te verwijderen.
Ik zei niks. Er viel weinig te zeggen dat niet al eerder was ge-
zegd. Op mijn vijfde, zesde, zevende. Dit was routine. Pro-
testen leidden alleen maar tot nog harder geschrob, als ik
schreeuwde of klaagde werd er heet water over de gevoeligste
plekjes gegoten. 'Je moet schoon zijn, op zijn allerminst moet je
schoon zijn.' Op mijn achtste kon ze mijn armen nog boven
mijn hoofd trekken en me uit bad tillen, me 360 graden rond-
draaien om te kijken of ze een vuiligheidje over het hoofd had
gezien. Als ze tevreden was pakte ze de handdoek en wreef ze
me droog.

Op een keer, na een duizelingwekkende draaiing, vertrouw-
de ze me met een diepe zucht toe: 'Jij hebt maar een simpel le-
ven, je vader maakt je vies en ik maak je schoon.'

FOTO 7 IN DE HOUTEN HUT

Deze begon sterk. Een goede fotograaf kent de foto al
vóór de instelling, kan hem al voelen voor hij hem in
de zoeker heeft en deze hing boven me. Dik. Zwaar.
Binnen kwam de sfeer in de caravan overeen met mijn
stemming, een doffe scherpte sleepte met de traagheid
van de ochtend door de lucht. Ik glipte stilletjes uit bed
om de uitzonderlijke rust niet te verstoren. Paniek lag
niet in bed en Exit was nergens te bekennen.

Ik trok snel mijn kleren aan en stapte achteruit voor

een geschikt panorama. Met intuïtieve geestdrift kaderde mijn beginnersoog het huiselijke tafereeltje in. Klik en het kon klaar zijn; maar ik deed het niet. Ik vond, toen al een kritische plaatjesmaker, dat het licht niet goed was. De aankomende fotograaf grijpt zijn trouwe apparaat en gaat het bos in.

Ik hinkte, stapte en sprong rond de hut. Vijf hinken, vijf stappen en een lange sprong. In een atletisch eerbetoon bewoog ik me op Panieks ritme. Op de groene open plek, in de vroege schaduwen van de ochtend, zetten we een geheel eigen tempo in. Ik stopte alleen even om de foto die ik niet had durven maken in te stellen met de lens tegen het gebarsten glas van het raam in de hut. Binnen zag ik het ritme dat ik had gehoord; ik zag hoe Panieks zwarte haar rond zijn blote schouders en borst zwierde, zijn handen zijn huid krabden, iets onzichtbaars van zijn hoofd sleurden en het op de grond voor zijn voeten wierpen. Op een gegeven moment stopten zijn voeten en nam zijn bovenlichaam het ritme over, schuddend en smijtend in driftige schokken, zijn hoofd reikte naar zijn tenen, zijn armen slingerden, in de maat. Vijf slingers naar links, vijf naar rechts. En daar ging hij weer, hij sprong op de plaats, graaide naar zijn hoofd en wierp het alle kanten uit.

Op de een of andere manier hoorde hij boven het lawaai van zijn voeten, zijn gezang, zijn gekreun en gesteun, de klik van de sluiter. De tijd stond stil en zijn blik ook, die onmiddellijk mijn verschrikte ogen die door de ruit keken vasthield. Ik wist niet wat ik moest doen. Mijn instinct zei me dat ik moest wegrennen, terug de helling op, gauw de kleine open plek over naar de caravan, in bed kruipen en met de anderen meesnurken en doen of ik sliep. Maar ik was vastgenageld. Ik had stiekem in mijn vaders intimiteit ingebroken en werd betrapt met mijn camera in de hand, met mijn vingers rond het bewijs.

De deur vloog open en ik werd naar binnen gesleurd. Een gilletje als in een stripverhaal, zoefsporen als in een tekenfilm en de deur sloeg dicht.

Ik werd in mijn vaders dans getrokken, zijn sterke armen klemden me tegen zijn borst, zijn zwarte haar versluierde mijn gezicht. Ik rook zijn zweet, voelde de vochtparels van zijn gezicht vallen en mijn overhemd doorweken, op mijn rug kriebelen. Ik kreeg haast geen adem zo knellend was zijn greep, ik kon haast niks zien zo snel tolden we rond. En de hele tijd ging zijn mantra maar door, eerder een dreun dan mystieke woorden, van het ene oor naar het andere kaatsend. Vier zinnen, acht strofen, geen afwijking, alleen herhaling, en ik was verloren. Als ik mijn ogen sloot was ik niet zo misselijk, als ik mijn ogen sloot vergat ik waar ik was, behalve dat ik het eng vond om deel uit te maken van mijn vaders dans. Zijn handen duwden me hoger op zijn borst zodat mijn hoofd op zijn rug viel, de zwarte haren op zijn rug prikten in mijn neus, zijn vingers prikkelden mijn ruggengraat en raceten op en neer om mijn wervels te tellen.

Ik kan het beeld in mijn hand ruiken.

'Papa...' zei ik zacht, 'ik ben misselijk...'

'Papa...' zei ik luid, 'ik moet overgeven.'

'Van misselijkheid wordt een mens sterk. Laat het gaan. Bevrijd jezelf.'

'Papa... het is echt zo.'

Een straaltje, dan een stroom braaksel dat eerst over mijn vader spoot en daarna op de grond en de muren spatte, waarschijnlijk op alles rondom want hij draaide eerder sneller dan langzamer. *Isji ta, isji ta isji ta, isji ta...*

Hij tilde me boven zijn hoofd en de laatste oprispingen dropen op zijn gezicht, op zijn huid, halfverteerd voedsel sliertte in zijn haar. Hij hield me voor zich uit van zijn lichaam af en eerst dacht ik dat hij me eindelijk ging neerzetten, maar hij hield me vast als een trofee die aan het publiek werd getoond, behalve dat er geen publiek was. Alleen hij en ik. Zelfs mijn camera lag zomaar op de vloer bij de deur. Ik was vlak bij het dak, zijn sterke armen gaven geen krimp, en toen het braaksel veranderde in gal liet hij me zakken tot mijn gezicht vlak bij het zijne was en zijn mond vlak bij de mijne. Een steelse, sterke kus. En de smaak was meer dan ik kon verdragen, de impuls meer dan ik kon vatten en ik viel flauw als de beginneling die ik was, een verfomfaaide, stinkende zak botten in zijn armen, omhuld door zijn haar.

FOTO 8 VERHUIZING

Dit was een van de vele verhuisfoto's, sommige ontwikkeld, allemaal gegrift. De dreiging van verdertrekken hing boven elke plek waar onze gebutste caravan terechtkwam. Alles was tijdelijk, wortelen was er niet bij. Op een ochtend maakte mijn vader me met een woedeaanval wakker. In een flits ging mijn droom over in Panieks getier en toen in Exits poging om haar hand op zijn mond te leggen met haar knie tegen de achterkant van zijn bovenbeen. In mijn wazigheid zag ik ze samen op de grond worstelen, een onordelijke hoop die naar de rotzooi in de kookhoek rolde. Maar mijn eerste wakkere gedachte had niet met mijn vader te maken, niet met zijn tumultueuze ochtendroep of de venijnige trappen tegen de plastic zakken vol afval, maar met mijn camera, mijn film. Alles verschoten en geen doel voor ogen. Ik had een nieuw rolletje nodig. Dit was niet het beste moment om erom te vragen.

'Sta op, sta op, sta op, sta op.'

De ergerlijke, dwingende mantra ging maar door tot ik hem onmogelijk langer kon negeren. Bussen en blikken vlogen over mijn hoofd en slierten rottende kool hingen als serpentine in de roerloze lucht van de caravan. Ons mobiele gezin werd in het bewustzijn gesmeten, overrompeld door mijn vaders gevaarlijke ingeving. Had ik maar een filmpje. Dan zou de sliertenparade van rottende etensresten voor het nageslacht zijn bewaard.

'We moeten NU weg.'

Mijn vader schreeuwde het uit alle macht en speurde op de formica oppervlakken naar de autosleutels.

'Maar waarom is er ineens zo'n haast bij?' hoorde ik mezelf zeggen terwijl ik mijn kleren bij elkaar griste en dekking zocht voor de spullen die van het keukenblad vielen en overal terechtkwamen.

'Er is haast bij om de haast om de haast. Dat is alles. We moeten weg. Verder. Een andere plek, een andere tijd. Jullie staan op en gaan naar buiten. De auto in. Dan kunnen we vertrekken. Nu.'

KOPFOTO

Mijn moeder en mijn vader zijn tegen elkaar aan gekropen in de zithoek, ze houden elkaars hand vast. Ik hoorde ze niet af te luisteren. Ik wist het terwijl niemand het tegen me had gezegd, ik wist het door de blik die mijn moeder me nu en dan toewierp om te zien of ik nog wel zat te spelen, en mijn trotse beer met

28

zijn dikke vacht zat heel mal op de Tonka-truck te wachten tot
het spektakel zou beginnen. Maar ik had het te druk met probe-
ren iets op te vangen en te zien, met stiekem proberen het gesprek
te begrijpen. Mijn vader hing over mijn moeders schoot en boog
zijn hoofd alsof hij ergens boete voor deed, alsof hij zich schaam-
de om het gewicht van zijn hoofd op zijn schouders te dragen.
Maar dat was het niet. 'Laat eens zien, laat eens zien, het is vast
niks.' Dit was een inspectie. Ze woelde door zijn glanzende
zwarte haar, scheidde het met haar vingers en duwde de losse
lokken opzij. Ze keek naar zijn schedel en liet haar vrije hand
over de huid glijden. 'Het is maar klein, niks om je zorgen over
te maken. Je zoekt alleen maar iets om over te piekeren, hè, je
grijpt alles aan om over te piekeren. Het stelt niks voor. Denk er
maar niet meer aan.' Maar er was meer, dacht ik bij mezelf,
met mijn handen diep in de ritsbuik van de beer. De tekenen wa-
ren overduidelijk. Zoals de blik die ze me een paar seconden na-
dat ze was uitgesproken toewierp, zich afvragend of ik haar
woorden had gehoord, de broze oprechtheid van haar toon had
begrepen. Zoals mijn vader die, niet gerustgesteld, zijn handen
op zijn achterhoofd legde, op de huid duwde en erover wreef.
En zoals nog iets, onuitgesproken, ongezien.

Mijn vader zat alweer in zijn bekende witteknokkelpose, een stijve houding met kromme rug en ronde
schouders, en zijn lange haar viel bij elke gewrikte
schakeling naar voren. Welke reis dit ook was, hoe
lang hij ook zou duren... Zijn ogen waren onverbidde-
lijk op de weg voor hem gericht en hij zei niets, nog
geen zenuwtrek of kuchje. Hij was een en al concentratie en controle. Op de rustige wegen althans. Als hij
de hoofdweg bereikte was het andere koek. Hij schoot
eerst naar links, dan naar rechts, dan weer naar links
en met een halsbrekende, lijfschokkende snelheid raasden we over de weg en andere automobilisten toeter-

den naar ons en verwensten ons als we van de ene kant naar de andere zwalkten en mijn vader niet zozeer het stuur als wel zijn drift in toom probeerde te houden. En op hol sloeg, dacht ik bij mezelf. Even leek ons huis op twee wielen te balanceren en de greep op de weg te verliezen. Ik keek naar de omgeving die wazig werd en verborg me voor de woede van de weggebruikers die met karrenvrachten tegelijk schreeuwden bij onze angstwekkende lancering in de beschaving.

'Ja, witte knokkels,' zei ik hardop.

FOTO 9 WOESTENIJ

We kwamen knarsend tot stilstand, waarbij de banden van de auto even in het grind slipten en de caravan achter ons gevaarlijk wankelde.

'Mijn God,' zei Exit om zich heen kijkend toen het stof rond de auto neerdaalde.

'Waarom hier?'

Dat was een goede vraag. We hadden 36 kilometer en 300 meter gereden vanaf ons pittoreske landelijke plekje naar de desolate woestenij waar we ons nu bevonden, waar Paniek ons met een plotse ruk aan de handrem had geparkeerd. Overal kraters vol olie en modder tussen uitgebrande karkassen van prefab fabrieken omringd door een wirwar van draad, afgezien van het gat waar mijn vader de auto met caravan doorheen had gewrongen. Ik hoorde het hek achter me dichtgaan, het kille geluid van een grendel die wordt verschoven, en Paniek die het grind onder zijn voeten omwoelde toen hij tot voor de auto liep en op de motorkap leunde. Ergens klonk een sirene.

'Hier is het veilig.'

Voor ons, ogenschijnlijk onbewogen op de warme motorkap van de auto leunend, bewoog Paniek zijn hoofd met een onzekere ruk van mij naar de wereld om zich heen en terug naar mij. Ik zegende het filmpje dat 15 kilometer terug voor me was gekocht. Nog voordat ik de zoeker tegen mijn oog drukte kon ik het beeld van Paniek al zien, een gezicht en een uitdrukking waardoor het verschil tussen de camera in mijn kop en die in mijn handen wegviel. Zijn silhouet tekende zich duidelijk tegen de stralende lucht af en ik herinner me dat wij allemaal, niet alleen hij maar Exit en ik ook, donkere schaduwen waren die in de kraters tuimelden.

KOPFOTO

'Waar is je vader? Waar hangt je vader in godsnaam nu weer uit? Ik zit hier al uren opgesloten met alleen maar jou als gezelschap en ik ben het zat. Wat een leven. Waar is hij?'

Mijn moeder had het tegen mij, denk ik, maar ik probeerde me voor te houden dat het niet zo was. Ik bouwde met mijn lego het soort huis dat ik andere kinderen zag maken wanneer we een keer ergens zo lang bleven dat ik naar school kon. Een deur en vier ramen, een puntdak en een schoorsteen en, als er genoeg lego was, een garage met een kanteldeur. Ik wist dat als ze duidelijk wou maken dat ze het tegen mij had, ze veel dichter bij mijn oren zou komen en haar opmerking met volume kracht bij zou zetten. Hij was al een hele tijd weg. Uren geleden was hij de deur uit geglipt, vlak na zonsopgang, maar ik had geen zin om haar dat te vertellen. Het was een kwestie van loyaliteit, maar er was geen antwoord dat ik kon geven.

Exit kon niet langer wachten. Ergens op. Ze krabde aan de deur om eruit te komen, schopte tegen alles wat in haar buurt was, stompte in de lucht, toen tegen de wand, daarna weer in de lucht. Ik voelde haar blik naar me toe zwenken maar ik bleef naar mijn legohuis kijken en plaatste de ramen zo dat ze naar buiten draaiden.

'Doe iets,' hoorde ik haar zeggen met haar starende ogen strak op mijn handbewegingen gericht. Ik had het idee dat de dakpannen van het huis scheef zaten en verwijderde ze daarom voorzichtig weer een voor een tot ik het probleem ontdekte.

'Doe iets,' hoorde ik Exit schreeuwen en ze kwam op me af en boog zich over me heen, haar kousenvoeten nog geen dertig centimeter van mijn huis en de zoom van haar jurk twintig centimeter van mijn gezicht. Ik zette het huis zo neer dat de muren parallel liepen met de strepen op het aardkleurige versleten kleed, maar terwijl ik de opbouw en de vorm van mijn legohuis bewonderde werd het door kousenvoeten in elkaar getrapt en vlogen de stenen in mijn gezicht, er belandde een halve schoorsteen in mijn mond en de ramen die ik met zoveel beleid had geplaatst werden dwars door de kamer gesmeten. Mijn moeder bukte zich zodat haar vertrouwde rooklucht me in het gezicht sloeg. Ze pakt de deur van mijn huis op en lachte, en door de stoot van haar adem moest ik het haar uit mijn ogen knipperen.

FOTO 10, 11, 12   ZOEKTOCHT

Eigen haard was de caravan waard. Goud kreeg geen kans. Ik stapte in de snel invallende schemering de caravan uit, snoof de laatste kwalijke dampen van de dag op en staarde naar een stuk grond dat ooit iets was geweest, ooit voor iets was gebruikt.

Ik ging zo ver als ik kon, drukte me tegen het gaas van de omheining, die mijn huid veranderde in een prikkend rooster dat me scherp op mijn grenzen wees. Maar niet die van mijn vader. Ik had de route van de

caravan tot de uiterste rand van het stuk grond al uitge-
dacht. 615 stappen, anderhalf maal mijn gewone pas-
lengte, waarbij ik zijn manier van lopen zo dicht mogelijk benaderde. Er waren in feite maar drie kanten
die hij op had kunnen gaan.

De eerste was onwaarschijnlijk, want er was doodeenvoudig niets om naartoe te lopen. Je kon daar net
als ik wel twintig minuten staan kijken naar de grijze
gaten en bandensporen die begonnen bij de wielen van
de caravan en doorliepen tot de grensschutting. Als
mijn vader die kant uit was gegaan, moest hij tussen de
geulen liggen die een zware vrachtauto had gemaakt,
of misschien in een grote kuil. Maar dat leek niet erg
logisch. Daar was geen ruimte om te dansen.

Ik kiekte het eerste uitzicht.

De tweede kant was al iets waarschijnlijker – er waren geen bomen, geen hutten, geen geïsoleerde bosjes,
maar wel twee flinke aardhopen, vlak naast elkaar;
groot genoeg om mijn vaders bewegingen te verhul-
len, ver genoeg om geen geluid tot mijn oren te laten
doordringen. Maar er lag een grote modderplas tussen
de caravan en de schutting met geen enkele andere route erheen die niet was versperd door prikkeldraad of
bergen halfverrot afval. En de padvinder in me die ik
nooit was geweest, de listige indiaan die ik wou zijn,
wisten dat hij daar niet heen was gegaan. Er waren
geen voetafdrukken te zien.

Ik kiekte het tweede uitzicht.

En toen stuitte mijn speurdersopwinding op een
hindernis. Zeven passen en drieënhalve stap voor me
zag ik een tunnel. Ik wou dichterbij komen en over de
laatste paar plukken prikkeldraad klimmen, ik wou
me langs de neergehaalde schutting wringen die de ingang van de tunnel afsloot, om te luisteren. Luisteren

omdat er niets te zien viel. Vanaf de plek waar ik de krassen op mijn knieën stond te bekijken, waardoor de wonden van het bos in de andere wereld van een paar dagen geleden weer waren opengehaald, had de tunnel eindeloos kunnen zijn. De horrorfilms schoten me weer te binnen en ik huiverde onder mijn moeders enge aanraking. De tunnel stak als een halve worm uit de grijze olieachtige grond op en verdween zonder zichtbaar einde, erboven of eronder, in de grond. Ik luisterde of ik zijn stem hoorde, zijn beweging, zijn geraaskal. Maar er was niets.

Ik kiekte het derde uitzicht.

KOPFOTO

Toen ik negen jaar en drieënzestig dagen was nam mijn moeder me mee op een van de sporadische uitstapjes weg van de caravan. We kwamen langs de school waar ik, doordat mijn vader lang genoeg was gebleven, op zat. Het was een zaterdagochtend en ik herkende zelfs andere kinderen die met hun ouders aan het wandelen waren, en voor één keer had ik het gevoel dat ik op gelijke voet met hen stond. Ik treuzelde voor etalages met speelgoed of chocola. Ik vond het onrechtvaardig dat mijn moeder steeds meer boodschappentasjes in haar handen had en ik niks. En ik voelde ook een soort wraak toen mijn blaas begon op te spelen en we bij een openbaar toilet moesten stoppen. Ik wist, ik wist gewoon dat ze de onderbreking niet leuk zou vinden maar ik besefte inmiddels ook dat ze de aandrang niet zomaar kon negeren, want het ongelukje dat er het gevolg van zou zijn kon haar laaiend maken.

Maar er kwam iets meer bij kijken en de consequenties had ik niet begrepen of niet goed doordacht. Ik had gedacht dat ik achter de koude dompige muren van de mannen-wc kon verdwijnen om de druk van mijn moeders hand even niet te voelen.

Maar zo ging het niet. Ze was niet van plan me los te laten in de kale bedoening van het betonnen urinoir.

'Je gaat daar niet in je eentje in. Je weet nooit wie er binnen is en ik zou niet weten of je het wel netjes deed en je handen waste.'

En zo ging ze tot mijn diepe schaamte mee naar binnen. Er hing een sterke lucht, niet van urine of ongewassen mannen maar van een schoonmaakmiddel met dennengeur, en de enige persoon in het gebouwtje was een oudere man die de vloer dweilde. Ik ging naar een van de niet-bezette hokjes, maar mijn moeder greep mijn hand en duwde me naar een van de urinoirs aan de andere kant. 'Niet daar, daar. Is minder aan te raken. Is minder waar je je handen aan kunt bevuilen.'

De oude man keek een beetje beledigd bij haar commentaar dat tussen de kale muren leek te weergalmen, en hij wierp haar een lange blik toe die uiting gaf aan zijn woede en ook zijn verwarring toen hij zag dat mijn moeder haar armen resoluut voor haar borst vouwde. Ik stond met mijn rug naar haar toe en was me verschrikkelijk bewust van haar starende blik. Ik was lang voor mijn leeftijd, waarschijnlijk een gevolg van mijn vaders rafelige genen, en ik kon gemakkelijk bij de porseleinen bak. Zenuwachtig ritste ik mijn gulp open en haalde ik eruit wat volgens mijn moeder mijn penis heette.

'Ik wil geen enkele andere benaming horen.'

Maar er gebeurde niets, hoewel de aandrang heel echt was geweest, maar die was weg zodra ik mijn zaakje had ontbloot. Hoe langer ik wachtte op de straal urine, hoe meer ik me bewust werd van mijn moeders ogen, het kletsende geluid van de dweil van de oude man tegen de deur van het hokje. Ik dacht aan de klaterende stromen die ik op onze reizen had gezien, ik dacht aan de fonteintjes op school, ik dacht aan de film die ik had gezien over een man die in een ton op een snelstromende rivier dobberde en honderden meters met een waterval omlaag stortte. Niets hielp. Toen hoorde ik mijn moeder ongeduldig met haar

35

tong klakken en hoorde ik haar voetstappen achter me. Ze keek
over mijn schouder, naar mijn handen die mijn treurig droge pe-
nis vasthielden en schudde haar hoofd, en haar greep op haar ge-
duld werd minder vast.

'Hou in vredesnaam op je tijd te verdoen.'

Met een hand richtte ze mijn penis op het urinaal terwijl
haar andere achterlangs reikte en haar hand tussen mijn benen
drukte, tussen de gaatjes. Als door een wonder spoot er een ge-
stage straal urine in het witte urinaal en ze hield niet op voordat
de allerlaatste druppel in de bak was gevallen. Maar daar bleef
haar hulp niet bij, hoe verrassend en effectief ook. Ik mocht
van haar niets aanraken, mocht mijn kereltje niet wegstoppen,
zoals ik het onjuist had horen beschrijven. Ik moest mijn han-
den boven mijn hoofd houden alsof ik gearresteerd werd en naar
de wastafel lopen. Daar schrobde ze mijn handen tot ze rauw
waren, pakte ze een papiertje en veegde alle urinesporen weg.
Toen stopte ze mijn penis weg, ritste ze mijn gulp dicht en be-
gon ze haar eigen handen al even resoluut en grondig te wassen.
Ik zag de man naar me kijken maar ik durfde niet terug te kij-
ken. Ik was negen en mijn moeder moest me helpen op de wc.
Zo zag het er in mijn ogen uit en, erger nog, zo moet het er
in zíjn ogen uit hebben gezien.

FOTO 13, 14, 15   DE TUNNEL

Ik nam een foto van de ingang van de tunnel. Een on-
zinverspilling van kostbare film maar de drang was te
groot, de symboliek brandde in me, een vage angst dat
dit zwarte gat mijn laatste foto was. En snel nam ik er
nog een, aangespoord door de roes van mijn eigen ster-
felijkheid. Ik zette de camera op een vat dat voor de
tunnel stond en zocht een geschikt takje of een stuk
draad; en ik poseerde voor het gat als een trotse, geluk-
zalige Scott op de zuidpool, of een zondagsvisser met

zijn grootste en beste vangst, de onverschrokken ontdekkingsreiziger die voor de geschiedenis is vastgelegd als eerbetoon aan zijn opoffering.

De ingang van de tunnel was vrijwel precies even hoog als ikzelf. Als mijn vader zich in de diepte had verscholen, zou hij krom moeten staan, beperkt en gekortwiekt in zijn dans, zijn bewegingen. Maar toen ik de tunnel binnenging, luisterend naar het snelle geklik van mijn schoenen op het metaal, hoorde ik niets. Wel de dreun van de woestenij in de verte, een industrieel achtergrondgeluid dat zich opdrong. Maar bij de ingang van de tunnel was er niets dan mijn eigen adem in mijn mond, mijn eigen hartslag in mijn slapen.

Ik had natuurlijk een flitser nodig. Ik had ze gezien. Grote bolle lichten zo groot als een schoteltje en kleine kristallen blokjes. Ik had verrukt naar films gekeken met acteurs die trilden van de magnesiumgloed, oude zwartwitfilms waar ik bij moest huilen maar waar mijn moeder bij verstrakte van verveling, *lach eens tegen het vogeltje, meneer Kristal, lach dan...* Maar de grabbeltoncamera die Exit had gekocht had zoiets moderns niet en het gat werd er alleen maar donkerder door. Ik zou op mijn andere camera moeten vertrouwen, besloot ik. De camera die het zonder film, zonder flitser kon stellen.

Net toen ik merkte dat mijn voeten hun greep op de tunnel verloren, hoorde ik iets voor me. Het oppervlak onder me was glibberig geworden, de lucht was bedompt en kouder, en op mijn knieën in de tunnel met geen licht voor of achter me hoorde ik mijn vader. Geen anomiem geluid dat me de stuipen op het lijf zou hebben gejaagd en me zou hebben verstijfd van angst, maar een vertrouwd gemompel – een soort geur die ik kon volgen, een beeld dat ik duidelijk voor me zag, dat me rechtstreeks naar hem zou leiden.

Gemakkelijker gezegd dan gedaan. Uiteindelijk had ik geen keus tussen lopen of rollen, het dilemma loste zich vanzelf op. Ik gleed uit en viel, schaafde mijn huid aan klinknagels en groeven, ontvelde mijn schenen en dijen aan de metalen zijkanten. Ik had durven zweren dat ik vonkte, dat er scherven licht ontsprongen aan mijn slippende voeten; vonken die schitterden voor mijn ogen, rond mijn hele hoofd.

En ik kwam weer tot mezelf op de bodem van iets.

Mijn instinct was het eerst wakker. In de duisternis, met verbogen en verwrongen vingers, drukte ik op de knop van mijn camera die – goddank – nog helemaal ongeschonden vlak bij mijn borst lag. En daar was hij, meer dan levensgroot, met zijn lange zwarte haar dat rond zijn schouders sliertte, over zijn blote borst viel, over zijn handen streek die hij voor zich uit hield. Er klonk een laag gegons. Had zijn mond kunnen zijn maar ik was er niet zeker van, het klonk niet als zijn mond, klonk helemaal niet alsof het uit hem kwam.

Hij zat in een kring van kaarsen, kleine witte met gestolde fonteinen van was op de vloer gekoekt. Hij was hier al een tijdje, bedacht ik. Sinds hij de handrem had aangetrokken en het portier had dichtgesmeten.

'Precies op tijd,' zei hij, en zijn stem klonk verstikt, bedekt met stof en verdiept door rook.

'Precies op tijd waarvoor?'

Hij tilde me op, trok zich niets aan van het bloed dat uit een diepe snee in mijn been drupte en hees me over de kaarsenkring heen. Hij zette me in het midden, bestudeerde mijn houding en kruiste mijn benen precies zoals de zijne. Daarna plaatste hij mijn blote armen in de juiste stand. Hij stapte uit de kring en bekeek het geheel met kritische blik. Na een laatste artistieke verbetering stapte hij achteruit en zei hij: 'Goed.'

'Wat is goed?' vroeg ik.
'Jij, jongen.'

Ik begreep het niet. Hij begon om me heen te dansen en volgde de omtrek van de kaarsenkring; hij danste op dezelfde manier als in het bouwvallige schuurtje een paar dagen geleden, een paar werelden geleden. Zijn stem weergalmde in de tunnel en stuiterde terug in de schacht, zijn stem zong zacht *isji ta isji ta isji ta* en het geluid zwol aan, de snelheid nam toe, *isji ta isji ta*. Hij boog mijn hoofd en ik bedekte mijn oren toen hij te luid werd, toen de stampende beukende voeten te dichtbij kwamen en het stof mijn kreten verstikte. Maar hij wou niet dat ik het niet hoorde, er niet was. 'Doe je ogen open,' schreeuwde hij, en hij reikte over de kring van kaarsen en trok mijn handen van mijn gezicht en zette ze weer in de positie waarin hij ze had geplaatst.

Hij hupte, hinkte, sprong en tolde een eeuwigheid, lang genoeg voor mij om de klop van mijn wonden te voelen, lang genoeg voor mij om gebiologeerd te raken door zijn lichaam, zijn haar dat uitwaaierde in de duisternis en een knipperspel met het licht speelde, het filterde voordat het in mijn ogen viel. Hij leunde naar voren, over de kaarsen heen, pal voor mijn gezicht.

'Slaperig?' vroeg hij, en voordat ik kon antwoorden wentelde hij alweer rond.

'Ja,' antwoordde en loog ik, maar wat kon ik anders zeggen? Opnieuw dook hij tot vijf centimeter voor mijn gezicht.

'Ga maar slapen.' Ik keek naar hem op, in zijn ogen die waanzinnig van duisternis waren, en ik viel weer. In werkelijkheid, in het echt. De stoppels op zijn kin schraapten over mijn wang, de zachte natte punt van zijn tong porde tussen mijn lippen, zijn grote handen

39

sloten zich om mijn ribbenkast. Hij stopte zijn bewegingen, knielde naast me neer en legde een hand over mijn ogen, de andere tussen mijn benen.

'Ja,' zei ik weer zwakjes en toen was er geen verschil meer tussen de duisternis in de tunnel, in zijn ogen, in mijn hoofd. Het was allemaal hetzelfde.

FOTO 16   ER IS IETS GEBEURD

Er was iets gebeurd. Ik kwam weer tot mezelf toen ik naar de caravan terugwankelde en het laatste licht over de woestenij spartelde. Terwijl ik struikelend door de oliekuilen holde, zag ik in de verte, vlak buiten de grensschutting achter me, een olievat branden. Ik hoorde muziek, gedempt en vaag, dichterbij en binnen de schutting. Ik kwam in de verleiding om de camera te pakken en een kijkje te nemen. Ik vond dat ik alles wat mijn zintuigen oppikten vast moest leggen. Dat was mijn plicht en ook mijn ambitie. Maar de aanblik van de donkere caravan leidde me van mijn roeping af.

Het was te stil. Ik was zo lang weggeweest, en Paniek nog langer, dat ik Exit buiten de caravan verwachtte te zien patrouilleren. Maar ze was nergens te bekennen. Ze zat misschien wel te broeden, dacht ik, achter de tafel met de pen in haar hand, gif in haar geest en stoom uit haar oren. Ik zag haar al de trouwmessen slijpen die zo'n belangrijke rol in hun huwelijk hadden gespeeld; een huwelijkscadeau dat langer was meegegaan dan de gever in zijn bescheidenheid had gedacht. Ze kon ook in de badkamer zijn, waar ze aan het schrobben of wrijven of poetsen was tot er niets meer te glimmen overbleef.

Klik. Het geluid van de sluiter was het luidste geluid in de buurt van die caravan en dat maakte me zo bang, vervulde me met zo'n zenuwachtige ontzetting dat ik bijna terugrende naar de tunnel, naar de gapende halvewormopening, terug naar mijn vader.

'Mama,' riep ik zacht en ik ging op mijn tenen staan om in de caravan te kijken. Het was vreemd om haar voornaam te gebruiken.

Er was niets dan donkerte afgezien van de oplichtende cijfers van mijn vaders wekker, die me met zijn knipperende niet-tijd niets duidelijk maakte over wat zich binnen afspeelde. De duisternis op zich was niet ongebruikelijk. We hadden ons allemaal wel eens in een muffe hoek van de caravan verstopt en de wereld vervloekt, in elk geval de directe omgeving. Maar er stak iets, een wrikkende scherpe scherf die mijn maag binnendrong. Ik wou dat ik een zaklamp had, een flitser, een stroom licht om mijn gemoederen te bedaren, maar in plaats daarvan vermande ik me. Geen keus.

Ik hoorde eerst Exits stem.

'Wacht maar, lul, hufter van de week,
je geluk laat je straks in de steek.'

De bezwering haperde niet toen ik de deur zo zacht mogelijk sloot. Exit zat met gekruiste benen in het midden van de zithoek, haar bruine haar overal behalve recht naar beneden, en toen ik achter haar langs kroop om me in de keuken te verbergen, zag ik dat ze aan haar haar trok, het in spiralen draaide en wrong, het strak tegen haar schedel schroefde. Ze scheurde letterlijk door het fotoalbum, kiekjes van de begintijd voor mijn geboorte, toen er nog een vast huis was en gedeelde dromen. Ik had het album vaak gezien, althans het omslag, wanneer mijn moeder in de caravan zat terwijl mijn vader als een gek in het wilde weg ergens heen reed, en door de achterruit van de auto zag ik haar dan in de caravan een bladzijde omslaan en verschrompelen

41

tot een zielig hoopje, met tranen die over haar wangen stroomden, en na een paar minuten sloeg ze weer een bladzijde om, met hetzelfde resultaat. Soms nam ze het mee de badkamer in en dan hoorde ik de geluiden maar zag ik de bewegingen niet. Maar deze keer, toen ik uit de woestenij kwam, had ik zowel klank als beeld.

Toen ze een onachtzaam geluid hoorde draaide ze zich om, met haar dat haar nauwelijks volgde en vuurde ze een blik op me af die me ter plekke deed bevriezen.

'Wat wil je goddomme? Waarom o waarom o waarom moet je me altijd besluipen? Wat valt er te zien, wat valt er te spioneren? Ga spelen, ga naar buiten om te spelen en laat me met rust.'

Als haar toon al dreigend was dan waren haar poging om op te staan, het trage zwaaien van haar vuist, het verstrakken van haar halsspieren dat al helemaal, en ik ging weg. Door het raam zag ik dat haar lippen woorden vormden die ik eerder had gehoord. *Als jij er niet geweest was...*

KOPFOTO

Als mijn moeder op de vuist ging met mijn vader leek ze zich nooit in te houden. Het ging nooit om alleen maar een tik of een stootje; het ging altijd om een salvo van gebalde vuisten, altijd die kringloop van klap, trap, klap, trek, die pas ophield als mijn vader de caravan uit rende ergens naartoe.

'Ga werk zoeken... ga je wassen... dat loopt maar een eind weg... de hele tent stinkt naar jou...' waren de snippers die ik opving. Deze scène werd op allerlei manieren herhaald tot aan het moment dat ze wegging. Ze hield mijn vaders vuile onderbroeken omhoog in het gele licht van de kamer, zwaaide ze in het rond als de angstaanjagende vlag van een onnoembaar

42

land en schreeuwde in zijn oor als hij zich afwendde van haar furie.

'Dit is walgelijk... denk je dat ik bij je in de buurt wil zijn als je zo bent? Deze kamer, deze hele caravan, jij ruikt naar de wc. Jij en je zoon ruiken vies, zijn vies geworden. Die speciale zoon van je...'

En in een vlaag van woede of misschien alleen maar een dringende behoefte aan verandering, aan schoon zijn, schroefde ze de dop van een fles desinfecteermiddel en klotste ze dat met gulle hand om zich heen, op de kleren, op de wanden, op mijn vader, die in elkaar dook en onder het bed schoof, weg van de bijtende douche. En dan, een laatste wanhoopsdaad voordat ook zij net als mijn vader op de grond in elkaar dook, sprenkelde ze de rest van het desinfecteermiddel over haar hoofd en wreef ze de vloeistof in haar huid, likte het over haar tandvlees en tussen haar tanden. En ik herinner me de rust, het snikkende ogenblik waarop het enige wat ik kon horen vogelgezang was en het gehuil van Paniek en Exit, de rust die werd verstoord door Exit die naar de badkamer stormde, gillend van de pijn, klauwend naar haar huid.

KOPFOTO

Hier is er nog een. Er was een schreeuwwedstrijd gaande, een erg eenzijdige gebeurtenis met mij als enig publiek, de eenzame angstige toeschouwer. Het had in het begin grappig kunnen zijn — het soort flauwe slapstick dat we alledrie wel eens op de televisie hadden gezien en waar we om hadden moeten lachen — toen Paniek, verloren in het midden van de zithoek, werd bekogeld met kussens en boeken. Maar het bleef niet grappig. Hij wreef zoals gewoonlijk over zijn hoofd, trok de lange slierten zwart haar tussen zijn vingers door. Hij stond daar maar en dook verbijsterd in elkaar bij elk voorwerp dat naar hem toe werd gegooid.

'En wat zeiden ze, wat zeiden ze tegen je toen je je meld-de?'

Mijn moeder was niet meer te stuiten, haar armen gebaarden wild als ze niet iets door de lucht gooiden.

'Eens even zien. Je ging naar de sociale dienst. Je zei dat je geen brieven had ontvangen omdat je geen huis hebt en dat je kind niet naar school ging omdat je nooit lang genoeg ergens bleef. Heb je dat tegen ze gezegd? Nou? Je bent een stomme-ling, dat ben je. Een onnadenkende sukkel die het allemaal niks kan schelen en geen cent te makken heeft, die te beroerd is om te werken en om het nog erger te maken vertel je die lui van de sociale dienst allerlei gevaarlijke onzin. Ik had er natuurlijk heen moeten gaan, maar dan had jij hier moeten blijven om voor de jongen te zorgen en dat was waarschijnlijk nog erger ge-weest. Je weet toch wat er nu gaat gebeuren? Ja, toch?'

Exit ging nog harder praten in de hoop dat Paniek antwoord zou geven, maar het enige wat hij er bij dit spervuur uit kreeg was een simpel en zacht 'nee'.

Mijn moeder stoof op hem af en trapte op de zachte buik van mijn beer.

'Je hebt hun belangstelling gewekt en nu komen ze hier rond-gluren om te zien waar we een kind laten opgroeien. En weet je, op dit moment weet ik niet wat ik moet zeggen, ik weet niet in wat voor omgeving we een kind laten opgroeien. Jij wel?'

Mijn vader zei niets, hij vluchtte de caravan uit. Mijn moe-der keek hem na, schudde haar hoofd en zag toen dat ik mijn beer waar ze op had getrapt wilde pakken. Vlug schopte ze de bruine beer boosaardig door de zithoek. Ze ging de badkamer in, deed de deur op slot, kwakte hem op slot. Ik huilde.

'Ik blijf je niet eeuwig in bescherming nemen,' hoorde ik haar uit het badkamerraam schreeuwen.

Ik begreep niet wat ze bedoelde.

Ik ging terug na me een paar uur te hebben verstopt, wachtend op de uitputting. Niet die van mij maar die van Exit. Toen ik terugkwam was er nog steeds iets mis. Er was iemand buiten de caravan. Hoewel het donker was, hoewel ik geen goed zicht had vanuit mijn schuilplaats in een stuk van de tunnel, wist ik dat er iemand was. Ik voelde een schaduw, niet dat ik een schaduw zag of hoorde maar ik voelde hem. Het was niet mijn vader, dat wist ik zeker, er was niet genoeg lengte, niet genoeg manenval van wat ik aannam dat het hoofd van de onbekende was. Ik sloot mijn ogen, betastte mijn camera, nutteloos in zo'n duisternis, en telde tot tien. Op vijf hoorde ik het geluid van schuifelende voeten die door de kuilen en poelen naar mijn schuilplaats echoden; op acht hoorde ik de deur van de caravan opengaan en op tien hoorde ik hem dichtgaan, daarna stilte. Doodse stilte. Als ik een flitser had gehad had ik alles kunnen vangen, niet alleen de schaduw, maar ook de caravan, de oranje gloed van de stad achter het enige vuur dat nog bij de grensschutting brandde. Dat zou allemaal gevangen zijn. Ineens, na een zo korte tijd van naïeve blijdschap dat ik eindelijk een fototoestel had, werd ik getroffen door de beperkingen van zo'n amateuristisch apparaat. Ik wilde meer. Ik was op beperkingen gestuit en ik wilde een nieuwe en betere camera.

Ik ging niet naar de deur. Ik vertrouwde het niet en ik was te moe van de lange dag, het vroege opgejaagde begin, om een of andere vorm van moed te vatten. Het werd het raam en ik sloop er door de duisternis heen, oplettend dat ik niet tegen rommel schopte die mijn nadering kon verraden.

Gelukkig wist ik het niveauverschil tussen mijn

hoofd en het raam. Ik kwam tien centimeter boven de onderrand uit en daarom sloop ik tot het allerlaatst in elkaar gedoken door en tilde toen mijn hoofd op, ik legde mijn kin op het koude metaal en liet mijn ogen door de donkerte dwalen.

Ik zag Exit het eerst, zoals zo vaak met gekruiste benen bewegingloos midden in de zithoek van de caravan met zijn dunne kleed en doorgezakte bank; ze zat recht voor zich uit naar de slaaphoek te staren. Aanvankelijk kon ik niet zien wat zij zag, en mijn kopcamera zoomde in van de ene onwaarschijnlijke situatie naar de andere. Het was een onbekende die hoorde bij de olievaten die bij de schutting brandden, een nachtwaker met bizarre, prachtige kleren, die ons overleveringen kwam vertellen en verhalen over het wonderlijke leven van een ander nomadengezin met gescheurde kleren en warrig haar; maar toen was het een man in een pak met een lange metalen ketting die om Exits hals vastzat...

Het licht ging aan, de lamp naast mijn vaders dubbele opklapbed om precies te zijn, en beide fantasieën waren fout. Paniek stond voor Exit met zijn gezicht naar haar toe, doodstil en naakt; geen draad aan zijn lijf. Exit keek terug, ook naakt, haar blik gefixeerd op een statisch televisiebeeld tot Paniek zijn armen voor zijn borst kruiste en zijn hoofd neeg. Exit boog voorover om mijn kapotte speeltjes op te pakken, met de meeste waarvan ik al in geen jaren meer had gespeeld – verwrongen speelgoedsoldaatjes, gebutste oude dinky toys – alles wat binnen haar bereik op de caravanvloer lag, en gooide ze naar Paniek. Mijn kopcamera bewoog van verrassing en schrik en ik pakte de instamatic, alhoewel er niet genoeg licht was. Ik moest op de een of andere manier het beeld vastleggen van de beer die met een verbijsterde uitdrukking op zijn gezicht door de lucht vloog, op Panieks borst landde en heel even met zijn vacht aan het borsthaar kleefde voordat hij op de grond viel.

Dit ging zo door tot Exit niets meer had om te gooien en het ernaar uitzag dat ze moest kiezen tussen de voorwerpen aan Panieks voeten ophalen of uitzien naar andere, gevaarlijker voorwerpen om te gooien. Ik zag haar reiken naar de lamp naast de bank met zijn gestreepte kapje, dat aan een kant slap neerhing.

'Nee,' hoorde ik Paniek zeggen.

'Ja,' hoorde ik Exit zeggen.

Maar ze veranderde opeens van tactiek en rolde Panieks vuile witte sokken tot een bal en gooide die en de bal bleef even aan mijn vaders verwilderde haar hangen voordat hij op de rest van de troep neerviel. Ze rolde om van het lachen, een zeldzame gebeurtenis, en de tranen stroomden haar over de wangen terwijl mijn vader roerloos bleef staan met een uitdrukking op zijn gezicht die niet was veranderd sinds het moment dat ik het raam had bereikt.

Toen ik mijn gezichtsveld veranderde, toen ik van het raam naar de deur ging en me een weg klikte deze vertoning in, een derderangs paparazzo die elke actie die hij kon vinden probeerde vast te leggen, toen ik mijn grootse entree maakte in de farce die voor mijn ogen werd gespeeld, veranderde alles.

'Kijk, daar is ons kereltje,' zei Exit en ze greep mijn benen.

'Niet...' begon mijn vader te zeggen.

'Niet wat... Het gezinnetje is compleet, we zijn nu even samen, we kunnen samen een spelletje spelen. Waar zal ik hem aanraken? Is er een plekje dat ik niet van je mag aanraken?'

'Nee…' stamelde mijn vader.

In een flits gooide Exit de lamp toch naar hem toe, het kapje raakte zijn arm, het dunne porselein viel op de grond in honderd stukken.

'Jij mag het wel, hè, jij mag wel spelletjes met onze zoon spelen, maar ik niet, is dat het? Nou, dat spelletje kun je met meer dan twee mensen spelen… Eigenlijk is het beter als er meer dan twee spelers zijn, ja toch, dat zei je toch altijd, tot je bang begon te worden, bang om gesnapt te worden? *Kunnen we niet samen met onze zoon spelen schat…?*'

Ze greep me en deed mijn bloes en hemd uit, trok mijn korte broek en onderbroek naar beneden, gooide alles op een hoop in de kookhoek. We waren nu allemaal naakt, dacht ik. Een prachtig familiekiekje.

'Ga naast je vader staan,' zei ze kordaat, zonder te schreeuwen.

Ik verroerde me niet, ter plekke verstard, mijn handen probeerden alles te bedekken wat ik niet gezien wilde laten worden.

'Ga staan waar ik je hebben wil,' schreeuwde ze in mijn oor, en de rook van haar sigaret ging het ene oor in en het andere weer uit.

Ze gaf me een zet en ik viel tegen mijn vader aan, die met zijn hoofd in zijn handen steeds herhaalde: 'Nee, niet nu, niet nu…'

'Vangen.' Een boek, een wereldatlas, vloog door de lucht maar ik kon hem niet vangen, mijn handen hadden het te druk met het verbergen van mijn huid, mijn alles.

Het boek viel tussen mijn vader en mij in en onze voeten raakten de kustlijn van Afrika.

'Vangen, zei ik. En je hoeft niet te proberen je geslacht te verbergen. Dat heb ik vaker gezien, jongen, ik heb het vanaf het jaar nul gewassen. Je hebt niks wat ik niet gezien, aangeraakt of geroken heb. Begrepen? Speel het spel mee en vang dit.'

Ze greep een leeg bonenblik en ik ving het stevig in mijn rechterhand. Het gekartelde deksel van het blik raakte de palm van mijn hand, en toen mijn vingers het metaal vastgrepen voelde ik het warme straaltje bloed langs de lijnen in mijn hand druipen.

'Mijn God.' Paniek rende weg van zijn plaats en dook de slaaphoek in, trok het dek over zijn hoofd.

Exit kroop op haar knieën naar me toe, nam mijn hand in de hare en draaide de rode palm naar zich toe. Ze glimlachte en pakte mijn hand en legde die tussen haar borsten, en het bloed besmeurde haar bleke huid.

'*Jij* begrijpt het wel hè? Er is niets van jou wat ik niet heb gezien, aangeraakt of geroken. Niets. Je vader is een sukkel, hè? Hij begrijpt het niet. Wat doet een beetje bloed er nou toe bij familie?'

Er hoort nog meer bij deze foto, het beeld en de herinnering zijn nog even intact, even duidelijk als destijds. Ik denk niet dat deze foto in de loop der tijd zal vervagen, ik denk niet dat de woorden of daden ooit zullen afnemen. Hoe lang is het geleden, zes jaar en vijfenveertig dagen en het gaat maar door, sinds ze mij meenamen, ons allemaal meenamen, en het zit nog steeds in mijn hoofd, ik heb het in mijn hand.

'Ga weg, ga weg,' schreeuwde hij tegen me vanonder het dek. Ik legde mijn met wc-papier omwikkelde hand op het ruige materiaal van de deken en wou die net van zijn bevende lichaam af trekken toen ik buiten voetstappen hoorde. Om de een of andere reden, uit een of ander angstig instinct, dook ik weg.

'Is er iets aan de hand?' hoorde ik een mannenstem

zeggen. De onbekende die ik vanuit de tunnel had gezien was teruggekomen. Een rugzaktoerist, een universele voorbijganger gluurde het donker van de caravan in. Heel even leek hij op het punt te staan een kreet te slaken. Een naakte jongen onder een tafel met een bebloed noodverband, een bevende man onder een deken en een naakte vrouw lachend op haar knieën, omringd met kinderspeelgoed. Maar als hij al iets wou zeggen dan kreeg hij geen kans. In een flits schrok Exit op uit haar manische droomtoestand, ze sprong overeind en trapte de deur in het gezicht van de onbekende dicht.

(Vlak voordat de deur sloot had ik mijn camera naar me toe gegrist en zonder tijd te hebben om mezelf of de lens te richten, drukte ik af in de hoop dat de zoeker door intuïtie zou worden geleid.)

Alles veranderde weer in de caravan nu het spel echt en definitief voorbij was. Exit wrong zich in haar gekreukte kleren en gooide mij onder de tafel de mijne toe en Paniek werkte zich op tot de bekende razernij voor de vlucht.

'We moeten weg. Die idioot… nieuwsgierige klootzak… stomme lul… Zij weer, ze komen ons halen, ze komen ons allemaal weghalen… O God, o God, o God…'

'Hou op,' schreeuwde Exit naar hem, ze rende eerst door de zithoek om hem een klap in zijn gezicht te geven, greep toen de rest van haar kleren en schoot de badkamer in.

Paniek wreef over zijn wang en keek om zich heen naar zijn kleren.

Vanaf dat moment, als er een onbekende in onze buurt kwam, was het een kwestie van iedereen op de vloer totdat het gevaar geweken was, de onbekenden weg waren. Het konden vogelaars zijn, hengelaars, rugzaktoeristen, allerlei mensen konden langs ons gebutst witmetalen karkas lopen. Maar dat maakte niet uit, mijn moeder gaf stem aan mijn vaders ziekelijke achterdocht en de wereld stond weer op zijn kop. We wachtten tot de bom op ons zou vallen.

KOPFOTO

Ik herinner me deze goed, nog een foto die in het donker is genomen, een andere keer, toen mijn kopcamera mijn instamatic ook probeerde te sturen. Het was te donker. Er staat niets op het papier in mijn hand maar het zit allemaal in mijn hoofd. Er is niks verloren gegaan.

Alle lichten in de caravan waren uit. Mijn moeder was opgestaan en rende door de zit- en slaaphoek om ze uit te doen. Dat kon maar één ding betekenen en ik kroop diep weg op het dunne matras van mijn opklapbed met één oog boven het dek voordat de laatste lamp uitging. Meestal bleven er een of twee lampjes branden om een van onze angsten te bezweren, maar wanneer het donker werd betekende dat gekreun en gegrom... Maar het was minder donker dan mijn moeder dacht. Ik zag haar terugrennen naar bed met haar nachthemd opwippend tegen de achterkant van haar benen. Haar schaduw verried wat ze deed. Ze trok de versleten gordijntjes naast hun dubbele opklapbed dichter tegen elkaar aan, maar ze sloten niet goed en hoe ze er ook aan friemelde en frutselde, er bleef altijd een spleet over waar de maan tussendoor scheen en haar gezicht en trillende schouders verlichtte. Ze ging met gespreide benen over mijn vader heen zitten, slaakte een zucht, niet van droefheid maar van opluchting, en begon langzaam op en neer te bewegen. Paniek was stil. Als dit hem moeite kostte, als hij dit zelfs maar wenste, dan was dat niet te merken, de enige beweging, het eni-

51

ge geluid kwam van Exit terwijl ze hem in onveranderend tempo bereed.

Het geluid van huid tegen huid gleed naar me toe.

Aanvankelijk was er niets anders te horen dan dit zachte wrijven, maar toen begon Exit aan een snauwende monoloog.

'Je kunt toch nog wel neuken? Je weet toch nog wel waar je hem moet stoppen, niet? Beweeg in godsnaam je heupen, moet je er altijd bij liggen als een blok beton... God, ik moet ook altijd en eeuwig het neukwerk doen, hè? Maar misschien moet ik je langer van tevoren waarschuwen, zodat je tijd hebt om je in de badkamer te wassen. Jezus, ga je ooit wel eens in bad, was je zelfs je penis wel eens? Het is walgelijk, van de geur ga je over je nek. Is dat het enige wat je doet als je door die godvergeten natuur dwaalt, is dat je afrukken en het op je lijf laten drogen? Of op onze zoon, onze zoon! Als de opgedroogde glazuurlaag op een kuttaart voor de kerst. Of een bruiloft. Nou, ik heb een cadeautje voor je, lieveling.'

In het halfduister zag ik Exits lichaam oprijzen boven dat van Paniek en dan zo hard neersmakken dat er een luchtstoot uit hem werd geperst en zijn lichaam dubbelklapte en zijn hoofd opsprong naar Exits gezicht. Ze bleef hiermee doorgaan en de raspende lucht die uit Paniek kwam veranderde in een kreet van pijn. Maar ze hield niet op, legde haar ene hand tussen zijn benen en de andere op zijn gezicht, drukte hem neer en hield hem binnen.

Het hield pas op wanneer Exit de caravan doorsneed met een schrille kreet, geen gil of schreeuw maar iets waarvan ik niet wist hoe ik het moest omschrijven en de kopfoto brengt alleen de heftigheid terug, de boosaardigheid van de tango die voor mijn ogen werd gedanst.

Maar de rest was in elk geval vertrouwd. Met een plotselinge beweging sprong Exit van Paniek af, ze klauterde van het bed, rende naar de badkamer en smeet de deur dicht, terwijl Pa-

niek naar zijn kant bij de wand rolde en snikte totdat hij of ik
in slaap viel.

FOTO 18, 19   EEN PRACHTIG PLEKJE

Een andere locatie, een andere plek voor ons huis. We waren ergens diep in de heuvels aangekomen. De foto brengt het geluid weer boven van de caravan die zich wanhopig vastklampt aan losse stenen, het geluid van Exits gesnurk als haar hoofd van links naar rechts boemelt, slap van slaap. Panieks handen omklemmen het stuur nog, witteknokkelpose intact, en ik neem vanaf de achterbank deze foto zonder acht te slaan op het gebonk van de auto. We waren nauwelijks aangekomen en Exit begon net op te duiken uit de slaap, of Paniek sprong zonder zelfs maar het portier te sluiten de auto uit en rende een steil pad op. Nog geen twee minuten nadat de motor was uitgeschakeld, was hij uit het zicht verdwenen.

Er waren twee gedachten in mijn hoofd. De eerste was meer foto's, opeens geïnspireerd door het afnemende daglicht, het purper en rood van een dramatische zonsondergang in een zo mooi landschap. De tweede was beslist niet in de buurt willen zijn als Exit helemaal wakker was.

Ik klauterde Paniek achterna. Twintig stappen tegen zijn zestig en nog steeds geen spoor van hem te bekennen... Het was heet op het pad en de geur was nog warm. Maar mijn twintig stappen tegen zijn zestig werden steeds langzamer naarmate het pad dat hij had genomen steeds steiler tegen de boog van de heuvel op ging. Ik haalde mijn camera tevoorschijn en keerde me om met weinig lucht in mijn longen maar wel een berg beelden, potentiële foto's, een parade van panorama's in mijn hoofd. Maar ik beteugelde mijn ideeën, koppelde mijn verlangen aan de realiteit van mijn uitrusting en drukte een keer achter me en een keer voor me af.

Ik besnuffelde de lucht in de verwachting een geur, een zweem van aftershave, een vleugje zweet, een hint in de goede richting te krijgen. Maar in feite had hij maar één kant op gekund – hij was me niet gepasseerd en beide zijden van het pad betekenden een hachelijke tuimeling in de vergetelheid, een afgrijselijke salto, die hem tot ver na het invallen van de duisternis in beweging zou houden. Ik begon weer te lopen, probeerde zijn grotere stappen te compenseren en was algauw aan het rennen, er drukten stenen door mijn zachte schoenen heen in mijn voetzolen, adelaarsvarens kietelden en de steekbrem bekraste mijn benen. Op zoek naar Paniek, met steeds meer littekens van de natuur.

FOTO 20, 21   IN HET MEERTJE

En daar was hij. Zijn lange haar zag ik het eerst, zijn hoofd gevat in het midden van het beeld in mijn hand. Een drijvende massa zwarte planten op het groene water van een bergmeertje. Ik verborg me achter een rots, tweehonderdvijftig meter van het water. Zijn kleren zag ik overal in het rond liggen, een sok hing aan een struik, zijn overhemd was in de modder aan de rand van het water gestampt. Hij had geen tijd en geen zin gehad om zijn kleren op een keurig stapeltje te leggen. Hij had geen reden gehad.

Alles wat telde voor Paniek was impulsief.

Ik klikte eerst met mijn kopcamera, zoomde in op het meertje, dook onder water, slingerde me tussen zijn benen door en kwam aan de andere kant snakkend naar adem weer boven. Daarna klikte ik met de instamatic. In het water dook Paniek onder het oppervlak, zijn achterbenen schopten op en verdwenen uit het zicht. Ik kroop dichterbij, sloop tot aan de plek waar zijn overhemd lag. En ik klikte om de een of andere reden opnieuw toen mijn oog op de gekreukte, in de modder gestampte mouwen van zijn overhemd viel. Geen landschap of portret maar een abstract. En dat zonder na te denken. In mijn trots merkte ik niet dat Paniek aan de overkant van het meertje opdook.

'Kom er ook in, het water is lekker.'

Ik gebruikte een oude truc, die ik vaak had toegepast voor de instamatic en misschien zelfs al voor de kopcamera. Vroeger dook en dartelde en tolde ik rond, ik kwam plotseling tot stilstand en ving met mijn duimen en wijsvingers een beeld aan de kant van de weg. Een lifter, een dode haas, alles wat ik snel in mijn vinger-zoeker kon krijgen voordat mijn vader het met vaart vervaagde. Deze keer, met mijn instamatic in de hand, draaide ik me snel om en klikte ik.

'Het water is lekker en warm. Trek je kleren uit en spring erin.'

Ik keek om me heen of er andere mensen waren, maar Paniek had een stil plekje een eind van het pad ge-vonden. Ik keek ook rond om te zien of er een hut was waar Paniek kon dansen of aan zijn achterhoofd trekken, en hoe langer ik erover nadacht hoe meer ik me in mijn dagdroom verloor. De camera, de foto's, mijn kunst ineens vergetend, zag ik hoe hij me rond-zwierde of me een tunnel vol kaarsen binnenleidde, mijn hand vasthield en *alles is goed* tegen me zei. Ik zag hem, voelde hem naast me liggen, zijn ogen wijdopen, recht voor zich uit starend. Een gestrekte arm, reikend, betastend. Mij.

Hij dook weer onder water, zijn rug kromde zich en verdween, liet rimpelingen achter die zich een weg naar de modderige oever deinden. Snel trok ik mijn kleren uit tot aan mijn onderbroek en haveloze hemd. Ik wilde de camera meenemen, mijn beelden onderdompelen, daarheen gaan waar mijn hoofd al was geweest, maar ik wist dat Exits eerste en laatste cadeau aan mij daar niet tegen zou kunnen, zou kapotgaan in de diepte en mijn ambitie zou verdrinken met lekke herinneringen.

Eén stap tegelijk. Vijf stappen en het water zou op kniehoogte zijn, nog zeven en het lauwe water zou mijn onderbroek effenen, mijn maag schokken, en voorbij die twaalf stappen wist ik het niet, wilde ik het in vele opzichten niet weten. Het was onmogelijk in te schatten, want na twaalf stappen werd het water donkergroen en kon ik de bodem niet meer zien.

Toen streek er iets langs mijn benen en ik was bang dat het een karper was, of een haai voor mijn part; een gestage stroom warmte vloeide door mijn benen, in mijn dijen. Toen sprong Paniek door en uit het water op, nauwelijks twintig centimeter van mijn gezicht. Zijn lange zwarte haar zwiepte me uit balans en ik viel achterover terwijl hij door het water golfde.

'Hier kan niets tegenop,' riep hij.

En ik viel achterover, de lucht, de hele wereld zwenkte naar horizontaal totdat hij stopte of ik stopte en het water me redde, me dobberde. (Het beeld is hier om de een of andere reden niet scherp.) Paniek dreef op zijn rug, zijn lange armen reikten naar voren en grepen mijn enkels en daar gingen we, een punter die zich langzaam door het meertje naar de overkant bewoog. Terwijl ik door het water scheerde zoomde mijn kopcamera boven me in en genoot ik van wat ik zag. Een ogenblik van rust, geen Exit die me binnenstebuiten keerde, geen wiekende spelletjes of gerotzooi in de caravan, geen vreemde mensen die blikjes naar de auto gooiden. *Laat je hier nooit weer zien. Anders laten we de honden op je los.* Alleen Paniek, alleen mijn vader die me door het water trok, synchroon tot de dood. Vijftien rimpelingen, tien van zijn slagen en we waren aan de overkant van het meertje en zijn armen tilden me naar zich toe, zijn eelt schuurde de huid onder mijn oksels, zijn baard bekraste mijn schouderbladen.

Hij dreef op zijn rug, mijn benen rustten op zijn heupen, aan elke kant een knie, en ik zag iets wat door tientallen fotografen moet zijn vastgelegd maar nooit door deze aankomende klikker, nooit door mijn hoofd, dat in- en uitzoomde op een panorama dat me verstomde. Ik wilde zijn achterhoofd aanraken, de plek waar ik hem met zijn eigen handen aan had zien klauwen en rukken, maar toen ik het probeerde pakte hij mijn handen beslist maar zacht vast, hij drukte ze tegen mijn borst en spreidde mijn vingers een voor een tot elke duim een tepel raakte. Hij staarde naar het patroon dat de vingers maakten en zijn ogen bleven dralen tot zijn stem de stilte verbrak.

'Raak nooit mijn hoofd aan,' zei hij zacht.

KOPFOTO

'Zo ga je de deur niet uit.'

Voordat ik ook maar een poging kon doen om contact te maken met de buitenwereld of die te zien of erheen te gaan, werd ik geïnspecteerd. Het was niet alleen even opfrissen, tanden poetsen, haar kammen en ik was vrij. Ze visiteerde me op tekenen van vuil, mijn beste kleren werden tegen het gele caravanlicht gehouden en op gaten gecontroleerd.

Ze was zo grondig als een arts die naar ziekte speurt. Ik moest mijn armen boven mijn hoofd tillen en dan spiedde ze scherp onder mijn armen. Ze streek over de huid, trok aan de haartjes die daar begonnen te groeien en bracht haar vingertop naar haar neus. De geur zinde haar niet, ze graaide in haar tas en haalde er een deodorantstick uit die ze ruw onder mijn beide oksels door haalde. Ze zei dat ik mijn tanden moest poetsen, mijn haar moest wassen en dan mijn kleren mocht aantrekken en uitgaan. Daarna controleerde ze de nagels van mijn voeten en handen.

'Hoe kun je het zover laten komen?' riep ze ineens, en door de kracht van haar stem deinsde ik achteruit, ik bleef alleen in evenwicht doordat mijn moeder mijn handen greep en de nagels begon te knippen. Ik was inmiddels versteend, versteend van gêne. In de eerste plaats uit vrees dat voorbijgangers door het gordijnloze raam zouden zien hoe ik geïnspecteerd werd. We waren deze keer niet in de vrije natuur, het ging niet alleen om de kans op een doodenkele rugzaktoerist die onze caravanwereld binnen kon gluren. De hele stad zou het kunnen zien en ik stelde me voor dat er een mensenmassa samenschoolde en in mijn hoofd was de foto al genomen. Honderd, misschien wel tweehonderd mensen die zich lachend tegen het raam drukten. In de tweede plaats voelde ik de koude lucht van de caravan rond mijn genitaliën, het bloed dat maar stroomde terwijl het trachtte uit te maken hoe opgewonden het moest zijn.

Maar tegen die tijd verloor ik om de een of andere reden het erectiegevecht — hoezeer ik mijn geest ook leeg hield of vol onbenullige gedachten, het bloed scheen naar voren te stromen, en naar buiten. Mijn moeder stond voor me, keek me recht in de ogen. Ik kon niet terugkijken, er was iets in die rechtstreekse blik dat me vastpinde, vastnagelde in passiviteit. Er zweefde een glimlach op haar dunne lippen en ik voelde haar hand op mijn penis, een zachte aanraking waarmee mijn voorhuid langzaam werd teruggetrokken. Ze bukte zich en heel even voelde ik haar adem.

Ze kwam weer overeind en mijn nog steeds halve erectie viel onbeholpen terug in zijn ruststand.

Ze keek me in de ogen maar het enige wat ik kon zien, het enige wat ik wou zien was het metselwerk in de muur over de gehele lengte van het laantje buiten.

'Je moet dat wassen.'

Ik zag haar glimlachen en weer naar beneden kijken.

'Je weet maar nooit, misschien kom je wel een leuk meisje tegen.'

Ik begreep haar niet. Welk meisje zou haar inspectie doorstaan?

FOTO 22   MOND

Ik had niet zo lang weg moeten blijven. Niemand had het me verteld, niemand had het me toegeschreeuwd tot hij een ons of nog minder woog. Ik wist het gewoon. Ik wist gewoon dat in het donker proberen de weg naar de caravan terug te vinden met verraderlijke afgronden links en rechts en een onverlicht, ongelijk pad voor me, moeilijk zou zijn.

Deze foto is van mijn mond. Ik herinner me dat ik plotseling op het pad stopte en de camera vanonder mijn broekriem haalde en voor mijn gezicht hield. Er zat haar tussen mijn tanden. Lange slierten zwart haar dat tussen mijn tanden schuurde als ik ze over elkaar bewoog. De rest van het haar, de rest van mijn vader was nog in dat bergwatertje. Dat nam ik althans aan. In feite wist niet waar hij was. Het ene moment hadden we in stilte naar de avondlucht staan kijken met zijn arm om mijn schouders, mijn arm om zijn middel; een kort ogenblik van rust en stilte, en het volgende moment was hij weg, dook hij onder het wateroppervlak en schoot hij zonder een rimpeling weg. Hij was net een hert dat opschrok van het miniemste geritsel van een struik, en ineens was ik verloren, of liever gezegd verstoken en stuurloos en aan mijn lot overgelaten, met een pluk zwart haar die mijn vingers samenbond.

Er zat niets anders op dan het pad naar de caravan terug te volgen en te hopen dat Paniek zijn weg daarheen zelf zou vinden. Dat lukte hem altijd, deze uitstapjes weg van zijn gezin waren na al die jaren zwerven zijn tweede natuur geworden. Misschien ook wel zijn eerste natuur.

KOPFOTO

Mijn moeder wiegt mijn vaders hoofd. Hij ligt op de bank in de zithoek met zijn lange benen uitgestrekt op het verschoten materiaal, zijn armen stijf langs zijn lijf. Ze leunt over hem heen en haar haar valt in zijn gezicht, een sluier die mij het zicht beneemt. Maar ik weet wat er gebeurt. Ik weet altijd wat er gebeurt. Zij denken dat het onzichtbaar is, voor mij is het duidelijk; duidelijk toen maar nog duidelijker nu. Ze masseert zijn schedel, wrijft over de huid door het lange zwarte haar heen. Hij jammert als ze bij de bult komt. 'Sst,' zegt ze en hij kalmeert tot een zacht gedrens. Het klinkt alsof hij huilt en dat doet hij waarschijnlijk ook. Ik kijk naar mijn moeder maar ik verwacht geen tranen te zien. Haar handen zorgen voor mijn vader, maar haar ogen zijn elders, misschien kijken ze uit de caravanramen naar de zwarte muur van bomen die ons op dat specifieke moment, op die specifieke stopplaats omringen. Maar haar starende blik lijkt nergens op gericht te zijn, tenminste niet op iets wat ik kan zien.

Ik werd in de gaten gehouden. Langs het pad tussen de bomen en steekbremmen door liep er iemand gelijk met mij op, stap voor stap, hijg voor hijg. Maar ik liep door en dacht om de een of andere reden aan de jonge rugzaktoerist, die terug was gekomen om ons te bespioneren. Ik was zo onnozel om te proberen een foto van mijn vlucht te maken, ik hield de instamatic in mijn hand en klikte wild van links naar rechts in de hoop de bewegingen van wie er ook in de bosjes zat vast te leggen. Exit rende voor me uit, haar ogen waren zelfs in de maanloze nacht helder, en ze bukte zich om mijn benen te grijpen toen ik tegen haar opbotste. Ze draaide me om en mijn benen begaven het onder me en mijn hoofd landde krakend op het pad. Ze probeerde me op te tillen maar ik begon te zwaar voor haar te worden om me nog in haar armen op te tillen. Ik kon niet meer zo gemakkelijk gedragen worden.

'Stomme idioot, kijk nou eens wat ik door jouw schuld doe.'

Ik voelde een wond op mijn achterhoofd, een vochtigheid die bloed of modder of allebei kon zijn.

Ik vroeg haar waarom ze dat deed.

'Waarom liep je voor me weg?'

'Ben je weer bij je vader geweest?'

Dat waren te veel vragen en Exit sloeg me in mijn gezicht omdat óf de vragen óf mijn toon haar niet aanstonden.

'Je gaat nu mee terug.'

Ik vroeg haar waar ze dacht dat ik dan wel naar op weg was geweest.

Ze sloeg me weer op mijn andere wang en ik stond op en begon de heuvel af te rennen. Terug naar huis was het enig mogelijke antwoord, de gebutste caravan, het smalle opklapbed, de dunne lakens, het platte kussen was het enige wat er was. Maar Exit stak haar voet uit en ik struikelde erover, smakte op het pad en deze keer voelde ik modder en bloed op mijn kin koeken. Mijn kaak voelde ineens doof.

Exit knielde naast me neer, haar mond vlak bij mijn oor.

'Heb ik een gezellig avondzwempartijtje met je vader verstoord? Dacht je dat ik niet wist wat jullie aan het doen waren, wat *hij* aan het doen was? Het is weerzinwekkend, walgelijk, en ik laat het niet over mijn kant gaan. Hoor je wat ik zeg, begrijp je me?'

Mijn oor werd even doof als mijn kin maar ik kon nog wel voetstappen op het pad hoger op de heuvel onderscheiden. Moeizaam draaide ik mijn hoofd opzij om tegen de heuvel omhoog te kijken en ik zag een schaduw van iemand die alleen Paniek kon zijn, met zijn lange haar dat meedeinde op zijn uitzinnige pas.

'O, daar heb je hem,' zei Exit en ze kwam overeind, keerde zich naar hem toe en balde haar handen tot strakke vuisten. 'Daar heb je de klotecavalerie!' Ik wou dat ik genoeg kracht had om op dat moment mijn camera te pakken, want mijn naïeve fotografenhart wist dat dit een mooi plaatje was, zo dramatisch als maar kon, zo sfeervol als wat en toch was ik aan de grond genageld, neergedrukt door pijn en Exits linkervoet.

Paniek had ons bijna bereikt toen Exit riep: 'Kom je soms aangestormd om je zoon te redden? Nou? Maak je je soms zorgen om hem?'

Maar Paniek vertraagde niet, hij sprong over mijn lichaam heen en stormde de heuvel verder af, en alleen de lucht van zijn zweet en een paar losse haren bleven boven me hangen. Daar gaat hij, dacht ik.

'Het zal eens niet zo zijn, het zal verdomme eens niet zo zijn. Waar ren je heen?'

Maar haar kreet viel in verre oren en ze bukte zich en zei met zo'n andere stem dat ik het gevoel had dat ze me opnieuw had geslagen: 'Kom, schat, ik help je overeind en dan gaan we zelf wel terug naar de caravan. We hebben hem niet nodig. Hij is gek. We kunnen het best met ons tweeën af.'

FOTO 25, 26, 27, 28, 29, 30   PANORAMA

Caravanverveling.

Eerst drukte ik me tegen het raam, ik likte het glas, speelde met de mist die ontstond en weer optrok; daarna nam ik met mijn kopcamera panoramafoto's van de duisternis. Er waren zes foto's nodig, had ik berekend, voor de volledige breedte van het landschap dat nauwelijks zichtbaar was buiten het schijnsel dat uit de caravan viel. Mijn hoofd draaide in stukjes van precies acht centimeter van uiterst links naar uiterst rechts en mijn ogen gingen bij elke uitgekiende beweging open en dicht. Met nog maar een paar kostbare foto's op het rolletje combineerde ik mijn camera's, synchroniseerde ik de ene beweging met de andere, koppelde ik de ene zoeker aan de andere. Het had een hele tijd geduurd om de afstanden uit te werken, maar tijd was iets wat ik in overvloed had. Mijn ogen keken strak naar voren en mijn lichaam vormde een onelegant statief om geen hiaten in het uitzicht te krijgen, geen sprongen in het effen panorama.

Mijn vader was ergens. Alweer. Misschien was hij het rotspad weer op gegaan, naar het watertje, zwemmen om middernacht, bezweringen zingen, trekken, scheuren. Iets. Ergens.

In het geflikker van videolicht zat Exit gebiologeerd naar een film te kijken. Ze zat met haar rug naar me toe en de enige beweging kwam van haar linkerhand die een sigaret naar haar mond bracht en haar rechter die snoepjes uit de wikkel haalde. Elke veertig seconden een snoepje, elke tien een trekje.

KOPFOTO

En toen weer een inspectie midden in de nacht. Ze gebeurden bij tussenpozen, er zat geen regelmaat in. Ze gebeurden als mijn moeders bruine ogen wild werden. En nu waren ze wild. Het is laat, ver na middernacht, maar het principe blijft hetzelfde, de gebaren blijven routineus en efficiënt. Ik word wakker en merk dat ze over me heen leunt en de lucht boven me besnuffelt. Terwijl ik kom bovendrijven uit mijn dromen trekt zij het dek van me af en betast ze mijn pyjama, voelt ze naar nattigheid, naar tekenen van weggelopen urine. Of erger. Zelfs als er niks is en er is nooit iets geweest, trekt ze me overeind tot ik versuft rechtop in het opklapbed zit. Ze knoopt mijn jasje open en trekt het uit, ze trekt de broek naar beneden en wurmt hem over mijn voeten. Met haar hand betast ze mijn huid, duwt ze me opzij om de katoenen lakens te voelen en dit alles in stilte. Ze drukt mijn schouders stevig neer en ik weet dat dit 'niet bewegen' betekent, en of het nu midden in de winter is of niet, ik krijg overal kippenvel terwijl zij een andere pyjama pakt en me die aantrekt. Ze drukt mijn schouders weer neer, ik lig klaarwakker op het matras en zij stopt de lakens strak over mijn borst in en gaat terug naar haar bed. Algauw hoor ik haar snurken, maar het enige wat ik kan doen is tellen hoe vaak een tak tegen het raam tikt, een hond blaft, een blikje over straat rolt.

Al die tijd heeft mijn vader in de schaduw van de keuken gestaan, zich verbergend achter geopende deurtjes. Kijkend, be-

weginloos. Hij heeft niets gezegd, mijn moeders ritueel niet onderbroken en zij het zijne niet. Dit is ons gezin, dacht ik.

FOTO 31 WEER WEG

Een foto voor beweging, een beeld van beweging. Ik hoorde een knal, een autoportier dat dichtsloeg en ik dacht dat het in de film was, maar Exit sprong niet op en stopte niet met eten of roken. Toen hoorde ik een motor aanslaan en besefte ik dat het niet de film was.

De caravan bonkte drie keer vooruit en bij elke onverwachte beweging verloren we ons evenwicht en toen na nog één felle ruk voelden we dat we bewogen, een scherpe bocht maakten, de video schoof van zijn plek, de sigaretten vielen uit het pakje, de snoepjes braakten hun inhoud op de grond. Exit sprong verbouwereerd op, smeet haar nog brandende sigaret neer en stoof naar het raam van de zithoek. Net als ik.

Exit en ik vochten om een plekje bij het raam, armen en benen raakten slaags toen ik probeerde langs haar heen te kijken.

'Wat doet die rotzak nou? Hij gaat er gewoon zonder een woord vandoor.'

Maar ze kon niets uitrichten. We hadden al zo'n vaart dat we de auto onmogelijk konden bereiken. We zaten niet in een film en er waren geen stuntmannen om het werk voor ons te doen.

'Ik vermoord hem als hij niet eerst ons vermoordt.'

Ze ging weg bij het raam en ik greep mijn kans, ik drukte mijn gezicht tegen het glas en werd duizelig en bang van de kolkende takken die wild tegen de zijkant van de caravan sloegen.

Ik meende te begrijpen wat er was gebeurd. De jonge rugzaktoerist, die ons kortstondig in ons caravanhuishouden had gestoord, was weer teruggekomen om ons mee te nemen op zijn reis, om ons over de open veldwegen mee terug te nemen naar een huis dat ik niet had gekend en dat door de jaren in mijn geheugen vervaagd was. Hij was de glimlachende redder die ons terug naar het verleden ontvoerde. *Haal me hier weg*. Maar toen veranderde zijn glimlach in die van mijn vader. Het was niet dezelfde lach. Een lach vol tanden, een oerwoud van haar dat het grootste deel van zijn gezicht versluierde. Hij reed de auto de open plek af, het karrenspoor op, gevaarlijk hard het steile pad af dat we hadden bestegen.

Ik stond machteloos. We stoven het pad af in de richting van de asfaltweg en mijn vader leek zich niets aan te trekken van de kuilen en hobbels die de caravan bijna losrukten van de koppeling met de achterkant van zijn roestige auto. Terwijl Exit uit haar dak ging, op de keukenkastjes beukte en in de lucht stompte, keek ik strak het raam uit en probeerde ik niet langer zijn aandacht te trekken omdat ik besefte dat ik niet tot Paniek kon doordringen zelfs al hoorde hij me. Dit was een foto waard, vond ik, al had ik er nog maar een paar, dit pandemonium binnen en buiten moest vastgelegd worden. Eerst stelde ik scherp op de achterkant van mijn vaders gebogen rug, ik moest snel besluiten wanneer ik zou afdrukken. Het ene moment had hij beide handen op het stuur en het volgende waren ze er allebei af en klauwden ze naar zijn achterhoofd of trokken ze aan zijn haar en draaiden ze het drie keer om zijn hoofd voordat hij het in zijn mond propte. Ik besloot het laatste beeld te nemen, per slot van rekening hing ik uit het raam, werd ik bijna onthoofd door plotseling opduikende takken, en ik ging niet voor een gewoon plaatje, op de een of andere manier moest ik het ogen-

66

blik van meedogenloze verwarring vangen. En zijn handen die buiten zichzelf op zijn achterhoofd aanvielen leken daarvoor het meest geschikt.

Ik keek over mijn schouder de caravan in en zag Exit in de lucht zweven, springend van een keukenkastje naar hun opklapbed in de slaaphoek. Ik stopte de camera in mijn korte broek en dook ineen tussen de zoemende koelkast en het fornuis, voelde me min of meer veilig tussen het witte metaal, en Exit rechts van me botste tegen de meubels op en smeet zichzelf in het rond alsof er geen volgende dag zou aanbreken.

KOPFOTO

Er was altijd beweging. Vroege, heel vroege herinneringen aan mijn moeder die zich vastklemde aan mijn vader als de auto door een bocht buiten de stad raasde. Mijn moeder was kalm maar haar innerlijke rust begon aan de randen sleets te worden, en mijn vaders manie werd erger. Elke vijf seconden keek hij over zijn schouder, zijn haar zwiepte over de rug van de bestuurdersstoel, zijn ogen speurden door de achterruit de einder af.

'Er is daar niemand, maak je niet te sappel, hou je ogen nou maar gewoon op de weg voor je.'

Exit spelde elk woord zo'n beetje met een stem die ingehouden was van zelfbeheersing. Mijn vader stamelde halve zinnen, onaffe woordgroepen, samengesteld door angst.

'Er waren twee mannen... ik weet het zeker... er waren twee mannen in een auto... Ze zagen eruit als politie, die lui van onze laatste plek... Ik weet het zeker, zeker, zeker.' Mijn moeder klopte op zijn hoofd en vermeed zorgvuldig de bult.

'Je weet het niet zeker, je bent alleen maar bang. Er gebeurt niks. Er is niks aan de hand.'

Zij vonden een manier om elkaar gerust te stellen en ik kon alleen maar denken aan de veiligheid op straat waar we het op

mijn laatste school over hadden gehad, op de laatste plek waar
we lang genoeg waren gebleven. Stoppen, Kijken en Luiste-
ren. Ik had de indruk dat mijn vader daar helemaal niet meer
aan dacht.

FOTO 32   AAN ZEE

Paniek sprak tegen me met een stem die ik nauwelijks
herkende, me maar net kon herinneren. Hij was rustig.

'Ze zitten achter ons aan,' zei hij tegen me.

Ik vroeg wie.

'*Zij*,' antwoordde hij, kijkend naar de kiezel die verder kwam dan de vorige.

Weer vroeg ik wie zij waren. Ik drong aan en liet
mijn hand in zijn zak glijden. Hij verstrakte vrijwel
ogenblikkelijk, verrast, denk ik, door de aanraking.

'Blijf van de stenen af,' zei hij.

'Waarom?' vroeg ik en haalde mijn hand uit zijn
zak.

Hij draaide op de plaats, een pirouette uit zijn dans,
een wervelende Paniek die alleen ik in al zijn glorie had
gezien. Hij was snel, sneller, dacht ik, dan Exit wist,
want ik had hem nooit voor haar ogen zien dansen.
Dat was ons geheim. Ons geheim. Hij nam me ruw in
zijn armen en tilde me op aan de riem om mijn broek
en de kraag van mijn overhemd. Voor de grap.

'Altijd maar die vragen, altijd maar die vragen. En
één... twee... drie...'

Ik werd duizelig, de riem schuurde in mijn middel,
het bloed werd naar mijn hoofd gestuwd en bleef daar
omdat de kraag strak om mijn hals zat. De grond
kwam op me af en ik zag het verrotte hout van de pier
tien centimeter van mijn gezicht – als ik tijd had gehad

om mijn tong uit te steken had ik volgens mij het zout van de planken kunnen likken.

'En vier... vijf.'

En toen liet hij los. Ik kon het niet geloven. In die fractie van een seconde voor ik het water raakte, zag ik mezelf boven zijn hoofd in de gammele hut, onder de grond in de donkere tunnel, onder het water in het bergmeertje, in zijn lange armen die de lucht geselden... Ik zag zijn haar voor zijn geschokte ogen vallen, zijn gezicht kwam op me af, en ik wist dat alles verloren was. Vooral het houvast.

Het water dat mijn open mond in stroomde was ijskoud. Ik wist dat er een gat in mijn kop zat omdat ik een aanstormende golf had geraakt, of misschien was het een onder het wateroppervlak verborgen rots geweest. Maar er was geen tijd om op onderzoek uit te gaan. Ik spartelde en gilde en schreeuwde en heel even, toen ik door het watergeraas heen opkeek, meende ik dat ik mijn vader op me zag neerkijken vanaf de golfbreker boven me, met knikkende en buigende benen, zijn armen om zijn hoofd. En *nu* danst hij... dacht ik, maar misschien waren het alleen maar de golven die duwden en trokken, want binnen dertig seconden voelde ik zijn armen die me vastgrepen, voelde ik zijn hand die mijn kin uit het water tilde.

Alles was nevelig. Toen hij me uit het water haalde en naar de auto rende, leek de wereld de kluts kwijt te raken, een warreling van kleuren en gevoel; ik had het koud, tot op het bot, en toch leek mijn lichaam overspoeld te worden met warmte; ik zag niets van het strand of de zee, maar wel Exit die me aanstaarde met haar gezicht vlak bij het mijne. Ze was er niet bij geweest en toch was ze er nu ineens wel, intiem op een manier zoals alleen zij kon zijn. Een borstel, een nagel-

borsteltje dat naast het bad lag, een volwassen schoon-
maakattribuut dat ik nog niet had ondergaan was plotseling overal tegelijk, op mijn borst, tussen mijn benen, dan energiek tussen mijn billen, en de hele tijd
haar gezicht tegen het mijne gedrukt met een starende
blik van onwrikbare concentratie. Ik dacht bij mezelf,
hoe kon ik nu vuil zijn?

Niemand had me mond-op-mondbeademing gegeven.

Ze deed zeep in mijn mond.

'Zeewater is smerig.'

Mijn vader sloeg me in mijn gezicht, streelde toen
teder mijn haar.

Ik had geen antwoord.

'Wat is er gebeurd?' vroeg Exit.

'Hij heeft in het water gelegen,' antwoordde Paniek
en schoof langzaam maar zeker achteruit, weg van de
uitzinnige bewegingen van Exit, die mijn huid tot diep
in het bot schrobde. Binnen acht seconden had hij de
chaotische situatie − slaande armen, poelen zeewater,
mijn gegil − getaxeerd en rende hij in volle vaart zonder achterom te kijken de deur uit.

'Toe maar, je zoon is halfdood en jij loopt weg.'

Ze vervloekte hem en knielde naast me neer, aaide
zachtjes met haar ene hand over mijn haar, pakte met
de andere mijn gezicht en trok mijn ogen naar de hare.

'Sprong je of ben je geduwd?'

FOTO 33 HET EINDE VOORVOELD

Mijn moeder kreeg haar naam Exit op een vreemde
dag. Mijn vader had de auto op het vlakste stuk grond
geparkeerd dat ik ooit had gezien, twee stroken asfalt

zover het oog reikte, en ons armzalige karkas van een huis was een opvallende smet in het landschap. Het was een prachtige dag, blauwe hemel, geen wolkje aan de lucht en een zacht briesje. Er was daar een idylle, ik hoefde alleen maar te zoeken, alleen maar te voelen om hem te vinden. Er kwam een gevoel van rust over me terwijl ik vanaf een plaid die mijn moeder op het gras naast het asfalt had gelegd de wereld bekeek. Ik telde de reflectoren langs de oude landingsbaan, telde ze beide kanten op zover ik kon zien. Dat duurde een hele tijd. Elke keer kwam ik iets verder, ik prentte me de rode reflectoren in maar na tweeëntwintig of drieëntwintig raakte ik de tel kwijt, de horizonten verschoven in de verwarrende glinstering van de zon, en dan kon ik van voren af aan beginnen. Ik telde hardop en deze ene keer klaagde Exit er zowaar niet over. Ze leek ergens anders te zijn, al stond ze vlak naast me. Ik klikte de landingsbaan en voelde Exit achter me bewegen, de koude aanraking van zonnebrandcrème op mijn blote rug, haar rokerige adem fluitend in mijn oren.

'Je staat er vanaf nu alleen voor, alleen.' Ik wist niet wat ze bedoelde maar kon geen vraag vinden die ze zou willen beantwoorden. Ze spoot de crème op mijn blote benen en wreef hem uit van mijn enkels tot boven aan mijn dijen, tilde het dunne katoen van mijn korte broek op om de laatste druppels uit te smeren.

'Snap je wel?' zei ze. Dat deed ik niet en ze stond abrupt op.

'Dat komt nog wel.' Door de zachte klank leek haar stem hoger. 'Dat komt nog wel. Iedereen voelt zelf aan wanneer hij door de deur moet waar EXIT op staat en die tijd is voor mij nu gekomen.'

Ik keek hoe ze naar de caravan liep. Ik zag mijn vader, een stipje midden op de dichtstbijzijnde landingsbaan. Ik zag zijn armen door de lucht wieken alsof hij een vliegtuig binnenseinde, hij plantte zijn handen op zijn hoofd en maalde de palmen in zijn schedel. Zijn seinen waren onduidelijk. Het vliegtuig zal neerstorten.

De laatste keer dat ik haar zag waren er geen ruzies, geen schreeuwen, of slagen of intieme inspecties. Ze kwam de caravan uit met een tas in haar hand en liep zonder achterom te kijken de landingsbaan af, weg van de plek waar mijn vader stond, en weg van mij, glimmend van de crème in het zonlicht. Ik nam een foto van haar, lopend in de zon. Toen begreep ik het. Mijn moeder passeerde me en haar lippen vormden met een vreemde halve glimlach het woord EXIT, en haar gezicht was vastberadener en onaangedaner dan ik ooit had gezien. Ze meende altijd wat ze zei, voerde haar dreigementen altijd uit en deed nooit iets wat ze niet wilde. En exit deed ze.

KOPFOTO

Mijn vader legde zijn hoofd naast het mijne op het kussen van mijn opklapbed. Ik was negen bijna tien, mijn vader bedroefd bijna in tranen, zijn hoofd beefde, dikke druppels spatten op het kussen. Ik voelde dat er van me werd verwacht dat ik een arm optilde om zijn gezicht te strelen of in een soort omarming om zijn schouders te leggen. Maar het leek vreemd om mijn lange, grote vader als een baby te knuffelen en vast te houden. Ik was in de war. Tussen de snikken door zei hij tegen me: 'Jij bent mij alles.' Hij liet zijn arm over mijn borst tot onder de band van mijn pyjama glijden en omvatte me met zijn grote hand. 'Ik bedoel dit,' zei hij in mijn oor en liet zijn hand weer naar boven glijden naar mijn hoofd, en zijn hand wreef over mijn schedel. 'En ik bedoel dit.' Het enige wat ik kon be-

denken om te zeggen was: 'Dat weet ik, papa.' En dat leek genoeg te zijn om zijn tranen te stelpen, maar toen hij terug was gegaan naar zijn eigen bed was het bijna genoeg om de mijne los te maken.

FOTO 34   ZIJ

Dit had een markante foto moeten zijn, met sterke kleuren en pathos, maar het is een mengeling van grijzen geworden, scherpe lijnen die verzachten tot niets.

Ze kwamen ons halen, net zoals Paniek had voorspeld.

Hij had geen woord tegen me gezegd. Óf het kon hem niet schelen, óf het kon hem meer schelen dan hij kon zeggen. Hij danste niet maar hij huilde ook niet. Hij lag het grootste deel van de tijd in bed te woelen, zong bezweringen en wreef over zijn schedel, drukte op de bult die door zijn dikke zwarte haar heen te zien was. Toen hij eindelijk zesendertig uur later opstond zat ik nog steeds op de plaid en was mijn legohuis een complete villa geworden, niet verstoord, niet in elkaar getrapt door Exits voeten. Ik draaide me op mijn buik, begroef me in de plaid en bekeek hem door een van de bovenraampjes. Hij bewoog zich traag met een onbeholpen mechanische tred, en na de achtste stap viel hij op zijn knieën, groef hij zijn vingers diep in de droge grond. Hij glimlachte op een wonderlijke manier, wat meestal de voorbode ergens van was, en opende zijn mond om iets te zeggen maar er kwam niets uit. Hij nam het niet goed op. Hij propte zijn vingers in zijn keel tot hij begon te kokhalzen. *Je moet te allen tijde voor je mening uitkomen*, zei Exit altijd als ze me op mijn kop hield, als ze me tegen de vloer drukte, een borstel in de ene en mijn beer in de andere hand. En ze bedoel-

73

de dit. Om voor je mening uit te kunnen komen moet je je vingers in je mond steken en je mening eruit trekken, hem vastgrijpen en de waarheid naar buiten laten komen. Het kwam bij Paniek niet gemakkelijk. Wat hij ook te zeggen had, zat vast in zijn keel en leek hem langzaam te verstikken.

Ineens hield hij op en holde hij naar me toe om me in zijn armen te nemen en naar mijn opklapbed te dragen. Zijn handen omknelden mijn borst, zijn lange vingers gleden tussen de knopen van mijn overhemd en zijn hoofd hield hij schuin alsof hij iets probeerde te zien wat op mijn borst op de loer lag. Nog steeds waren er geen woorden of bezweringen, alleen een laag gegrom waarvoor mijn hoofd geen betekenis kon vinden, en toen onze blikken elkaar kruisten zag ik in zijn gestaar alleen verwarring, maar hij was ergens vol van, dat kon ik wel zien – wat er ook vastzat in zijn keel, het sneed zijn luchttoevoer af en hij werd steeds roder toen hij zich over me heen boog, totdat ik iets hoorde knallen. Ik weet nog steeds niet wat het was, maar hij rende de caravan in en voor ik het wist zag ik Exits kleren de caravan uit vliegen, mouwen van blouses bolden zich en kwamen tot leven, panty's wonden zich om hoeden en zweefden in de bries boven het asfalt. De kleren werden gevolgd door flessen en potten en bakken – al Exits schoonmaakmateriaal met emmers en borstels en doekjes tuimelde op het asfalt, crème uit plastic potjes werd uitgesmeerd over de haren van haar favoriete borstels. Tussen de uitruimaanvallen door keek Paniek om de hoek van de deur tot voorbij de vervallen luchthavengebouwen naar de hoofdweg.
Zij.
In de verte wierp een auto een stofwolk op en ik

richtte de aandacht van de camera op de naderende wolk. Ik lette meer op de wolk dan op de auto die op ons afkwam en met een vreemd gevoel van kalmte zag ik hoe het stof de horizon achter de auto aan het oog onttrok. Paniek staakte zijn gegooi en sprong de caravan uit. Zijn gezicht ziedde en er kwam een dun straaltje bloed uit zijn bult, het doelwit waarop hij het andere keren had voorzien, in de bossen, in het water of in tunnels diep onder de grond.

'We moeten maken dat we wegkomen. Nu meteen, ogenblikkelijk.' Hij tilde me op en smeet me de caravan in.

'Jij,' zei hij tegen me en keek me recht aan, 'zet je rug tegen de deur en als ze beginnen te duwen duw je terug.'

Hij was net bij de gebutste auto toen de auto met twee mannen en een vrouw erin met gierende banden naast ons tot stilstand kwam. Ze sprongen eruit en begonnen te rennen toen ze zagen dat Paniek in zijn auto stapte, de mannen grepen de zakken van hun pak onder het rennen vast met de vrouw een meter of twee achter ze aan – het was lastig te zien vanuit het kleine caravanraampje. Het lukte mijn vader in de auto te komen en hij wilde net de motor starten toen een van de mannen voor de auto ging staan met zijn handen op de motorkap terwijl de andere aan het chauffeursportier begon te trekken. De vrouw holde ze voorbij naar de deur van de caravan. Ik deed wat me was gezegd en plantte mijn hielen in het dunne kleed.

Ik voelde dat de vrouw harder begon te stoten, en de klap tegen de deur was een lichte echo van de klap van het autoportier toen de grootste van de twee mannen het openwrikte uit mijn vaders greep. Hij reikte naar binnen en trok mijn vader achter het stuur vandaan en de andere man kwam erbij om de lange armen van mijn vader te beteugelen, die ineens uitzwiepten en ze allebei minstens één keer raakten. En terwijl ik pal stond, mijn plicht deed voorzover ik die kende, zag ik in het afnemende zonlicht het geflits van metaal en twee zilveren banden, de ene om mijn vaders pols en de andere, nam ik aan, om het stuur. Met onvaste hand, schuddend en schokkend door het gebonk tegen de deur, legde ik een treurig moment vast.

Met de schrik in het hart zag ik mijn vader over het stuur hangen, alsof zijn gewoonlijk zo supergespannen lichaam was gebroken, en toen zag ik de twee mannen naar de caravan lopen om hun gewicht toe te voegen aan de schouders van de vrouw.

Klik. Een laatste beeld geschoten vanuit de heup terwijl de wereld binnendrong.

Ik hoorde wat ze zeiden. Ze deden nauwelijks moeite om hun stem te dempen of hun theorieën over mij in gefluister te hullen. Exit zou gezegd hebben: 'Als je in diep water ligt ben je niet in staat om iets te horen van wat er om je heen gebeurt, je bent te druk bezig met verdrinken.' Ze zagen dat ik me vastklampte aan mijn beer, zijn vachtloze lijf streelde, zijn oogloze ogen kuste en ze glimlachten.

Zijn affectie voor de beer is echt klassiek, vind je niet? Er zit altijd een zekere geruststelling in zelf veroorzaakte regressie. Hij weet dat hij te oud is voor de troost van zo'n kinderachtig speeltje, en toch omarmt hij met hart en ziel de beer die de tijden vertegenwoordigt die in zijn ogen beter en gelukkiger waren.

Ik zei niets. Paniek en ik waren uit elkaar gehaald en ik was naar een of ander betonnen gebouw gebracht met kale kamers en een ziekenhuisachtige sfeer. Ik had geen idee waar hij was. Het laatste wat ik van hem had gezien was de achterkant van zijn hoofd, zijn handen die zich vastklampten aan zijn bult terwijl hij zijn hoofd in ongeloof en diepe verbijstering schudde. Hij keek toe hoe de sociaal werkers al zijn bezittingen in witte afvalzakken stopten en de weinige spullen die wij de onze konden noemen in zwarte afvalzakken gooiden, maar de camera om mijn nek merkten ze ook op.

Is die camera van jou? Heb je daar foto's mee genomen? Wat voor foto's heb je genomen? En je vader, heeft die er foto's mee genomen? Wat voor foto's nam hij?

Waar zijn de andere rolletjes?

Ik zei nog steeds niets. Ik knuffelde slechts de beer die me nauwelijks iets deed, controleerde de rits op zijn rug en betastte tevreden zijn volle buik. Ik zei niets.

ZOMBIE

Ter informatie. De volgende cassettebandjes zijn door de autoriteiten ter plekke aangetroffen. Ze zijn in chronologische volgorde uitgetikt. Lange stiltes of monosyllaben zijn weggelaten en de overblijvende hoorbare stukken zijn genummerd.

BANDJE 1 DEEL A

'Stap uit, stap nu uit.'

Hij smeet het portier dicht, miste mijn vingers maar raakte mijn tenen. Ik had rinkels in mijn hoofd en klokken in mijn oren.

'Niet schreeuwen, niet roepen. Dat horen de mensen en we willen hier geen pottenkijkers.'

'Stap uit en hou je bek. Anders raakt er wel wat anders dan je tenen bekneld.'

Ik en mijn broer Jake. Een fijne jongen, een goeie lieve broer, een jonge knul met alles om voor te leven.

'Stap uit en trek je kleren uit.'

Ik lachte. Ha ha. Hoog geblaf. Ik kon niet ophouden. Ik kan niet ophouden.

'Stap uit en trek je kleren uit.'

'Hi hi.'

'En lach niet.'

Jake, domme Jake, kleedde zich niet uit. Wou niet één sok, niet één handschoen uitdoen. Hartje winter, dokter, hartje winter toen alle bomen bibberden van de sneeuw en tinkelden van het ijs.

'Trek je kleren uit en leun tegen de auto, anders krijg je zo'n ongenadig pak rammel dat je hoofd ervan tolt.'

Hoofd tolt nu, Jake tolde toen, de arme jongen, arme broer. Een kind nog. 'Je bent een sukkel, je bent een driedubbel overgehaalde druiloor. Ik zal ervoor zorgen dat je wou dat je nooit geboren was.'

En dat deed hij. Hij zorgde er inderdaad voor dat Jake wou dat hij nooit geboren was. Verbouwde zijn oren tot bloemkolen met druipende bladeren; verbouwde zijn neus tot een overrijpe, zachte tomaat; verbouwde zijn mond tot pulp waar de tandkiemen uit sijpelden. Hij was een man die zijn vuisten wist te gebruiken.

'En hoe zit het met jou?'

'Hoe zit het met mij, dokter? Is alles in orde?'

'En hoe zit het met jou?' vroeg hij aan mij.

'Ik ben bloot,' zei ik tegen hem.

Hij likte zijn lippen, streek zijn snor glad en zei: 'Ja, dat zie ik.'

'Rechtop staan. Staan en luisteren.'

Ik hield Jake vast. Jake kon niet staan. Jake kon niet kijken.

'Kleed hem verder uit.'

En dat deed ik. Ik trok zijn sokken uit, zijn handschoenen, broek, overhemd, onderbroek. Alles uit. Dienen met een glimlach, dokter, altijd dienen met een glimlach. Jake leek er niet mee ingenomen. Maar Jake leek toch al niet veel.

'Hou op met janken of je krijgt nog een lel.'

'Hou op met janken, Jake, hou alsjeblieft op met janken of je krijgt nog een lel.'

'Rechtop staan en luister. Geen kik, geen geluid.'

Jake in mijn armen, mijn broer in mijn armen. Waar

is God? Waar was God? Niet in de auto. Niet naast de auto bij ons. Jake en ik tegen de auto, Jake op mijn schouders, Jake overal druipend en bloedend, en alles bevroor. Hartje winter, dokter, hartje winter.

'Jullie zijn mijn zoons en jullie doen wat ik zeg.'

Wij waren zijn zoons en ik deed wat hij zei. Jake niet. Wou het niet. Kon het misschien niet. Wie weet.

Hij wist.

'Luister je?'

Baby's krijgen een tik om wakker te worden, hè dokter? Kunt u zich uw eerste tik herinneren? Geven. Ontvangen. Toen Jake een tik kreeg werd hij niet wakker. Jake ging slapen. Op de bevroren grond. Hartje winter.

Hij zei: 'Waardeloos vod.' Hij keek me aan en likte zijn lippen.

'Maar ik heb jou nog, hè?'

Ja, hij had mij nog.

BANDJE 1   DEEL B

En hij zei, en hij zei.

'Hij weer.'

Jake lag voor pampus.

En hij zei.

'Laat hem, laat hem maar liggen waar hij ligt.'

En dat deed ik. Jake's kneuzing was blauw, net als zijn huid, net als de lucht. Hartje winter, dokter, tintelend en helder. Maar koud. Overal kippenvel, overal.

'Ik zal je wel warmen,' zei hij en maakte de zware riem rond zijn middel los. Zware riem, grote gesp. Hij likte aan de leren band.

'Alvast een voorproefje.' Hij lachte, en ik ook. Jake

niet. Het was geestig. Maar dat was het niet. Jake zou nooit gelachen hebben. Zou nooit zijn kleren uitgetrokken hebben. Ik wel en ik wel.

'Je moet ruggengraat hebben, jongen,' zei mijn vader.

Ik moest dringend de auto weer in. Jake ook. Hij begon blauwer dan de lucht te worden.

'Draai je om en leun voorover tegen de auto.'

'Is het zo goed?'

'Zo is het goed,' zei hij en likte het leer tot het glom.

'Benen spreiden.'

En dat deed ik.

'Verder uit elkaar.'

En ze gingen verder uit elkaar, dokter.

'Niet schreeuwen, weet je nog, tanden op elkaar.'

Ik beet op mijn lip, beet in mijn arm, beet in het metaal van het autodak.

'De eerste is voor mij,' zei hij, 'de tweede voor jou.'

Ik beet hard.

'De derde is voor Jake want jij moet die van hem incasseren.'

Tranen in de ogen, dokter, ze veranderden in ijs en staken in mijn voeten als ze vielen. Hartjewintertranen stuiterden van de grond op Jake.

'Luister je?'

Ik luisterde niet.

'De vierde, de vijfde en de zesde zijn omdat je niet luistert.'

Hij telde getallen, ik telde hitte. Elke slingering van de riem bezorgde mijn koude huid een wonderlijke hitte, een tropische bries. Jake kwam bovendrijven uit zijn slaap. Niet wakker worden, lieve broer, niet wakker worden. Blijf waar je bent.

'Als hij wakker wordt, beginnen we van voren af aan,' zei hij en hij grijnsde.

Ik niet maar Jake wel. Hij ging rechtop zitten, zijn hand op zijn kneuzing, zijn ogen op onze vader.

'Wat zit je naar me te kijken, nou, wat heeft die blik van je te betekenen, jongen!'

Opnieuw likte hij aan de riem.

'Dit is een andere telling. Dit is niet hetzelfde.'

En dat was ook niet zo, dokter, het was helemaal niet hetzelfde. Een, twee, drie, vier, vijf, zes, zeven. Zeven slagen. Zeven slagen voor één broer. Hij kreeg niet eens de kans om van de koude grond op te staan, arme Jake, lieve arme broer. Wat een wereld, hè dokter, wat een wereld als je niet eens even tijd krijgt om op te staan.

'Blijf waar je bent,' zei hij en Jake bleef waar hij was. Koppig en stil, gebogen knieën en kromme rug. Zeven zwiepen voor één broer, zeven striemen op de blauwwitte huid. Toen lag hij voor pampus, hoofd weer onder de auto, benen wijd uiteen. Wat een dag, dokter, wat een dag. Hij was zo mooi, zo bros en koud en broos en leeg. Een dagje naar buiten met broer Jake. Alleen zag hij er niks van. Mijn vader wou er niks van weten.

'Waar waren we gebleven?'

Zeven, zei ik. Zeven en ik weet niet waarom. Maar dat zei ik niet, alleen maar zeven maar ik weet nog steeds niet waarom. Daar lag Jake blauwer dan ooit onder de auto, ook uitgeteld tot zeven. Zijn ogen waren open, die van mij dicht, dokter. Hij zag het komen, ik niet. Ouder en wijzer was onze Jake.

'Ja, zeven. Acht is voor je ziel, negen is voor je hart en tien is voor… en tien is voor…'

Hij wist het niet. Of ik weet het niet meer. Een

van de twee. Maakt niet uit. Zijn arm was zwaar, mijn rug rood en Jake blauw.

'Wacht hier,' zei hij en liep het veld in. 'Verroer je niet,' zei hij.

Maar dat deed hij wel en ik ook. Toen vader me niet meer kon horen en zien kroop ik bij Jake onder de auto, verwarmde ik me aan de motor, en Jake verkilde zich aan de kou. Ik raakte zijn huid aan, ik raakte zijn ogen aan, raakte zijn mond aan. Tekenen van leven, rillingen van ergens uit de diepte. Hij was levend, zo niet wakker. Er zitten ergens meer tranen, als ik ze kan vinden. Er zijn er zoveel die voor je klaarstaan. Rantsoeneren, dokter, zo heet dat. Soms moet je besluiten om te huilen of niet; om wie je moet huilen en waarom. Ik had een moment met Jake onder de auto en dit moment, besloot ik, was een moment voor tranen. Voor ons allebei. Laat ze maar komen, Jake, schreeuwde ik in zijn oor. Hij glimlachte en daar kwamen ze.

Hij keerde ons de rug toe. Mijn vader. Alleen zei Jake dat hij dat nooit was geweest. Bezwoer dat hij dat nooit was geweest. 'Ik kom van een andere planeet.' Natuurlijk. Waar zou Jake anders vandaan moeten komen? Waar dan ook was het beter, dokter, waar dan ook was het beter dan onder de auto, stikkend in olie en mengend met tranen. Hoesten en proesten, onze keel rauw, rauw, rauw kuchen. Vreselijk. Arme Jake, ik had het het slechtst gehad, hij kwam er het slechtst van af.

'Hou je klep en wees stil.'

Maar het hoesten was toch al afgelopen. Jake had zijn gezicht in de smurrie begraven. Hij wist wat er kwam. Wilde het niet zien. Ik ook niet. Ik keek toch. Misschien komt hij wel van een andere planeet, zei ik tegen Jake's bevende rug.

'Ik ben bijna klaar,' riep hij met een rooie kop. Als een biet. Nee, als bloed. Als Jake's gutsende rug.

Eerst was hij twintig meter weg. Toen vijftien, toen tien, toen vijf, toen boven ons druipend met alles. Spetterde op onze benen. Jake kromp ineen. Ik niet. Jake hoefde niet te kijken. Ik wel. Wat betekent dat, dokter, wat betekent dat? Jake moet het op zijn blote schenen gevoeld hebben, ik voelde het van mijn benen op mijn borst spatten. Ik zag het. Hij wou het zich niet voorstellen. Hij kende het klappen van de zweep.

'Zo,' zei mijn vader.

'O God,' kreunde Jake.

'Klaar,' zei hij en deed zijn gulp en jas weer dicht.

'Was dat nou zo erg?'

Jake kreunde luider.

'Kom eronderuit, allebei.'

We bewogen ons allebei niet. Jake was zo stijf als een plank. Wij alletwee eigenlijk. Zo strak als het vel op een trommel.

'Moet ik jullie eronder vandaan trekken?'

Ja, dat moest. Hij moest ons er inderdaad onder vandaan trekken. Eerst mij, eerst een been. Dan Jake. Eén vlugge ruk, één snelle schuiver en we waren in de winterlucht.

'Het is koud, dat kan ik je verzekeren. Trek je kleren weer aan,' zei hij tegen me.

'Ik zou de volgende keer maar doen wat me gezegd werd,' zei hij tegen Jake en schopte hem tegen zijn voeten.

Misschien was het de trap dokter, de por, de stoot van schoen tegen voetzool. Maar er knapte iets in Jake, en knappen was iets wat Jake goed kon. In een wip van windstilte naar storm. Van pijn naar tranen duurt langer. Jake wist dat. Ik wist dat. We wisten het allemaal. Mijn vader ook. Van binnen naar buiten vond woede een weg. Jake sprong overeind. Opvliegend en bloedend. Met tranen en bloed bevlekt. Wat een aanblik op een koude dag midden in de winter. Om je ogen bij uit te kijken. En uitkijken deed mijn vader. Een stoot in de maag, een klap tegen de zijkant van zijn hoofd. Jake was snel. Maar mijn vader groter.

'Kijk eens aan, ons driftkikkertje komt tot leven.'

Jake probeerde te stompen maar mijn vader ving zijn vuist in zijn hand en maakte van zijn hand een vuist. Er klonk een smak die de roep in de natuur brak en dat was ook zo, hij weergalmde over de velden, dokter, een nieuwe roep. Geen tjiep maar tjak. En Jake ging neer.

'Je bent mijn zoon en je hebt maar te doen wat ik zeg.' Nog een smak, geen tjak maar krak toen er iets in Jake's gezicht brak. Niet de oren of de neus, die waren te zacht om te kraken. Er was iets nieuws in pulp en kiemen veranderd, pulp en kiem bij broer Jake. Ik schaamde me eerlijk gezegd, ik was beschaamd en beschroomd om mijn witte, rijpende, bekippenvelde lijf. Want al mijn zonden, dokter, werden ter plekke vereffend met tjak na krak na mep na klap. Arme Jake, Wat een wereld, hè, wat een wereld waar een gezicht in elkaar kan worden geslagen op een helling zo vol met velden. Prachtig maar koud.

'Een mooie dag om dood te gaan jongen, is dat wat je wilt? Want dat hangt je boven het hoofd. Sta op, ga de auto in. Je mag zelf kiezen.'

Ik koos voor opstaan. Jake koos niet.

'Niet jouw keus, dunkt me,' mepte mijn vader.

Mijn keus was Jake helpen overeind te komen. In mijn armen zwaarder en ouder maar na alles wat hij voor me gedaan had. Alles wat ik voor hem gedaan had. Niks. Dit was het minste, het allerminste.

'Op huis aan, hè jongens, te veel buitenlucht en zo.'
Hij ging op huis aan maar Jake ging op een andere planeet aan en ik ging met hem mee.

'Waar gaan we heen?'

'Naar huis natuurlijk,' zei mijn vader.

'Waar gaan we heen?' vroeg ik aan Jake.

'Ergens, als het maar niet hier is,' mompelde Jake
door de brij in zijn mond. 'Daar ergens...' en hij worstelde zijn hoofd naar het raam.

'Kijk naar de lucht, broer.' En dat deed ik en we hingen op de achterbank en hielden elkaar vast tot de lucht
donkerder en kleiner en niets meer werd.

BANDJE1 DEELC

En toen naar huis en toen naar bed en toen onze wonden, onze pijn wegslapen. We woelden en huilden.
Dat deden we, dokter, tot we een ons wogen. Zo ongeveer. Geen weegschaal in de buurt.

De hele nacht lag Jake te woelen. De hele nacht lag
ik naast hem en keek ik. Er waren lijnen in zijn gezicht,
lijnen in zijn gezicht die daar niet hoorden te zijn, niet
bij zo'n jonge jongen, niet bij wie dan ook eerlijk gezegd. De lijnen op zijn rug kwamen van mijn vader
maar de lijnen in zijn gezicht kwamen van Jake.

'Je wordt nog eens ziek van dat gepieker, Jake.'

'Ik wil geen kik horen want anders weet je wel wat
er zwaait.'

Hij gaf het gordijn een opdoffer, de oranje en bruine
bloemen vlogen over die lieve Jake heen. Ik moest
lachen om de bloemen die er zo stom, zo onwerkelijk
uitzagen. Maar Jake lachte niet. Te druk met woelen,
te druk met terugdeinzen voor katoenen doorns. Zo
erg was het. Een sterke jongen, dokter, een sterke jon-

gen die terugdeinst voor katoenen doorns. Erger kan niet.

Jake stompte het gordijn terug naar de andere kant van de kamer. Mijn vaders kant. We mochten er geen van beiden in de buurt komen. We mochten er geen van beiden zelfs maar naar kijken. Stijf dichtgetrokken. Hermetisch gesloten en nooit naar de andere kant.

'Wat was dat, heeft iemand het gordijn aangeraakt?'

'Per ongeluk,' zei ik tegen hem. 'Mijn knie... mijn elleboog, er kwam op de een of andere manier iets tegen het gordijn.'

Jake keek me aan en vroeg me zonder iets te zeggen waarom.

'Wat heeft het voor zin, Jake, wat heeft het in godsnaam voor zin? Dit is de enige manier.'

'Het is de verkeerde manier,' was het enige wat hij kwijt wou en de kussens verzwolgen zijn woorden.

'Geen ongelukjes meer, jongens,' was het enige wat hij zei. Was ook het enige wat ik wou zeggen. Alsjeblieft geen ongelukjes meer.

'Wat is er achter het gordijn, Jake?' Hij gaf geen antwoord, wou geen antwoord geven. En Jake wist het. Hij was ouder dan ik. Was eerder droog achter de oren dan ik. Hij wist het maar wou het niet zeggen.

'Misschien moet ik maar eens een kijkje nemen,' zei ik, maar Jake was ergens in verdiept. Misschien slaap. Misschien verdriet. Misschien allebei. Het gewoel en gedraai van dromen, dokter. Kan wakend gebeuren, kan in slaap gebeuren. Hij kauwde en sabbelde op dat kussen. Had kennelijk trek, ergens in. Daardoor kreeg ik ook ergens trek in. Maar niet in slapen. Bepaald niet. Te veel schreeuwende kneuzingen, over mijn lijf krioelend als mieren in het vuil dat we op dat veld hadden gegeten. Mieren en vuil hadden we allebei gegeten. We waren dus verzadigd, ons buikje helemaal vol, ons hoofd zonder enige twijfel ook vol.

'Ik ga een kijkje nemen,' zei ik tegen hem ook al sliep hij. En dat deed ik en wat een schok, dokter, wat een schok voor een jonge jongen, beroofd van onschuld, een snel verdwijnende draaikolk van dromen en hoop die naar een diepe donkere afvoer worden gezogen. Die van Jake waren al in de buis, in het riool en reddeloos verloren. Geen zwanenhals in het loodgieterswerk van dit gezin is het diepste dat ik nu, op dit ogenblik en in deze omstandigheden kan zeggen.

Ik zag het, dokter, maar ik geloofde het niet. Ik kwam, ik zag en ik overwon mijn angst voor het bloemetjesgordijn maar ik geloofde het nog steeds niet. Er stond niets in de kamer. Er was niets meer van mijn moeder, er was niets meer van mijn vader. Alles was opzijgeschoven. Het was er aardedonker. Eén lamp, brandend op olie, brandde de lucht. Een geur van dikke rook. Een rookgordijn achter het bloemetjesgordijn. Hij lag op de grond. Zag hem eerst niet. Een donkere schaduw misschien, een zwarte massa of zo, had een stoel kunnen zijn, een kast, een liefhebbende vader. Er had van alles in die kamer kunnen zijn en ik had het niet gezien.

En toen, dokter, en toen en toen. Hij bewoog. Eerst strekte hij een arm op, toen de andere hoog in de lucht. Toen een been en toen het andere. Hij liep langzaam op zijn rug zonder te zwemmen of misschien zwom hij zonder te bewegen. Wat dan ook, hoe dan ook, hij was een pop, een marionet zonder touwtjes. Anders dan ik, anders dan Jake. Wij zaten allebei sinds de dag van onze geboorte aan touwtjes vast.

Ik voelde armen om mijn buik, handen op mijn schouders en ik vloog op voor mijn vaders verboden gezicht.

'Onmogelijk, onmogelijk,' schreeuwde ik naar Jake, naar mijn vader, naar iedereen die misschien stond te luisteren. Hoe kon hij, hoe kon hij dat in godsnaam? Maar hij was het niet.

'Wat doe je?' vroeg een stem aan me. Een stem die ik nooit eerder had gehoord, een gezicht dat ik nooit eerder had gezien doemde voor me op. Kon nog steeds niks zien. Te donker. Niet genoeg lamplicht om het onbekende gezicht te zien aan het andere eind van de armen die me vasthielden.

'Boontje komt om zijn loontje,' zei mijn vaders stem en ik zag hem rechtop gaan zitten. Maar dat was niet zo, boontje kwam niet om zijn loontje. Ik kwam om mijn loontje. Dat zat nu strak om mijn middel.

'Nieuwsgierig Aagje dat je bent.' Mijn vader grijnsde en lachte. Maar het was niet grappig. En ik lachte niet.

'Dat gebeurt er met jongens die nieuwsgieriger zijn dan goed voor ze is.' En dat gebeurde er inderdaad met jongens die nieuwsgieriger waren dan goed voor ze was. Was met Jake gebeurd, nam ik aan, en nu gebeurde het mij.

'Jake!' schreeuwde ik.

'Jake slaapt,' antwoordde de onbekende stem, 'en dat zul jij straks ook wel willen.'

En dat was ook zo maar al eerder, de stem had het mis. Ik wou meteen al slapen, op datzelfde moment. Ik wou in Jake's kussenkauwland zijn. Voor altijd.

En mijn moeder zong me in slaap, een arm voor mij, een arm voor Jake; om haar lichaam gekruld, benen over benen over benen, te voorschijn piepend uit de openingen in haar gehaakte omslagdoek. Een hecht gezinnetje, dokter. Ha, ha, hecht, dicht op elkaar, een liefhebbende, zorgzame eenheid van vreugde.

Haar stem fluisterde in onze oren, een zin voor elk oor, twee voor elke zoon; heen en weer, een geruststellend stereo voordat het beangstigende mono inzette. Het beangstigende mono.

Zij zong: '*Ergens...*'

Hij schreeuwde: 'Wat is dat voor kabaal?'

Zij zong: '*Is een plek voor ons...*'

Hij dreigde: 'En daar gaan jullie straks naartoe.'

En we luisterden, grepen elkaars lichaam beet, een kieteltje hier, een zetje daar. Normale jongens. Dollen, gewoon dollen. Tot het liedje afgelopen was en zij ons optilde, een voor een, Jake natuurlijk het eerst, hij was ouder maar niet wijzer − nog niet. Dat was hem nog niet bijgebracht. Er was geen ervaring in zijn leven. Nog niet. Ze tilde ons op en stopte ons in en het was de hele tijd lachen van de laatste noot van haar liedje tot de laatste aanraking van haar lippen op onze borst in adamskostuum. Geen lippen voor haar zoons, lippen waren niet goed genoeg voor ze.

Ze zei: 'Kun je raden waar ik je vanavond ga kussen?'

En dat konden we nooit hoewel we het altijd probeerden. Ze wentelde haar liefde, dokter, wervelde die onze hele slaapkamer rond en we wisten nooit waar het vocht zou landen, waar de zachte aanraking gevoeld zou worden.

Hij zei: 'Kun je raden waar ik je vandaag ga slaan?'

En dat konden we dokter, we konden wel raden waar hij ons zou slaan.

Zij zei: 'Doe je ogen dicht dan kom je er vanzelf achter.' En dat deden we. Jake eerst, maar alleen als hij stillag.

'Hou op met dat gewriggel,' zei ze, 'anders gebeurt er niks.' Hij lachte, een hoog gilletje, een scherp geluid dat nog ergens klinkt. In een land ontbloemd van gordijnen.

'Hoe kan ik je nou kussen als je onder de deken kruipt?' Hij kronkelde van verrukking. Hij wilde het moment zo lang mogelijk uitstellen. Hij verstopte zich aan het voeteneinde van het bed en mama dook onder de dekens en beroerde met haar lippen een knie, een uitstekende elleboog, of een schouderblad.

'Aha,' zei ze, 'kip ik heb je.'

Dan pakte ze mij.

Hij zei: 'Als ik je te pakken krijg, vermoord ik je.'

Zij zei: 'Als ik je te pakken krijg, kus ik je.'

Simpel, dokter, rimpel simpel dimpel. Wat mij betreft, voorzover ik weet, zie en geloof. Zij was bij ons in bed en kietelde ons met warme lippen en hij was in de andere kamer, de andere wereld, en schopte ons met kille schoppen. Zo simpel dat je er wel om kon janken. En dat was ook zo toen het gebeurde, toen de verschrikkelijke dag kwam. De eerste verschrikkelijke dag, moet ik zeggen. Niet de enige natuurlijk, maar het was de eerste, een hele speciale, angstige dag.

We waren buiten de stad, vlak bij bossen waar je wel om kon janken.

'Esdoornelegantie,' noemde zij het.

'Hmmpf,' noemde mijn vader het.

'Niet te ver gaan, Jake, en lief zijn.'

Maar Jake was al weg, de helling af, hij slalomde

tussen wortels, dook onder takken, kauwde op bladeren en holde intussen steeds verder de helling af. Hij kon het niet helpen, het hollen niet, het lachen niet, en ik kon het ook niet. De slip van zijn overhemd glipte door mijn handen en hij was weg, en zijn blonde haar lichtte op met de adrenaline van het nieuwe. Een adrenaline, dokter, die maar weinig mensen ooit voelen. Maar Jake wel, Jake wist daar alles van terwijl hij de helling af scheurde.

'En *jij* gaat ook niet te ver,' zei ze. En dat deed ik natuurlijk wel.

Hij hijgde en snakte naar adem toen ik hem te pakken kreeg. Ik kan het nu voelen, arme Jake, ik kan zijn ribben voelen bewegen alsof het nu gebeurt, er pasten twee vingers tussen zijn ribben die zich uit alle macht vastklampten aan het lieve leven, *zijn* lieve leven moet ik zeggen. Mijn kin in zijn hals, mijn benen om zijn middel tot we omrolden en op twijgen en bladeren vielen, lachend en huilend dat het een lieve lust was.

Er klonk een kreet.

'Een vogel,' zei Jake.

'Mama.' Ik wist het. Op de een of andere manier. Instinct, intuïtie. Wat dan ook. De eerste kreet ging over de boomtoppen heen, streek langs de buitenste bladeren en floot en ebde weg naar de zon, naar haar zoons. De tweede kreet duikelde en dook door de bomen op ons neer zonder dat de scherpte en schrilte van het geluid werd afgezwakt door vochtig hout. Je kon een speld horen vallen. Je kon een kreet horen gillen.

'Wat moeten we doen?' vroeg ik aan Jake.

'We gaan terug.'

'We moeten voortmaken,' zei ik.

'We moeten vliegen,' was het enige wat hij zei.

Snapte niet wat hij bedoelde. Geen vleugels, hoe konden we vliegen? Nee, hoe hadden we daar ooit snel genoeg kunnen komen? Voor de afstand die we moesten afleggen was geen snelheid uitgevonden. Daarom renden we maar. Jake voorop want hij was de oudste, hij baande mij een weg, hakte alles dat hij tegenkwam weg. Net als vlak daarvoor, toen hij het bos had geplet met zijn lach, vertrapte hij het nu met woede. Zijn woede, mijn verbijstering. Onze angst.

De derde kreet trof ons in de borst en we tuimelden bijna terug naar de voet van de helling. 'Gauw, schiet op,' zei Jake. Maar ik was versteend, de kreet had me steviger dan de bomen geworteld.

'Vlug, vlug, vlug.' Jake trok en rukte, wrikte en dwong me de heuvel op naar de top, de open plek, mijn vader die stond te jammeren in de zomerlucht. Een wereld vol zonneschijn.

Hij zei: 'Geen woord, nu niet, nooit niet. Als je één woord tegen iemand zegt, wordt het je laatste.'

En we geloofden hem.

BANDJE 1 DEEL E

En mijn moeder, en mijn broer, en ik, we rolden met z'n allen over de vloer, we lachten zo hard dat we ervan huilden, de tranen stroomden ons over de armen, dropen op de houten stokjes. We huilden om een goede reden, dokter, niet om een slechte. Heb het verschil toen nooit geweten. Weet het verschil nu wel. De een legt een knoop in je maag, de ander roert je maag, als cement, dikte grijzer dan grijs cement.

Het was een oud spelletje. Toen al. Een wirwar van stokjes met twee punten liet je van dertig centimeter hoogte in een rommelig hoopje op de grond vallen.

Zes kleurringetjes aan de uiteinden – rood 6, blauw 5, groen 4, geel 3, paars 2, oranje 1. Als je een stokje van het hoopje pakte voor de punten, mochten de andere niet bewegen. Gebeurde dat wel dan ging je beurt voorbij. Jake was er goed in. Hij bekeek het rommelige hoopje van alle kanten en schatte in zijn hoofd alle kansen op beweging. Ik nam altijd de makkelijkste. Als er een oranje stokje van het hoopje was gerold, dan nam ik dat, een makkelijk punt, maar Jake niet. Nam nooit de gemakkelijke weg. Kreeg nooit een gemakkelijke weg, dokter. Terwijl mijn vader door de kamer stampte, scheldend op onze stomme spelletjes, veegde hij zijn haar opzij en analyseerde hij het stapeltje met zijn blauwe ogen. Dan vonden zijn lange dunne vingers een blauw of rood stokje dat ergens midden op het hoopje wiebelde en als een chirurg dokter, als een meskunstenaar pakte hij het stokje zonder ook maar één andere te bewegen en dan hield hij het trots en blij omhoog.

Mama was een ramp, nog erger dan ik. Ze kon haar handen niet stilhouden en een beefhand was niet handig bij dit spel, ze probeerde een groene te pakken en dan verschoof er een hele rits en viel om. Jake blies op haar hand om haar van de wijs te brengen en dan duwde zij hem weg, zachtjes natuurlijk. Altijd zacht. Geen pets of klap. Een speels duwtje. Toen mijn vader het spelletje een keer meespeelde, stampte hij op de vloer om het gewenste stokje te krijgen.

'Hoort bij de regels,' zei hij. Maar dat was natuurlijk niet zo.

'Jouw beurt,' zei mijn moeder als ze merkte dat ik aan het dagdromen was. En als ik er moeite mee had, als ik er moeite mee had hield ze mijn hand vast – twee bibbers heffen elkaar op dokter, heb ik altijd al gezegd.

Wit op wit moest, bot tegen bot zou mijn hand leiden en dan pakte ik een gele, misschien een groene, als het geluk met ons was. Jake de zelfverzekerde, meesmui- lende Jake lachte met al zijn tanden om onze pogingen, en als het zijn beurt was hengelde hij zich een weg en had hij weer vijf of zes punten te pakken. Mijn moeder lachte om zijn handigheid.

Ze lachte niet toen Jake en ik boven aan de heuvel aankwamen. Haar glimlach was scheef, niet warm en uitnodigend maar koud en afwerend. Een lach is ook wel iets raars, dokter. De lach als ze Jake en mij samen in bed stopte, voordat ze haar kusspelletjes speelde, om die lach moesten we lachen. Nu moesten we erom huilen. Jake viel op zijn knieën naast haar neer.

'Wat is er gebeurd, wat is er gebeurd?'

'Geen woord,' zei mijn vader. 'Het was een ongeluk. Jullie kwamen de heuvel weer op en zagen het gevolg van een vreselijk ongeluk. Goed, jongens?'

Maar het was helemaal niet goed. Haar hoofd kon zo niet zijn, niet als het goed was; haar armen zouden niet onder haar liggen als het goed was; haar benen zouden niet zo wijd gespreid zijn als alles goed was.

'Hoe is het gebeurd?' jammerde Jake naar de zon.

'We moeten nu weg,' zei mijn vader. 'Iemand over dit vreselijke ongeluk vertellen.'

Ik kon me niet bewegen. Ik herinnerde me dat mijn hart had gebonkt toen Jake en ik van de helling af wa- ren gerold, helemaal doorstroomd met adrenaline, maar nu kon ik mijn hart niet meer voelen, alles stond stil. Ik zat vast in ketens die ik niet begreep. U zou het shock noemen, dokter. Ik noem het onbegrip. Ik begreep niet dat ze dood was.

'Het was een ongeluk.'

Ik had altijd gedacht dat mensen bij een ongeluk

geen pijn hadden, dat ze alleen pijn hadden als ze dood-
gingen. Stom, stom van me. Ik schaafde een knie en
mijn moeder maakte hem schoon en verbond hem; Jake verzwikte zijn enkel en zij deed er natte zwachtels
om tot de zwelling afnam. Dat waren ongelukjes en de
pijn ging over.

'In de benen. Nu,' zei mijn vader.

'We kunnen haar niet achterlaten,' schreeuwde Jake
tegen mijn vader.

'We moeten iemand gaan vertellen wat er is gebeurd.'

'Maar wat is er dan gebeurd, wat is er gebeurd?' Jake
sprong op tegen mijn vader, die hem een klap op zijn
achterhoofd verkocht.

'De auto in.'

Ik probeerde haar hoofd weer recht te leggen, zoals
het hoorde te liggen. Het was zwaar, haar huid warm,
haar lippen, haar speelse lippen wachtten tot we thuis-
kwamen en ze ons naar bed konden brengen. Koud.

'Jij ook, schiet op.' Ik probeerde haar grimas van
een slechte in een goede glimlach te veranderen, maar
dat lukte me niet. Steeds als ik haar lippen omhoog-
drukte, krulden ze weer neer. Mijn vader sleurde me
naar de auto en ik hoorde Jake op de achterbank huilen.

'Maar haar glimlach dan?' zei ik tegen mijn vader.

'Ze zal nooit meer lachen, jongen.' En hij had gelijk.

BANDJE 1   DEEL F

En de motor, de sputterende motor, was alles wat we
hoorden. Bommen konden neervallen, geweren konden afgeschoten worden en de wereld kon ten onder

97

gaan zonder dat we het merkten. Maar de wereld *was* ten onder gegaan. Niet alleen voor mijn moeder. Ook voor mij, voor Jake. Vooral voor Jake. Oudere en wijzere Jake. Hij kroop als een foetus in elkaar. Liet me mijn arm niet om zijn schouders leggen, liet me geen grapjes in zijn oor fluisteren zoals we op koude winternachten hadden gedaan als lichaamswarmte de enige warmte was en onze adem in de lucht dreef. Wolken gesproken woord die in onze kamer tot gefluister glinsterden... tot gefluister glinsterden...

Ik zal je een mop vertellen zei hij in gelukkiger tijden, ik zal je een goeie mop vertellen. Maar je moet beloven dat je lacht. Ik lachte en hield mijn belofte nog voordat de mop begonnen was. Deze vertelde hij ook, dokter, misschien moet u erom lachen. Er was een man zonder onderbroek of zwembroek in het zwembad aan het zwemmen. Er kwam een andere man voorbij die naar hem keek en naar zijn geval dat onder het zwemmen door het water slingerde. Hij had het grootste geval dat die man ooit gezien had; het begon tussen zijn benen en hield pas aan de overkant van het zwembad op. Mijn God, zei de man en wees naar zijn geval en de man in het water stopte met zwemmen en zei: 'Wat heb je, krimpt die van jou niet in het water?'

Hij lachte nog voordat de mop afgelopen was, de woorden hadden zijn mond nog niet verlaten of hij proestte het in zijn kussen uit, hij probeerde zo min mogelijk geluid te maken om onze ouders niet te storen die een paar meter verderop lagen te slapen. En Jake was grappig als hij lachte. Grappiger dan de mop. Grappiger dan wat ik toch niet begreep. Zijn hele lichaam schudde, hij sloeg zijn armen over zijn hoofd en probeerde zijn vingers tussen zijn tanden te proppen. Hij lachte niet alleen met zijn mond, hij lachte met zijn hele lijf. Toen hield hij op en keek hij me aan met die diepliggende ogen van hem. Ook meesters van het ongesproken woord.

'Is die van jou ook zo?'

En ik wist niet wat ik moest zeggen.

In de auto viel er niets te zeggen. Voor mij niet, tegen de zitting gedrukt met mijn handen over mijn oren, voor Jake niet, opgerold en verstijfd, voor onze vader die over de weg scheurde niet. Scheurde tot hij een telefooncel vond, en hij stapte uit en ging bellen terwijl hij de hele tijd, dokter, de hele tijd ons in de gaten hield om te zien wat we deden.

Ik probeerde bij Jake te zijn, waar dat ook was. Te dichtbij om goed te zien, te ver weg om aan te raken; probeerde zijn armen van zijn gezicht te wrikken en werd daardoor nat; nat van zijn tranen, van zijn snot, van de bloedspatten die hij uit zijn voorhoofd krabde.

'Niet doen, Jake, alsjeblieft...'

'Het is zijn schuld,' zei hij. 'Het is zijn schuld,' schreeuwde hij en hij sprong op uit zijn foetushouding en greep het portier. Hij was niet in de hand te houden. Een razernij die hem klap na klap in het veld onder de auto ook beving... Ik probeerde zijn armen te pakken maar hij ontkwam me, glibberig van de koorts, een woede glad van het vet, en hij was al buiten en stoof op mijn vader af. Ik keek toe vanachter de ruit, keek alleen maar. O God, het enige wat ik deed was kijken, het enige wat ik *kon doen* was kijken. Hij rende op mijn vader af die nog steeds in de hoorn schreeuwde, druipend van het zweet, en hij sprong. Mijn vader gebruikte de telefoon. Niet alleen om hulp in te roepen voor onze moeder die daarginds boven aan de helling lag maar

99

om Jake's hoofd weer op de grond te krijgen. Als een vlieg die doodgemept wordt en op de grond valt. Hij hing op, greep Jake en toen was Jake alweer weer in de auto; weer in de foetushouding, weer in tranen en bloed.

'Stom joch, wat was je van plan?' Hij keek naar mij, onze vader, keek naar mij en waarschuwde me woordeloos, bedreigde me geluidloos. Maar ik ging nergens naartoe en niemand van ons deed dat.

In onze kamer zei hij trots: 'Ik zal je die van mij eens laten zien.'

Maar ik kon niks zien, het was te donker in onze kamer, de ramen waren bedekt met vele lagen dik katoen. Niet alleen te donker om te zien, soms was het ook te donker om te denken, om je voor te stellen dat er zich iets achter de gordijnen bevond.

'Kun je het zien?' vroeg hij, en ik knikte, maar eigenlijk zag ik niet veel. Ik zag een vorm tussen zijn benen, ik zag zijn huid veranderen en nog donkerder worden als dat kon, en ik denk dat dat kon, alles was mogelijk in die kamer, in dat bed met ons tweeën.

De politie kwam en mijn vader sprak met de agenten of het oude vrienden waren. Er kwam steeds iemand naar ons toe die de auto in gluurde en ons vroeg of alles in orde was.

'Ja, meneer,' zei ik dan.

'Nee, meneer,' zei Jake en dan liepen ze weg alsof we geesten waren, ongezien en ongehoord. Het enige wat Jake toen zei en nog dagenlang zou zeggen was: 'Het is zijn schuld, hij heeft het gedaan.'

'Hoe weet je dat?' vroeg ik dan, maar dat was een overbodige vraag. Ik wist het net zo goed als hij.

'Kom binnen,' had de onbekende stem gezegd.

Mij was gezegd dat het achter het gordijn streng verboden gebied was.

'Ga daar nooit, nooit naar binnen,' had mijn vader gezegd. En dat deden we ook nooit. Althans niet vaker dan één keer. Jake had het een keer gedaan en zie wat er met hem was gebeurd: de zon was weg uit zijn hart, het plezier was weg uit zijn lach. En nu ik, ik had het een keer gedaan, was achter het bloemetjesgordijn een verboden land binnengetreden.

Hij ging door het lint toen we terugkwamen van buiten. Onze vader. Hij vervloekte de plek waar onze moeder was gevallen. We keken hoe de ambulancebroeders haar lichaam optilden, nog slap niet stijf. Buigzaam terwijl ik dacht dat het zou breken. Jake keek, keek weg. Hij keek en sloeg toen zijn handen voor zijn ogen. Ik probeerde dat ook maar toen ik mijn ogen met mijn handen bedekte vielen de vingers gewoon open. Ik zag scharen een voorstelling van iets gruwelijks knippen in mijn hoofd. Meedogenloos. Het was allemaal zo meedogenloos. Ik kon de beelden niet verdringen. Mijn vader, zijn verdriet, zijn tranen, hij ging van de ene politieagent naar de andere, een schouder om op te leunen, een bemoedigend schouderklopje toen ze haar lichaam in de ambulance tilden en de portieren dichtsloegen.

Dat was het enige waar we over konden praten, het enige waar we aan konden denken.

'Het is zijn schuld, het is zijn schuld,' zei Jake, zo gespannen als wat.

'Weet ik, weet ik,' zei ik, maar dat was niet zo. Ik geloofde Jake maar ik wist het niet. Wij waren aan het spelen, zij was doodgegaan, mijn vader had gehuild en wij waren weer meegenomen naar huis naar onze kamer en begonnen een nieuw leven. Ogenblikkelijk veranderde mijn vader ons vertrouwde wereldje. We gingen in één kamer wonen en onbekende mensen vulden de rest van het huis, met dag en nacht nieuwe geluiden, gekraak, gekreun. Hij bracht grendels op de deur aan, extra sterke luiken voor de ramen en een gordijnrail dwars door de kamer.

'Kom nooit aan de andere kant als ik er niet ben,' maar hij was er altijd, dokter, nooit een ogenblik niet, nooit een ogenblik dat we ons niet vlak bij de vuurlinie bevonden.

'Dit is ons huis en we zullen er het beste van moeten maken.'

'En de rest van het huis dan?' vroeg Jake.

'Dat is niet meer van ons. Het wordt allemaal anders nu jullie moeder niet meer bij ons is.'

En dat klopte, het werd totaal anders.

We werden opgedoft. In het zwart, van top tot teen. Jake besmeurde zijn gezicht met aarde van de begraafplaats, maakte zijn gezicht donker als een in het gevecht geharde veteraan die ten strijde trok. Gecamoufleerd.

'Ik moet dit doen,' zei Jake.

Mijn vader zei: 'Ga je gezicht wassen.'

'Nee,' zei Jake. Stond pal, stond op de grond, een meter van de kist die op weg was naar de kuil in de grond.

'Was je gezicht, anders doe ik het.'

De mensen daar, verre verwanten die we nog nooit hadden gezien, keken toe en zwegen.

'We worden alleen gelaten,' zei ik in gedachten tegen ze.

'We worden alleen gelaten met hem,' bleef ik malen terwijl Jake en mijn vader naast het graf begonnen te bakkeleien.

'Is dat goed?' vroeg ik.

'Nee,' zei Jake tegen mijn vader en bukte zich om aarde te scheppen, aarde die andere handen al hadden gebruikt om naar mijn moeder te gooien. Hij schepte aarde, vulde zijn handen ermee en wreef hem over zijn gezicht. Mijn vader spoog in zijn handen en smeerde zijn speeksel op Jake's gezicht en de aarde veranderde in modder en Jake's woede in vuile tranen. Hij probeerde mijn vaders handen weg te duwen maar die was te sterk, altijd te sterk, en hij gaf het algauw op en stond voor zich uit te staren, zijn armen langs zijn zij. Ik keek naar mijn zwarte broek, witte overhemd en zwarte das. Keek naar mijn vader die zijn eigen handen met nog meer speeksel schoonmaakte. En ik pakte mijn eigen aarde, een vingerhoedje maar, en streek twee vingers aan weerszijden van mijn das over mijn overhemd. Mijn vader zag het niet. Maar Jake wel en die glimlachte. Solidariteit, dacht ik.

'Te laat,' zei Jake.

'Kom binnen,' zei de stem. Toen drukten de handen van de stem me op de grond. Ik bevond me tussen de stem en mijn vader in een verduisterde kamer. Ergens, op de een of andere manier wist ik dat het buiten een prachtige dag was. Ik dacht maar steeds dat ik aan de andere kant van het gordijn had moeten blijven. De handen van de stem hielden me stevig vast, te stevig dacht ik, en ik probeerde los te komen.

'Lig stil.' De stem was streng, de druk zwaar en ik voelde de scherpe randen van zijn nagels in mijn vlees snijden.

'Trek je pyjama uit,' zei mijn vader zonder zich te bewegen.

'Trek je pyjama uit,' fluisterde de stem in mijn oor. Ik voelde spuug in mijn nek. Vreselijk, dokter, vreselijk vind ik dat, vreselijk, vreselijk. De geur van een ander zijn spuug. Walgelijk. Een walgelijke lucht. Maar niet van zomaar een ander, ook niet van ieder ander, denk ik. Niet van mijn moeder. Maar zij kuste dan ook zonder speeksel, plantte met droge lippen kusjes op ons hele lichaam, geen druppel ontsnapte er aan haar. Maar de handen met stem spetterden op me toen hij mijn pyjamajasje uittrok.

'Nee,' zei ik.

'Doe wat je gezegd wordt,' zei mijn vader. Hij stapte uit de schaduw in het licht van de olielamp. Hij was naakt.

Jake zei een keer tegen me: 'Laat die van jou eens zien.'

Mijn vader liet me die van hem zien. Het was te donker om Jake te kunnen zien. Ik begreep het niet. Ik knielde neer tussen de stem en mijn vader. Ik kon alles zien.

'En de broek ook,' zei de stem.

'Nee,' zei ik.

'Doe wat je gezegd wordt,' zei de stem.

'Wat is er aan de hand Jake, wat is er?' vroeg ik hem toen hij me op een nacht wakker maakte. Hij beefde, zijn botten rammelden, zijn tanden klapperden. Alles bewoog.

'Kan ik niet zeggen, wil ik niet zeggen,' zei hij tegen me en hij drukte zich tegen de muur aan, op de rand van het bed.

'Waar ben je geweest?' Dat wou hij niet zeggen. Ik

kroop onder de dekens en plantte kusjes op zijn benen, zijn armen, zijn vingers en wrong me tussen hem en de muur tot ik met mijn gezicht tegen het zijne lag, oog in oog, en samen met hem knipperde terwijl hij mij met schrik om het hart sloeg.

'Waar ben je geweest?'

'Ik was...' zei hij, zijn stem een ruw gefluister, 'ik was... daar,' en hij klapte dubbel op het ritme van zijn verdriet. Vreselijk, dokter, ellendig en afschuwelijk om te zien hoe mijn broer Jake hijgde van verdriet, zijn ribbenkast rammelend in de maat van de veren die het matras scheeftrokken.

'Ik snap het,' zei ik.

Maar dat was niet zo.

'Hierheen, hierheen. Vlug, vlug, vlug.' Ze sprak op sussende toon, de woorden getemperd door angst, haar armen om mijn schouders, en leidde me zacht maar beslist haar kamer binnen.

Ik vroeg: 'Waar is papa?' maar ze legde haar hand over mijn mond en haar lippen op mijn voorhoofd.

'Sst. Ik moet je iets vertellen,' zei ze.

Haar stem klonk ver weg, haar lichaam flakkerde.

'Ik moet je iets vertellen, Jake.' Ik schudde zijn lijf dat onder de dekens lag te slapen heen en weer. Zo massief als een rots, achter slot en grendel van de slaap. Als de slaap kwam. En die kwam nooit gemakkelijk, altijd een hobbelige, afmattende rit, maar wanneer hij kwam ging alles op slot en werd hij een onvermurwbaar blok beton, en ik lag intussen te woelen met vragen die Jake niet hoefde te beantwoorden wanneer hij voor deze wereld dood was. Wanneer de wereld voor hem dood was.

Maar ik bleef het proberen.

'Wat… wat…' murmelde hij in het kussen. Zijn ogen, diepe priemende gaten, glas uit meer dan vel en been geholo, ogen die alles wat ze gezien hebben opgenomen hebben en nog meer dat ze niet gezien hebben.

'Jake, je moet wakker worden. Je moet.' Hij draaide zich op zijn rug, trok het laken van zijn gezicht en knipperde naar mijn schaduw die boven hem hing.

'Ik moet je iets vertellen.'

Jake volgde me naar mijn moeders heiligdom.

'Wat dan, wat dan?' Jake stuiterde mijn moeders kamer in, sprong op haar bed en begon met haar kleren te worstelen, gooide sjaaltjes en truitjes de lucht in. Hij zag er zo gelukkig uit. Dat vonden we allebei. Mijn moeder en ik. We bleven even staan om het op ons te laten inwerken, lieten het toen gaan. Een losse greep, dokter, een losse zwakke greep op een vluchtig ogenblik. Een leven bestaand uit ogenblikken. Jake ving de sjaaltjes en truitjes die op zijn hoofd neerregenden. Ik lachte naar Jake en mijn moeder ook, maar het was eerder een gedeelde ademteug, eerder een terugzucht. En terugzuchten waren nog nieuw voor me.

Ze nam me mee naar het bed en zette me op de zachtheid naast de wilde Jake. Het was haar kamer, dokter, alhoewel ze alles met mijn vader deelde. Maar toch was het haar kamer. Alles wat je zag was van haar, of van oude en verre familieleden. Een levende ademende geschiedenis. Oude dingen die me bedekten met stof, die me afkoelden, die me een beetje angst aanjoegen. Maar Jake niet. Die was in zijn element. Op het bed, zijn eigen trampoline, alleen in zijn pret, alleen zonder mijn vader. Zij ging zitten en ik greep Jake's arm en trok hem tot bedaren. Hij stribbelde even tegen, hij wou niet horen dat hij op moest houden en rustig moest zijn en rustig wachtte ze, haar lichaam rustig, zo geduldig als wat terwijl hij zichzelf kalmeerde, naar mij keek terwijl ik hem vasthield.

Jake deed zijn ogen dicht en zei: 'Een cadeautje?'

En ze verpulverde, het beeld van onze moeder flakkerde opnieuw en vervaagde langzaam uit beeld. Ze glimlachte Jake toe, begroef toen haar hoofd in haar handen, net als ik. Jake stopte midden in een sprong en liet zijn lichaam dubbelklappen en op het matras vallen. Ik keek naar hem, toen naar mijn moeder en vroeg me af wat er gebeurd was. Jake zag niet wat er in mijn ogen was maar hij voelde het wel en voor ons allebei was het een laatste kans om onze moeder te zien voordat ze de aarde op die heuvel had gekust. Ze vervaagde nog verder toen ik de voordeur hoorde sluiten terwijl ik hem niet open had horen gaan. Jake sprong van het bed en verstopte zich als een haas achter een gordijn terwijl mijn moeder op het bed ging zitten, haar haar opduwde en naar de deur keek. Niemand keek naar mij. Van het ene moment op het andere veranderde het weer, dokter, van windstil naar storm.

Mijn vader stormde de kamer in.

'Wat doen jullie tweeën hier?'

En mijn moeder vervaagde uit mijn blikveld. Zonder een fluistering van afscheid.

BANDJE 2   DEEL A

'Je bent binnen geweest, hè?'

Ik had niets gezegd. Ik had hem alleen maar wakker gemaakt en hij had opgekeken in mijn ogen. Hij wist het voordat ik het had verteld. Maar dat was nogal wiedes. Hij was daar per slot van rekening zelf geweest. Hij was in mijn trillende armen en benen geweest, hij was in mijn aanhoudende gestamel geweest, hij was daar geweest waar je eigen geur vervloog met de wind.

'Waarom?' Hij was boos. Niet boos op mijn vader, maar boos op mij, een andere kijk, een ander punt. Hij wurgde me niet maar rammelde me door elkaar; hij sloeg me niet maar kneep zijn vingers in mijn armen en zei: 'Had ik het niet gezegd, had ik het je niet gezegd?'

'Ja, je had het gezegd,' antwoordde ik.

Hij wierp me tegen de muur en keerde me zijn rug toe en ik verloor mijn evenwicht. Ik viel van het bed en bonsde op de vloer.

'Stil daar,' zei mijn vader.

'Ik wou dat je dood was,' antwoordde mijn broer fluisterend.

En ik lag op het dunne tapijt en bekeek het dunne lijntje van Jake's vingernagels naast de verse wonden van de andere kant van het gordijn.

Ik had Jake verraden.

En hij stoof naar binnen, dook de kamer in en greep ons, onder elke arm een schouder, aan elke kant een hoofd.

'Op zo'n mooie dag moet je niet binnen blijven,' zei hij. Hij stampte van opwinding op de grond. Een opgewonden stier, een stier die bij de hoorns was gevat.

'Kleed je aan,' riep hij. 'We vertrekken over vijf minuten.'

'Hoe lang, Jake?'

'Hoe lang wat?' schreeuwde hij, schreeuwde Jake. Driftig, beukende vuisten. Half tegen mij, half tegen de wereld. Een boze jongeman zou u hem waarschijnlijk noemen maar misschien zou boze jongen beter zijn. Een tienerrazernij. Kinderwrok. Mijn God, dokter, razend was hij inderdaad en de wereld had gewaarschuwd moeten worden. Toen mijn moeder in mijn oor had gefluisterd op onze laatste dag buiten, op haar laatste dag buiten. Ze had gezegd, gewaarschuwd in feite: 'Hij is een geweldige, prachtige jongen, je broer, blijf altijd van hem houden en om hem geven, blijf hem altijd respecteren. Maar hij is driftig. Kan vreselijk uit zijn slof schieten. Net als je vader, net als ieders vader, voorzover ik weet.'

'Hoe lang ben jij hiernaast geweest?' herhaalde ik.

'Je had er nooit heen moeten gaan,' zei Jake zonder vuisten.

Ik kon alleen maar mijn hoofd schudden.

'En wat hebben ze aangeraakt?'

Jake wou niet praten. Hij stak zijn hand op, drukte zijn kin tegen zijn borst.

En ik dacht en ik dacht dat hij gekalmeerd was, dat de razernij voorbij was. Maar dat was niet zo. Omgezet, een andere gedaante aangenomen. Hij was er nog steeds, verborgen, op de loer en dan uitslaand. Zijn razernij sprong in mijn maag, zijn razernij knalde in mijn gezicht, spuug en woorden vielen in mijn mond.

'Dat weet ik niet meer. Snap je wel, dat weet ik niet meer.'

Toen niet, maar nu wel, dokter. Je kunt soms keer op keer iets in je hoofd zien, nacht na nacht, jaar na jaar – net als ik, net als Jake – zonder dat het hout wil snijden.

'We moeten weg. De auto staat te ronken; kom buiten en spring erin.'

'Het spijt me,' zei Jake, 'het spijt me dat ik tegen je schreeuwde.'

Natuurlijk speet het hem. Mij ook. Het speet iedereen, de mensen in het zwart bij mijn moeders graf, de politieagenten met hun armen om mijn vaders schouders. Maar de trap verenigde ons, herenigde ons zo je wilt. Het gedeelde besef dat de trap de nare buitenwereld was, de gedeelde herinnering aan onze kamers, het heilige der heiligen van onze moeder. Er was misschien een maand, misschien een jaar voorbijgegaan. Misschien de laatste keer dat we de stad uit waren geweest.

BANDJE 2   DEEL B

Waar wij hadden gewoond, zongen en schreeuwden en huilden onbekenden, en lachten.

Mijn vader zei: 'Kom dan, gauw de trap af. Ik wil niemand zien of spreken.'

'Klop op de deur,' fluisterde Jake in mijn oor terwijl mijn vader ons met zijn handen aanspoorde tot grotere snelheid. Ik kon zijn lach horen ook al kon mijn vader dat niet. Dat was beter dan zijn razernij; en zijn hand, zijn vrije hand, kietelde in mijn zij.

'Die daar,' zei ik.

'Kom, schiet op,' zei mijn vader. 'Straks is de dag al voorbij voordat we zelfs maar in de auto zitten.'

De deur vloog open en we sprongen alledrie op. Mijn vader het hoogst, dan Jake, dan ik. We waren alledrie goeie springers. Toen sprong het hele huis op. Mijn vader vloog over ons heen in die man zijn armen. Maar niet voor een omhelzing, niet voor een kus. Een klap. De man viel neer, hoofd op de bovenste tree, een misselijkmakende krak. Mijn vader stond achter

hem en rolde hem de trap af. Eén tree tegelijk. En wij
volgden.

'Kom schiet op.' De buurman was op de tree voor
ons.

'Jake,' zei ik, 'ik hoor een mop.'

'Ik ook,' antwoordde Jake.

'Die man, jongens,' lachte mijn vader, en we sprongen alledrie over onze buurman heen, 'was ons een stap
voor.'

We lachten want het was geestig. Jake in zijn keel,
ik in mijn borst. Mijn vader overal. We doken gierend
de auto in, vielen snakkend naar adem plat in de auto.
Onze buren keken naar ons en zagen een gelukkig gezinnetje dat een uitstapje ging maken.

'Het is er een mooie dag voor,' riep iemand naar mijn
vader. Die leunde uit het raampje, rolde zijn mouwen
op en riep terug: 'Het is er een mooie dag voor.'

Hup, hup en weg. We vlogen, althans mijn vader. Vergat dat hij in de auto zat, vergat dat wij in de auto zaten. En floot. Floot alsof hij gelukkig was, en ik wou
dat Jake gelukkig was. Jake, arme, oudere, wijzere Jake
hing op de achterbank van de auto met mijn arm om
zijn schouder. Ik kon voelen dat zijn botten tegen elkaar knarsten, zijn ledematen een aanval beraamden,
zijn woorden gespannen samenhingen.

'Ik ga iets doen,' zei hij.

'Wat ga je doen, Jake?' Ik bracht mijn hoofd vlak
bij zijn mond, hete adem en hete woorden vervulden
me met vrees.

'Dat weet ik niet... Nog niet.'

Dat had ik vaker gehoord.

Mijn vader zei: 'Ik wil achterin geen gefluister horen.'

III

Jake kon plannen smeden. Hij kon zijn gedachten steeds weer omroeren, ze laten sudderen, soms koken. Zijn stem had een scherp randje, een klank die ik eerder had gehoord, een paar keer voordat mama doodging, vele keren nadat ze onder de grond was verdwenen. Mijn moeder probeerde hem wel eens op te tillen, hoewel hij bijna dertien was en haast te zwaar om nog door haar opgepakt te worden in haar armen.

'Ik maak de bom onschadelijk,' zei ze tegen me als Jake in haar armen wriggelde, als ze hem bij zijn benen pakte en hem half van de grond kreeg voordat hij haar de baas werd en naar een hoek rende.

'Hij is niet zo slecht als je denkt,' was haar formulering, haar standaardantwoord op al Jake's wilde plannen, op al zijn wraakgedachten. Ze suste mijn angst voor hem, voor mezelf. De hele tijd. Een infuus van geruststelling, dokter.

Ze zei: 'Probeer van hem te houden, Jake, wil je dat voor me doen?' Jake brulde in het matras, schopte kussens de kamer rond, klauwde met zijn nagels splinters uit de muur, tot mijn vader de kamer binnen kwam en stilte eiste en hij hem bespoog, de klodder spuug belandde op zijn schoen en het laatste wat ik hoorde, het enige wat ik hoorde, voordat ik mijn hoofd begroef in de kussens die naast mijn moeder waren neergekomen, was: 'Daar krijg je spijt van, jongen.' Dat deed hij niet, maar ik wel. En mama, die bij me onder het kussen kroop, lag samen met mij onder het dikke katoen te beven en vermengde haar tranen met de mijne in zilte eendracht.

Arme, dappere Jake.

'Waar gaan we heen?' vroeg ik aan mijn vader.

'Geen vragen.'

Ik hoorde Jake zeggen: 'Wat maakt dat nou uit.'

'Geen vragen, je hoort het wel als we er zijn,' antwoordde mijn vader.

Ik kan me het landschap herinneren, ik herinner het me maar dat verbaast me. Ik herinner me niet veel afgezien van ons huis, een paar uitstapjes maar niet alle en de uitstapjes die ik me herinner zijn vooral van na mama's dood.

'Ik wil terug naar het bos,' riep Jake ineens.

'Wat voor bos?' antwoordde mijn vader.

'Het bos, je weet wel... het bos. Waar we met mama zijn geweest.'

'Daar gaan we niet naar terug.' Snauw, snauw, snauw.

'Niet doen, Jake, laat maar.' Ik trok zijn hoofd op mijn schouder, probeerde mijn vinger in zijn mond te wringen maar hij beet en beet hard en ik sprong beteuterd naar de andere kant van de auto... O Jake...

'Ik wil daarheen en anders nergens heen,' schreeuwde Jake, te dicht bij mijn vader. Die remde, een noodstop op een lege weg op een dag vroeg in het voorjaar, geen bloemen maar wel een lekkere temperatuur. Met andere woorden prachtig, een prachtige dag voor een uitstapje.

Mijn vader gaf Jake een dubbele klap in zijn gezicht, beide handen van het stuur, samengedrukt om extra hard aan te komen en Jake vloog klets tegen de achterbank.

'We gaan daar nooit naar terug, begrepen?'

Jake zei niets en het enige wat ik wou was kijken naar de hoge esdoorns in een verwaarloosd bos langs de weg, maar niet hetzelfde bos. Natuurlijk niet, bedoel ik.

'Begrepen?' zei mijn vader en trok Jake's benen naar voren, duwde de versnellingspook tussen zijn benen.

'Als ik schakel word je misschien wel de zoon die ik wil,' zei mijn vader, hij negeerde de claxon van een passerende auto en duwde, duwde zoals altijd zijn gezicht vlak bij Jake's gezicht.

Hij glimlachte. 'Goeie mop,' zei hij.

'Slechte mop,' prevelde Jake stom genoeg, altijd stomme antwoorden, wist nooit wanneer hij zijn mond moest houden. Zijn kracht. Zijn zwakheid.

'Je moet soms weten wanneer je moet zwijgen,' had mijn moeder gezegd.

'Nee, goeie mop,' antwoordde mijn vader en kwakte de versnellingspook in z'n achteruit.

BANDJE 2 DEEL C

'Je droomt, je droomt,' zei Jake. 'Weet ik, weet ik,' zei ik. Toen werd ik wakker. Toen werd hij wakker.

'Ben je wakker?' vroeg hij.

'Nu wel,' antwoordde ik. 'Ik was aan het dromen.'

'Weet ik. Ik ook.'

Mijn vader stormde de kamer in, gaf de gordijnen een optater, de bloemen deinden.

'Wie maakte dat verdomde geluid?'

'We waren aan het dromen,' zei ik.

Hij keek me aan. Boosaardig krullende lippen.

'Waar moet je zonodig over dromen?'

Ik keek Jake aan, die mij aankeek en achteruitschoof. 'Kom hierheen,' fluisterde hij...

'Van alles,' antwoordde ik en probeerde van mijn vader weg te schuiven.

Jake fluisterde: 'Niks tegen hem zeggen...'

Mijn vader zei: 'Waardeloos. Waardeloos, waardeloos, waardeloos,' en ik voelde mijn hoofd de grond raken, de rode en bruine bloemen doemden groot en dreigend op, bloeiden in mijn gezicht. Ik voelde mijn benen onder het gordijn door gaan, de kietelveeg over mijn blote middenrif en daarna mijn hoofd, achterovergeknakt door het slepen, en heel even zag ik Jake, lieve ooit dappere Jake, die zich vastklemde aan een vliesdun laagje behang en riep: 'Dromen zijn beter dan dit...'

'Schrijf op, Jochim, dat jong heeft misschien wel gelijk.' Hij lachte, ik niet, en Jake huilde.

Mijn vader trok de gordijnen dicht en ik kon Jake's stem niet langer horen.

's Nachts sloop mijn moeder soms onze kamer in toen die nog alleen onze kamer was, zonder gordijn, zonder bruinkatoenen bloemen die slap en muf in de lucht hingen. Alles in ongerepte bloei. Ze sloop naar binnen en ging op het voeteneinde van ons bed liggen, tegen onze voetzolen aan, ze ademde door haar mond, worstelde met haar haar dat ze steeds weer in strengen draaide tot haar gezicht niet meer te zien was.

'Wat is er aan de hand?' vroeg Jake dan als Jake zin had om te praten.

'Ga maar slapen, jongens, ga maar slapen.'

'Maar wat is er aan de hand?'

Ze gaf geen antwoord, gaf nooit antwoord, wilde ons nooit met haar problemen opzadelen. Hield ze stijf binnen, opgesloten maar niet onzichtbaar, elk gruwelijk geheim drupte van haar gezicht op onze blote benen.

'Er is niets aan de hand. Het is buiten ruw weer.'

Er kwam nauwelijks een zuchtje wind door het halfopen raam.

'Dit kleine biggetje...'

Ze had Jake's grote teen te pakken. Hij gilde het uit.

Toen gilde ik het uit.

'En dit kleine biggetje.'

Ze had de stemming veranderd, *haar* stemming veranderd en een paar minuten nadat ze onze kamer in was geslopen met de wereld op haar schouders, kronkelden Jake en ik op onze gekreukte beddenlakens, stompten we op het matras en smeekten we haar om op te houden, tranen welden op en rolden over onze wangen, onze armen waren te kort om haar te grijpen toen ze van het bed gleed en buiten bereik was.

'En dit kleine biggetje ging nooit naar huis.'

Een stem riep: 'En wat hebben we daar?'

'Jochim,' zei mijn vader met een diepe serieuze stem, 'dat weet ik eigenlijk niet.'

'Dan moeten we maar eens poolshoogte nemen.'

'Dat lijkt mij ook.'

'Laat hem met rust,' schreeuwde Jake door het gordijn heen. Een nieuwe onverschrokkenheid, de oude Jake, die voor mij zijn hart oprakelde. Dat bracht een glimlach op mijn gezicht. Zelfs terwijl ik op de vloer lag met een onbekende, een man die door mijn vader Jochim werd genoemd, die wijdbeens over me heen stond, moest ik erom glimlachen, eigenlijk lachen. Een rilling, toen een buiklach, die me van top tot teen deed schudden.

'Wat valt er te lachen?' Jochim leunde voorover, zijn dikke neus, zijn dikke lippen opgezwollen met bloed.

'Wat zei je daar?' zei mijn vader tegen Jake en hij liet het gordijn golven met zijn vuist.

Ze zagen een lach en werden achterdochtig. Zo'n soort wereld was het.

Ik keek Jochim aan en voelde niets.

'Ik lach nergens om,' zei ik.

En Jake zei: 'Ik zei niks.'

En we zwegen allebei.

Jochim maakte de riem om zijn broek los en die viel in een hoopje rond zijn enkels. Had grappig kunnen zijn, dokter, op een ander moment, een andere plek. Hij had misschien kunnen gaan rennen, samen met mijn vader en zijn broek op zijn enkels en dan konden ze om het hardst lopen, en vallen, en dan had ik kunnen lachen.

Maar nu, met Jochim die over me heen stond, lag ik daar gevloerd en nat, vastgenageld op de vloerplanken met het gewicht van een andere generatie.

Ha ha.

Hij kwam en ging midden in de nacht. Jake sliep, ik was wakker.

Er klonken gedempte stemmen achter het bloemetjesgordijn. Toen bewoog het. Toen bewoog Jake, hij draaide zich in zijn slaap om en legde een magere arm over mijn borst. Ik was gespannen, hij was ontspannen. Het was meestal, altijd, net andersom. Onze moeder wipte hem een keer uit bed toen ze ons welterusten had gekust, mij op mijn enkel, Jake op zijn borst.

Ze zei: 'Je bent zo stijf als een plank.'

Jake glimlachte alleen maar en liet mijn moeder zijn schouders, zijn rug, zijn hoofd masseren.

Mijn vader zei: 'Sssst.'

Toen was het stil. Het bloemetjesgordijn bewoog in een briesje dat ik niet voelde.

Had sinds ons laatste uitstapje geen briesje meer gevoeld.

'Laat de wind de spinnenwebben maar wegblazen, jongens,' zei mijn vader.

Maar Jake kon geen spinnenweb vinden en ik ook niet.

We reden uren achtereen. Ik was koud, Jake onder zeil, met zijn hoofd op mijn schouder en zijn handen stijf tussen zijn benen. Hij mompelde in zijn slaap, murmelde en hing een dun draadje speeksel tussen zijn lippen te drogen. Hij was vertrokken en ik wou dat ik met hem mee was gegaan. *Ik kom van een andere planeet.* Ik probeerde de geluiden te horen die uit zijn mond tuimelden, ik probeerde boven het geronk van de auto wijs te worden uit de klanken.

'Nooit...' hoorde ik en het speekseldraadje brak.
    'Nooit wat, Jake?' fluisterde ik in zijn oor.
    'Nooit...'
    'Teruggaan? Naar binnen gaan? Daarheen gaan? Wat bedoel je Jake?'
    En mijn vader zei: 'We zijn er bijna.'
    'Waar precies?'
    'Dat merk je wel. Ergens waar je nog nooit bent geweest.'
    'Nooit...' zei Jake en hij bewoog zijn hoofd, door een schok van de auto verschoof zijn gewicht van de ene kant naar de andere.
    '...daarheen gaan,' zei hij.
    We gingen naar de stad. We hadden gedacht en Jake had zelfs gehoopt dat het naar buiten zou zijn om onze moeder te zoeken.
    'Ze is nooit begraven. Er zat niks in de kist die de grond in ging stof zijt gij en tot stof zult gij wederkeren,' zei hij.
    'Ze is daar nog, ergens buiten, in het bos. Nog steeds. Ze wacht op ons.'
    Jake was vertrokken maar sliep niet. Jake was ergens maar niet in de auto, niet in onze kamer, ons thuis.

We waren 's middags gaan rijden en kwamen 's avonds aan. De auto stopte en mijn vader bleef met een tevreden gezicht achter het stuur zitten.

'Waar zijn we?' vroeg Jake.

'Waar zijn we?' zei ik tegen mijn vader.

'Dit,' zei hij en hij keerde zich om met een glinstering in zijn ogen, een rimpeling van een lach die zijn lippen spleet, 'dit is de plek waar we een avontuur gaan beleven.'

Hij sprong uit de auto, sloeg het portier dicht en snoof de avondlucht op, zijn borst ging op en weer neer, adem na adem wolkte in de lucht voor ons.

'Stap uit, jongens.'

Jake sliep nog half, maar, ten volle rebels, brabbelde mij zijn orders toe, smeerde mij zijn volgende rebellie aan.

'Niks zeggen. Stilte is onze verdediging. De stilte voor de aanval.'

'We kunnen niet...'

En toen trok Jake, zachte, boze, heftige, liefhebbende Jake me dichter naar zich toe, hij legde zijn arm om mijn schouders en zijn hand over mijn mond.

'Stil.'

Mijn vader had het te druk met de lucht, speelde met wolken in het schijnsel van de koplampen – in het begin. In het begin leek hij ergens in verdiept te zijn, zoals wanneer Jake naar de sterren stijgt, zoals wanneer we ons hysterisch giechelden als onze moeder onze voeten kietelde. In het begin. Maar stilte kon nooit op onze voorwaarden bestaan. Altijd op de zijne. Jake brak een regel maar bevestigde hem.

'Stap uit... jongens,' zei mijn vader en blies zijn lucht naar ons toe.

Ik wrong me in bochten en Jake hield me strakker

dan strak vast, klemde me steeds dichter tegen zijn pezige lichaam aan. Bot tegen bot.

Toen kwam hij ons halen.

'Ik krijg jullie er wel uit.'

En dat deed hij, hij hield zijn woord, zijn belofte, zijn garantie om ons van de ene plek naar de andere te brengen zonder instemming maar met afkeuring. *Niks nieuws onder de zon, niks nieuws onder de zon*, hoorde ik mezelf ondanks Jake's vlezige knevel zeggen.

'Eruit, eruit, eruit,' zei mijn vader.

We leken wel demonstranten zoals we ons tegen de kracht van onze vader verzetten. Eerst mijn benen, toen klapte mijn hoofd op de grond, toen Jake, zijn hand werd van mijn mond gerukt, landde naast me, onze hoofden botsten, onze ledematen verzachtten en verergerden daarna met hun uitstekende hoeken onze val.

'Doe wat je gezegd wordt en je zult genieten. Geloof me, echt.'

'Ik geloof je niet, wat je ook zegt,' zei Jake en hij brak zijn eigen regels en spoog aarde uit zijn mond op de grond.

Mijn vader lachte. Ik niet.

'Je zei dat stilte onze beste verdediging was.'

'Voor de aanval,' bracht hij me in herinnering.

Hij was ouder en wijzer. En hij was eerder dan ik achter het gordijn geweest.

Er kwam een andere auto aan, hij stopte achter ons, koplampen nog aan.

Jochim stond voor ons. Jake huiverde. Ik staarde. Jochim grijnsde. Mijn vader likte zijn lippen.

Er gebeurde iets zonder dat er een woord werd gezegd. In het licht van de koplampen waren mijn vader en Jochim schaduwen. Bewegende schaduwen. Zoals de donkere gedaante van mijn vader die midden in de nacht door de kamer sloop; zoals de donkere gedaante van mijn moeder die naast het raam zat. Zoveel schaduwen, dokter. Ook Jake, gehuld in lakens en duisternis en haar dat rond zijn gezicht viel. Te veel schaduwen.

Ze stonden te praten. Ik kon Jochims knol van een neus zien. Die ving de duisternis. Ik rilde om zijn profiel en ik wou Jake zo stevig mogelijk vasthouden. En dat liet hij toe, Jake, ik mocht hem zo stevig vasthouden als ik wou en daarom hield ik van hem. Als het nodig was, als het erop aankwam, dokter, was hij er, pal naast mij, voor mij. En toen was hij weg.

Mijn vader liep van Jochim weg, nam het licht met zich mee en ik kon zijn gezicht zien, zwetend hoewel het koud was, lachend hoewel ik de situatie niet grappig vond. Met twee armen rukte hij Jake overeind.

'Nee,' zei Jake en liet zijn gewicht op de grond liggen.

'Ja,' zei mijn vader en trok zijn gewicht weer van de grond.

'Nee,' zei ik en probeerde van de grond te komen.

'Ha,' zei Jochim en drukte mijn borst met zijn voet terug op het asfalt.

Jake was in de schaduw, ik kon zijn gezicht niet zien. Dat zat me nog het meest dwars. Want een laatste herinnering moet meer bevatten dan duisternis, moet een glimlach, een traan hebben, moet iets hebben. Ik had mijn moeders glimlach nog in mijn hoofd, haar lippen nog ergens op mijn lichaam. Maar Jake werd de duisternis in gesleurd buiten bereik van de koplampen en toen hoorde ik een autoportier dichtslaan. Mijn vaders auto.

Al die tijd hield Jochim zijn schoen op mijn borst en wrong ik me in alle bochten om los te komen.

'Je verspilt je energie, en die zul je nodig hebben. Het is een hele wandeling waar dan ook naartoe,' zei Jochim.

Maar de energie was niet verspild. Jochim zag dat niet in. Mijn vader zag dat niet in. Maar Jake wel. En het laatste geluid van lieve broer Jake was het vertrouwde geluid van zijn voeten die tegen het autoportier roffelden om de sloten kapot te krijgen, om eruit te komen, weg te komen, om weer bij mij op het asfalt te zijn, weer in ons gedeelde bed, weer met onze moeder boven aan de helling.

De auto scheurde weg, slipte, kwam weer recht en bromde de verte in. Jochim bukte zich zonder zijn schoen van mijn borst te halen, en ik kon niets van de lucht zien omdat zijn neus mijn wang raakte. Ik voelde zijn schuurpapieren tong het spuug van mijn lippen likken voordat ik de kans kreeg het in zijn gezicht te slingeren.

'Tijd om afscheid te nemen, knul. Een prettig leven verder.'

Het laatste wat ik voelde was zijn hand op mijn gezicht. Het laatste wat ik dacht was dat Jake in mijn vaders auto op het portier timmerde om eruit te komen. Het laatste wat ik zag was mijn moeder die boven aan de helling lag. Koud en stijf in hartje winter.

BANDJE 3   DEEL A

En Jake is hier niet. En... Jake... is... hier... niet. Zeg de woorden, weef een betekenis. Wuif ten afscheid op een weg met alleen maar stof. Tot stof zult gij wederkeren met mijn vader en broer Jake, stof zijt gij met mijn moeder. Zo gaan die dingen, dokter, zo zijn ze altijd gegaan. Alleen gelaten om naar huis te strompelen over een weg die ik niet kende. Overgelaten aan een lot dat kennelijk het mijne is. Niet meer van een ander. Verlaten in een huis vol onbekenden met geen spoor van Jake, geen kitteling van mijn moeders lippen, geen klap of rimpeling van het bloemetjesgordijn. Achtergelaten.

Jochim had zijn glimlach op mijn lippen achtergelaten. Veegde hem van zijn gezicht en smeet hem op het mijne toen hij Jake onder zijn hoede nam, toen zij Jake in de auto meenamen en wegscheurden in het stof, een wolk waar ik niet doorheen kon kijken. Nog steeds niet. Sommige wolken zijn voor regen, dokter, sommige wolken zijn om de lucht niet te zien. Weet het verschil. Wist ik en weet ik. Liep de hele weg naar huis met Jochims glimlach op mijn lippen, kwam door plaatsen waar niemand teruglachte, liep langs wegen waar mijn vader overheen was gescheurd met mij en broer Jake en onze uitstapjes naar buiten met mijn vader en zijn riem en zijn glimmende rode gezicht puffend en blazend. Liep een bos in dat ik dacht te kennen, waar ik dacht onze moeder te vinden die daar zo bewegingloos en stil boven aan een beboste helling lag. Zwierf rond maar vond haar niet; keek maar zag alleen bomen. Ik probeerde Jake te horen, verwachtte zijn kreet, een kreet van plezier maar waarschijnlijker een kreet van pijn maar ik luisterde toch, was gespitster dan ooit tevoren. Desnoods mijn vader vol furie en gezwoeg en gezweet. Maar ik zag hem niet. Ik zag niemand maar ik had het gevoel, in mijn buik en mijn oren, dat er iemand naar me keek. Wegwezen en rennen, dokter, dat ging er door mijn hoofd, wegwezen en rennen tot ik ons huis terugvond, tot ik onze kamer terugvond waar Jake me lachend zou liggen opwachten.

Ik voelde alleen maar schaduwen om me heen. Ik viel op het bed neer, sloot mijn ogen en wachtte op hun aanraking, misschien zou het mijn moeder zijn die een stukje huid op mijn arm of been helemaal voor haar alleen opeiste, een nachtzoen die zich aan me vastklampte... maar toen was het Jake die zich omrolde in zijn roerige slaap, een arm over en dan onder de mijne legde, een arm die ons tegen het matras drukte, veilig voor mijn vaders aanraking. Maar toen was het mijn vaders aanraking midden in de nacht met geen enkele andere schaduw, de rusteloze geluiden van het huis waren verstomd. Hij maakte me wakker, haalde Jake's armen onder mijn schouders vandaan en tilde me op. Door mijn vader gedragen te worden in zijn armen was iets anders dan door mijn moeder gedragen te worden in haar armen. Anders, dokter, zo anders dat ik ervan moest huilen. Soms maakte mama ons wakker uit onze slaap, Jake en mij, ze maakte ons wakker en tilde ons op naar de ramen om ons daken en nachtluchten te laten zien.

'Kijk eens naar de sterren, jongens, kijk naar de sterren.' En Jake en ik konden nauwelijks antwoord geven, verdoofd van de slaap, ogen die halfopen halfdicht naar de nachtlucht knipperden terwijl onze moeder ons dicht tegen zich aan drukte, één broer voor elke arm, één liefde voor twee harten.

Toen gebruikte mijn vader mijn hoofd om de bloemetjesgordijnen mee uiteen te duwen, gebruikte mijn hoofd om de katoenen bloemen mee te rammen. Hoe zachter de aanraking hoe ondraaglijker de pijn.

Onzin dokter, klinkklare onzin. Maar toch is het zo. De pijn van het zachte gordijn was niets bijzonders voor me; de warmte in de koude kamer in de armen van mijn moeder, gestreeld door een zuchtje wind, was niets minder dan wonderbaarlijk. Het lag aan de aanraking. De aanraking van mijn moeder, de aanraking van mijn vader, de aanraking van broer Jake. En nu de aanraking van schaduwen.

In de lege kamer werd mijn lichaam van de ene naar de andere kant van het bed geduwd en getrokken, gerold en gewiegd door schaduwen die mijn hoofd in slopen al waren mijn ogen potdicht geknepen. Ik bleef liggen tot de schaduwen me in slaap joegen, me achtervolgden en in de hoek drukten, tot ik niks meer kon doen dan wachten op niks, met niks in mijn hoofd.

BANDJE 3 DEEL B

De tijd vloog het raam uit. Als dat had gekund, was het zo gegaan. Als de tijd langs de luiken had gekund die mijn vader had gesloten, vergrendeld en dichtgespijkerd na mijn moeders dood, dan had hij dat gedaan. Ik zou mee zijn gegaan als ik had geweten waar hij me mee naartoe nam. Zoals het was, zoals het is, bleef ik waar ik was en nu waar ik ben. Bleef achter zonder Jake om me aan vast te houden, bleef achter met niets behalve de herinnering aan droge kusjes tussen mijn tenen, snelle pikjes op mijn borst, bleef achter met mijn rode striemen en helende littekens van mijn vader riem. Bleef achter.

Ik deed van alles. De tijd werd gebruikt.

Ik ging op het bed liggen, strekte mijn benen van de ene kant naar de andere, wikkelde me in de lakens, rolde almaar rond tot ik duizelig werd en op de grond viel. Ik pakte het spelletje dat we met ons allen gespeeld hadden, zelfs mijn vader als hij een goeie bui had; ik pakte de stokjes en liet ze op de vloer vallen en probeerde urenlang even goed te zijn als Jake was geweest. Ik deed zijn beurten, deed extra mijn best voor hem, probeerde zijn spel na te doen; ik deed de beurten van mijn moeder en giechelde bij elke fout, lachte om mijn eigen trillende hand. Net als zij altijd deed, net als hij altijd deed. Ik stormde zelfs de kamer binnen en schopte tegen het hoopje als ik er genoeg van had, schreeuwde tegen de lege kamer.

Alles raakte op. Er waren geen dingen meer die mijn geest konden afleiden van de straat in de stad waar Jochim Jake had afgevoerd, waar ik had staan hoesten en proesten door de uitlaatgassen van mijn vaders auto. Ik ging steeds terug, werd steeds weer mee teruggenomen. En als ik niet daar was dan was ik in het bos, racete ik de heuvel weer op, denderde ik met Jake door het kreupelhout om onze moeder te redden. Te laat. Te laat toen, te laat nu. Niks anders te doen dan tegen de muren op klimmen, mijn nagels in het pleisterwerk haken. Niks anders te doen dan achter het bloemetjesgordijn kijken.

Ik stak mijn hand door de spleet en zag hem verdwijnen. Er was geen licht. Toen Jake me had uitgefoeterd, gewurgd omdat ik achter het gordijn was geweest, zei hij dat daar nooit ander licht was dan van kaarsen. Waskaarsen zei Jake. Die waren het ergst. En Jake had gelijk. Er hing een lucht in de kamer die me in het gezicht sloeg alsof mijn vader zijn riem in mijn gezicht had gezwiept. Ik ging van de ene kamer naar de andere, ging van de ene wereld naar de andere, dokter, en Jake zei tegen me, zonder dat hij er was, zonder dat hij denkelijk binnen een straal van een paar honderd kilometer was: 'Ga niet naar binnen, misschien kom je wel nooit terug.' Maar zij waren geen van allen teruggekomen. Mijn moeder lag nog in het bos, mijn vader was ergens onderweg en Jake, God mocht weten waar Jake was. Naast me, dat dacht ik op het laatst, naast me om samen met mij het risico te nemen.

Ik zag daar schaduwen van het bezoek. Ik zag Jochim door de gloed van de kaarsen naar me loeren; ik zag mijn vader plat op de grond liggen, een glimlach op zijn gezicht, een uitgestrekte hand. Toen vervaagde Jochim in de muren en mijn vader in de vloer en werd alles weer zwart. Maar ik had in een paar seconden genoeg gezien. Ik zag de bagage van een heel leven, van mijn vader, van mijn moeder, zelfs Jake's speelgoed was in een hoek van een kamer hoog opgetast, zo stevig op elkaar gedrukt en geperst dat ik me niet durfde te bewegen voor het geval de berg zou omvallen en Jake, die terugkwam om me te redden, me onder een berg riemen van mijn vader zou aantreffen. Een lot erger dan de adem van Jochim die zich over mijn borst buigt; een aanraking erger dan mijn vaders water dat over mijn gezicht plenst.

In het donker vond ik de opgebrande kaarsen, klodders was op de houten vloer. Ik zat in het midden waar mijn vader had gelegen en keek achterom de kamer in. Overal om me heen klonken de geluiden van de onbekenden in het huis; de vloerplanken boven me kraakten onder iemands gewicht, de muren trilden van iemands lach en ik zat met gekruiste benen te wachten tot Jake binnen kwam rennen om me uit de kamer weg te trekken. Ik wachtte tot mijn moeder iets in mijn oor zong, wat dan ook, en ons allebei mee terugnam naar de wereld die we hadden gekend voor het uitstapje naar de heuvel, voordat het bloemetjesgordijn open was gedaan.

SAD

Op mijn vijfde had ik mijn eerste voorproefje van de psychiatersstoel. Letterlijk.

Mijn bezorgde ouders uit het metier namen me op aanraden van een hele menigte derden mee. De vriend van een vriend had gehoord van een vriend van een vriend wiens dochter op de peuterspeelzaal waar ik naartoe ging werkte, dat ik me vreemd gedroeg en vroeg ingrijpen was wellicht aan te raden.

Het is vast niets maar...

Ik weet wat ze gezien hadden, ik *herinner me* wat ze gezien hadden want ik herinner me wat ik deed. Ik was een prachtig object voor zo'n vroege psychologische evaluatie omdat herinneringen door mijn leeftijd nog geen kans hadden gehad om zich stiekem achter de schermen te nestelen – ze hoefden niet opgediept te worden want ze dropen van me af en konden zo opgedept worden. Beter gezegd het kleine meisje met de lange krullen werd afgedept door geschokte, walgende medewerkers en afgevoerd naar een andere kamer, waar ze werd verschoond en afgedroogd, en ik werd in een plastic stoel gepoot tot mijn ouders me kwamen halen.

Ik weet dat jongetjes rare dingen kunnen doen maar...

De grote stoel smaakte muf, het leer was stug en verzette zich tegen mijn jonge tanden, maar ik knaagde toch vergenoegd door, om te sarren, en ik voelde de stimulans van aandacht en genoot ervan terwijl mijn ouders zenuwachtig voor het enorme bureau van de psycholoog stonden te wachten op een uitbrander dat ze *dit* op de wereld hadden gezet.

Hij heeft tot nu toe geen vlieg kwaad gedaan...

De psycholoog knikte, leunde op het bureau, keek me aan, schatte het aantal gesprekken in, berekende in hoeverre ik en mijn situatie uitgemolken konden worden. Ik keek terug, de hele tijd, bleef hem met mijn bruine ogen aanstaren zonder te wijken, ik hield zijn blik vast tot hij wegkeek en net deed of hij ergens anders naar *moest* kijken of wat papieren moest verschuiven. Ik herinner me het spel, dat nu nog steeds zo gespeeld wordt. Als je wegkijkt verlies je. Zo ging dat toen en zo gaat dat nu.

Nee, nee, nee, nooit...

Mijn ouders probeerden mijn gedrag te vergoelijken, ze wilden niet gaan zitten, ze waren niet in staat of niet van zins om te kalmeren. Ze waren daar omdat het hun plicht was, een opgeklopt gevoel van verwacht gedrag.

Als je ondeugdelijke spullen krijgt, breng je ze terug voor reparatie of vervanging.

Toen kwam de psychiater met voorgekauwde vragen, die hij op een langzame, geruststellende manier oplepelde, waarschijnlijk met de bedoeling mijn vertrouwen te winnen. Ik kende de trucs al voordat ik een abonnement op het *Therapeutenweekblad* nam. Ik was in mijn ogen een natuurtalent en als hij niet snapte wat er gebeurd was en van mij de psychologische achtergrond moest horen, dan was hij geen natuurtalent, geen expert en niet in de positie om mij te vertellen wat ik wel en niet moest doen.

In die gecapitonneerde kamer, behangen met de certificaten en diploma's van kennis, werd een les geleerd.

De eerste regel van psychotherapie is dat de patiënt zelf al weet wat er mis is.

Eens even zien... De dikke man deed net of hij mijn stilte overdacht, hij mat zich voor mijn ouders een peinzende houding aan. *Je was dus in de peuterspeelzaal en je mocht kiezen, vrij spelen aan het eind van de dag, niet?*

Stilte.

Eh-heh, en toen begon je te spelen met het meisje dat... Chloe heet. Ja? Speel je graag met Chloe, speel je altijd met haar, is ze je vriendinnetje?

Veel te veel vragen, dacht ik, wie beantwoordt die nu allemaal? Hij trapte in de staccato-val, de lol van het bedenken van vragen, en verloor daarmee hun samenhang uit het oog. Een basisfout. Een academische dwaling.

Goed, die dag speelde je dus met water, nietwaar, leuke spelletjes net als altijd, spetteren, dingen laten drijven, lekker kliedederen, dat soort spelletjes, hè? Toen je met het water speelde, Curtis, moest je toen ineens nodig?

Stilte.

Als je met water speelt moet je heel vaak ineens nodig, wist je dat?

Ik probeerde me voor te stellen hoe de psycholoog languit in het Micky-Mousebadje van tien centimeter diep lag terwijl er een gestage stroom urine tussen zijn benen wegvloeide.

Vond je het wel zo gemakkelijk om het daar maar te doen, is dat het?

Hij gaf me de kans mezelf af te kopen, de hoop van mijn ouders terug te winnen met de veronderstelling van een onweerstaanbare biologische behoefte. Als je nodig moet, dan moet je.

Maar waarom, Curtis, deed je het in het badje, waarom urineerde je, zoals wij volwassenen zeggen, plaste je zo je wilt in het badje? Leek je dat de beste oplossing…

Ik herinner me dat ik wou dat hij opschoot of me op zijn minst iets anders gaf om mijn tanden in te zetten.

… en deed Chloe misschien naar tegen je, deed ze iets wat je niet leuk vond, zeg maar iets slechts?

Motief is gelijk aan concrete rechtvaardiging.

Waarom, Curtis, stopte je haar hoofd in het badje en hield je het onder water? Waarom deed je dat? Kun je me dat vertellen?

Vast wel, maar van mij zou hij niets horen. Niet alle vragen verdienen antwoord, zou mijn reactie zijn geweest als ik de woordenschat had gehad, en niet alle psychologen, misschien wel geen enkele, weten wat ze zoeken als ze vragen stellen, is wat ik zou zeggen als mijn intuïtie stem had gekregen. Maar toen zat ik daar maar te zwijgen, ik staarde naar de muur, keek jaloers naar de grote groene stoel van de dikke man en wist dat hij me niets kon maken, dat hij niets van me af wist en op geen enkele manier in staat was om me te helpen. Voorzover ik al hulp nodig had.

Ik had hem een paar antwoorden kunnen geven waaraan hij zich misschien had kunnen vastklampen.

   1. Ik had er gewoon zin in, ik weet niet waarom ik het deed.

   2. Ik haatte haar, ze was maar een meisje.

   3. Plassertjes zien er zo grappig uit onder water.

   4. Ik moest het van mijn ouders.

Er zat genoeg vlees op deze mogelijke verklaringen, die de derderangs psychosloof allemaal stof zouden hebben gegeven voor heel wat sessies om achter de redenen voor de daad te komen en uiteindelijk hulp te bieden bij het verbinden van de vreselijke psychologische pijnplekken die nu al bij zo'n jong kind waren ontstaan…

Maar hij kreeg niets en daarom *nam* hij iets. Hij zei tegen mijn ouders dat kinderen vaak een willekeurige neiging tot verdorvenheid tentoonspreiden die zich kan uiten in een daad van geweld of incidenteel in zelf-verminking. Dat maakt louter deel uit, zei hij, *'van de zich ontwikkelende persoonlijkheid, het ontluikende en rijpende zelfbeeld...'*

En dit stelde ze gerust, mijn zachte, liefhebbende ouders, die geen vlieg kwaad deden. Ze waren zelf werkzaam in de medische wereld en gingen door de knieën voor zijn jargon. Maar ik vond dat het griezeligste wat hij zei...

Josie is tussen mijn benen. En dat is precies waar ik haar hebben wil.

Haar haar is kort, afgeschoren tot op het bot, een fluwelen wrijving op mijn dijen. Soms heeft ze lange golvende lokken, type Hollywood-kreng; soms wordt er voor mijn ogen zorgvuldig een bob geknipt maar vanavond pakte ze de tondeuse, zette hem op standje één en klikte hem aan. Klikte *hem* aan. De Josie van vroeger met haar cherubijnengezichtje, roze wangen en roze jurkjes is verdwenen.

Ze legt de tondeuse neer, omringd door haar eigen haar, er kleven plukken op haar blote schouders, een paar lokken verstoppen zich tussen haar borsten. Ze loopt de badkamer uit, schudt de losse haartjes af en komt aan het voeteneinde van mijn tweepersoonsfuton in mijn vrijgezellenflatje staan met maar één doel voor ogen. *Wat kan ik voor je doen?* vraagt ze en ze werpt een doordringende blik tussen mijn dijen. Maar dat vind ik niks, te hoerig, dat staat te ver af van het zusje dat ik heb gekend en van wie ik hield. Ik vertel haar dat het lichaam veranderlijk moet zijn en de persoonlijkheid

133

bestendig. En ik maak haar zowel vrijpostig als gespitst op mijn parelen van wijsheid.

Het is al zo lang geleden. Dat is beter, denk ik, en ik laat haar doorgaan. *Maar ik ben nu weer bij je terug.* Ze klautert op dezelfde manier op het bed als het magere, leuke, blonde, ergerlijke kleine zusje lang geleden, en daar is ze, daar is de herinnering, uit het wrakgoed in mijn geest geplukt. Maar misschien is ze een beetje wazig. Vergeet niet dat het geheugen spelletjes speelt, je op het verkeerde been zet, je in kringetjes laat ronddraaien, je meeneemt naar het hoogste punt van de achtbaan en je dan loslaat... En vergeet ook niet dat ze nu veel groter is, allang uitgegroeid en opgegroeid sinds we samen haar bed als trampoline gebruikten. Ze heeft welvingen waar vroeger alleen deuken zaten. Een snelle blik op een familiekiekje dat ik plichtsgetrouw in een gouden lijstje heb staan en ik ben op stoom.

Weet je nog die keer... laat ik haar zeggen maar ik kap haar af voordat ze verder kan gaan, voordat ze me helpt nog een herinnering op te vissen. Ik wil niet dat ze herinneringen ophaalt, het uitgedunde gewas dat op de een of andere manier op onvruchtbare grond in leven blijft – haar hoofd werd om een bepaalde reden kaalgeschoren, houd ik mezelf voor. Vanavond is ze helemaal volwassen – nou ja, bijna – en ik wil haar in het hier en nu. Werk gaat over herinneringen, dit is ontspanning en de beste rock-'n'-roll voor een psychosloof is het hier en nu. Bovendien is het vanavond een Klasse 3-avond – tamelijk erotische beelden – en als ze begint me mee terug te nemen naar de tijd dat er meer deuken dan welvingen waren, zou ik hem moeten opkrikken naar Klasse 2 en ik wilde zulke smakelijke beelden niet verspillen aan een doordeweekse maandag, na een doordeweekse dag op de psychokliniek.

De sjacheraars op Breathhouse zouden zich doodschrikken van mijn houding, mijn gebrek aan jargon, zelfs mijn gebrek aan inzicht. *Is dit privé-onderzoek, meneer Sad?*

Ze klimt op het bed en werkt zich met snelle tong langs elk been op naar boven. Ik geniet van het gevoel van haar hoofd op mijn huid en begin te trekken. Maar ze doet er te lang over, besteedt iets te veel aandacht aan mijn dijen. Maandag is geen avond voor getreuzel en ik laat haar omhoogschuiven, ik versnel de fantasie zodat haar tieten in mijn gezicht kletsen – sneller meid, zeg ik tegen haar, hou je niet in... *Mijn tijd is van jou,* zegt ze tegen me, en de klank bevalt me en ik laat het haar nog eens zeggen, langzamer. *Mijn... tijd... is... voor... jou...* De woorden worden door de duim in haar mond vervormd, een plotseling en ongevraagd beeld van haar terwijl ze van voor naar achter en van achter naar voor schommelt in mijn moeders stoel, zoals ze altijd deed als ze wachtte tot mijn moeder van haar werk of een feestje of allebei terugkwam. Niet doen, zeg ik tegen haar, tegen mezelf, ik schud haar door elkaar, schud het beeld uit mijn hoofd totdat ze weer is zoals ik haar hebben wil, geschoren en kaal. Ik glimlach, ik zie het nu helemaal voor me, zing ik mijn Breathhouse-collega's toe, zing ik uit volle borst als Josie haar duim verwisselt voor mijn lul.

Dinsdagavond is pornoavond – of, om er een vakterm tegenaan te gooien, *op videomateriaal gebaseerd psychoseksueel onderzoek* – in plaats van de huisbakken filmpjes van Josie en mij die aan het spelen zijn op een godvergeten strand in een tijd die nota bene zomer wordt genoemd; Josie en ik op een schommel in een of andere lullige speeltuin; Josie en ik in bad, we spelen met eendjes, bespatten elkaar met water, mikken op de platte bruine rondjes op onze borst. Allemaal zorgvuldig gemonteerd natuurlijk, zonder de opdringerige verschijning van een lachende trotse ouder, hun glansrol is er rigoureus uit gesneden. Ik had deze filmpjes bewaard en genoot ervan als ik daar tijd voor had, want voor de rest had ik een haat-liefdeverhouding met mijn videorecorder – niet zozeer opgewonden als wel slap verveeld.

Een vriend bij een kliniek in New York, het Manhattan Instituut voor Psychoseksuele Vraagstukken, heeft een paar banden naar Breathhouse gestuurd, beter gezegd naar de unit die ik bezig ben op te zetten voor *onderzoek naar de psychoseksuele paradoxen inherent aan interfamiliaire relaties.* Nieuws doet in onderzoekskringen snel de ronde en het contact wordt nogal eens versterkt door paranoia of jaloezie, en vaak allebei, maar ik had het gevoel dat Peterson anders was, niet zozeer een concurrent als wel een verwante geest.

De banden waren uiteraard volstrekt legitiem, officiële zegels en dergelijke hielden de douane op afstand. Een van de vele deelgebieden waarmee het Instituut zich bezighield was het effect en het oogmerk van niet-specifiek pornografisch materiaal, dus niet zo'n doorsnee tieten-kontfilmpje van de achterste plank maar het illegale gebruik van wat gewoonlijk beschouwd wordt als onschuldige opnamen. Het is uit-en-ter-na beschreven dat seksuele perverselingen in alle soorten en maten hun visuele prikkels overal vandaan halen, of het nu knipsels uit kledingcatalogussen of brochures van nudistenkampen zijn, geselecteerde hoogtepunten van kindertelevisie of sportverslagen over jonge turners.

De meeste videobanden bevatten weinig interessants, het soort materiaal dat misschien vreemd maar zonder belang lijkt tot het een context vindt – een teken van chronische domheid misschien, een afwijkende smaak wellicht, maar niet misdadig. Als Jan met de Pet echter een keer is opgepakt wegens een of andere ongepaste handeling, pluist de politie de videocollecties en plakboeken uit op bijbedoelingen, visueel bewijs van de afwijkende gedachten die leidden tot het afwijkende gedrag.

Maar een van de banden is flink gepeperd. Waarschijnlijk naar mij gestuurd vanwege de familiecontext. Hij bevatte twintig minuten met opnamen die een kerel in Montana stiekem had gemaakt, en die kerel verdween voor zeker vijf jaar achter de tralies omdat hij zijn zussen en nichten in de badkamer van zijn huis had gefilmd. Oom Bob, een monteur van veertig, had kennelijk een grote familie die met Thanksgiving en de kerst bij hem thuis kwam. Zodra zijn objecten, in leeftijd variërend van tien tot twintig, besloten toilet te gaan maken, zich te gaan wassen of douchen of te gaan poepen, dan pakte hij zijn camcorder en stopte die in een speciaal voor dat doel gemaakt, achter een bloemarrangementje verborgen gat in de muur en filmde hij de meisjes in verschillende omstandigheden – terwijl ze zich uitkleedden, zich optutten, poepten en heel af en toe masturbeerden.

Oom Bob, die het buskruit niet had uitgevonden, bleef natuurlijk niet thuis maar begaf zich onder de mensen, in een zwembad om precies te zijn, en zijn vaardigheid in het observeren en inzoomen leverde hem alleen maar meer verspilde dagen in de nor op.

Maar zijn werk was tenminste niet verspild – zelfs als de arme donder niet zou worden behandeld, zou hij

onderzocht en zijn geval bestudeerd worden en dergelijke, en daarom dimde ik, net als Peterson, de lichten
en betrad ik de wereld van oom Bob. Wat de video te-
kortkwam aan soepelheid – het beeld versprong en
veranderde bijna om de paar minuten met die typisch
amateuristische manier van knippen en plakken –
maakte oom Bob weer goed met zijn enthousiasme en
de oprechte gevoelens voor zijn objecten.

De meisjes en jonge vrouwen die hij had gefilmd
interesseerden me niet, de meesten hadden vooruitstekende boventanden of een bijna beeldvullende rug.
Maar ik hoefde ze niet te zien, Josie sprong voor het
scherm en nam me mee naar haar toiletwereld net
zoals ze jaren geleden thuis op vakantie deed, net zoals
ze deed voordat ze me bij het sleutelgat betrapte en
een tampon in het slot propte. En nu, terwijl de meisjes in oom Bobs video er eentje inbrachten, verwijderde ik die van Josie, volgde haar hand met mijn ogen
terwijl de provinciaaltjes met hun vooruitstekende
tanden uit beeld verdwenen. Alleen nog zij en ik.
Toen en nu.

Peterson had aan het formele rapport enkele aantekeningen toegevoegd. Oom Bob had psychiatrische tests
ondergaan, zoals ze dat zo mooi zeggen, wat bij dit
soort misdrijven voorschrift is in vrijwel alle staten op
een paar na, waar bij wijze van analyse alleen bekeken
wordt hoe de gruwelijke zondaar het best kan worden
opgehangen, gevild en gevierendeeld. Deze tests be-
sloegen het gebruikelijke scala. Het is geen therapie althans niet zoals de leek tegen therapie aankijkt – een
gezellig babbeltje in een fauteuil of op een divan met
allerlei veiligheidsmaatregelen voor als er eens een
traantje wordt geplengd. Nauwelijks. Wat er bij deze
tests gebeurt lijkt daar niet op, lijkt in de verste verte

niet op hulp aan de patiënt; het gaat louter om het diagnostiseren van de ziekte.

Dit is het uitgangspunt van de discussie rond psychologie versus therapie, behandeling versus hulp.

Er wordt een soort geestelijke elektroshock toegediend. Je laat de gevangene erotische plaatjes zien die in de buurt komen van het misdrijf waarvan hij wordt beschuldigd – zoals jonge turnster in de kleedkamer of zwemmers die een handdoekgevecht houden – en je krijgt een reactie, je bespiedt de reactie en legt haar vast, gebruikt de reactie als bewijs in de rechtszaal. Je vervangt de plaatjes van de geërotiseerde onschuld door de geërotiseerde *pijn* van de onschuld – beelden van een jong meisje dat gepenetreerd wordt door eerst één vinger, dan twee, dan drie enzovoort, of stukjes uit gewelddadige films uit de jaren zeventig waarin een jongen flink wordt afgeranseld, met close-ups enz. van zijn huilende gezicht. Weer worden de reacties genoteerd, vastgelegd en als bewijsmateriaal gebruikt. Dan zijn er nog achtergrondrapporten, getuigenissen van buren die meestal zeggen dat hij een rustig type was of erg op zichzelf en niemand iets zou doen – het soort uitspraken waardoor je op een FBI-lijst belandt omdat je beantwoordt aan een afwijkend psychoscksueel profiel, het in zichzelf gekeerde leven van een potentiële psychopaat.

Een van de conclusies die uit dergelijk bewijsmateriaal wordt getrokken, en dit is bewijs waarmee Peterson op het Instituut zijn kont zegt af te vegen, is dat als oom Bob opgewonden raakt van de onschuldiger beelden hij vermoedelijk *latent opportunistisch* is, wat betekent dat zijn pedofiele neigingen weliswaar bestaan, maar waarschijnlijk alleen in bepaalde omstandigheden, en bij bepaalde kinderen, aan de oppervlakte zullen komen. Met andere woorden: die vent moet niet met kinderen werken of zelf kinderen krijgen. Maar als oom Bob een stijve van hier tot Tokio krijgt bij de aanblik van de video's met fysiek geweld, dan is hij een *overduidelijke psychopaat*, wat betekent dat hij in een gevaarlijke fantasiewereld leeft die naar alle waarschijnlijkheid wordt geprojecteerd op zijn levenswijze. Met andere woorden: sluit die vent op en gooi de sleutel weg.

Wat denk jij, Sad? Zou jij aan zulke tests meewerken en de conclusies accepteren? Waarom denk je dat deze zogenaamde psychiatrische tests door het openbaar ministerie worden gebruikt? Als je naar iets slechts zoekt, zul je iets vinden wat smeriger is dan een beerput. Je snapt het wel. Geef ze een rol touw, zoiets.

Als de video's zijn afgelopen, de televisie is uitgezet en de lichten zijn gedimd, ligt Josie op mijn futon op me te wachten, iets jonger dan gisteren, het puberpruilmondje een tikje zachter. Ik wil graag dat ze iets aardigs zegt, iets opbeurends, om ons allebei weg te halen uit de grauwe, pathetische wereld van oom Bob, maar ze flapt er iets uit dat ik niet kon tegenhouden.

Ben ik net als die meisjes op de video?

Ik denk dat zelfs psychosloven met enige ervaring niet altijd alles onder controle zullen hebben en ik wou de vraag niet maar ik voelde me gedwongen er antwoord op te geven, aangedaan door de bezorgde uitdrukking op haar lieve gezichtje. Ik legde mijn hand op haar hoofd, met het haar dat van vrijwel niets was aangegroeid tot stekeltjes.

'Natuurlijk niet,' zeg ik tegen haar. 'Jij bent heel bijzonder voor me. Je bent mijn zusje en we houden van elkaar.' Ik knijp met mijn vingers in de brug van haar neus zoals ik vroeger ook deed toen we thuis in de tuin speelden. En ik snap natuurlijk best waarom ze met die vraag kwam. De twijfel die ze had geuit bracht ons alleen maar dichter bij elkaar. De vraag was beantwoord door onze voortgaande intimiteit. Het is allemaal op zijn pootjes terechtgekomen.

Woensdagavond is voor dynamisch onderzoek, wat inhoudt dat de onderzoeker, in tegenstelling tot die uitgebluste pantoffels verderop, niet simpelweg Freud herleest, Sacks uitlacht of een glas gin en Jung inschenkt, maar actief naar nieuw materiaal zoekt via welke kanalen dan ook – van een *Persoonlijkheids Herstel Pakket* dat je bij een postorderbedrijf in Wales kunt bestellen tot de allernieuwste en gewaagdste soundbites van psychologie-websites als *Psychnet*. Dynamisch onderzoek vormt mijn huiselijke leven, afgezien van Josie natuurlijk, en terwijl die twee in hachelijk evenwicht met elkaar zijn en soms samenvallen, soms botsen, is al het andere huiselijke of alledaagse tot het minimum beperkt.

In een minimaal flatje:

Hoek 1: Onderzoeksmateriaal – tijdschriften, kranten, rapporten, de verzameling video- en cassettebanden van de afgelopen zes jaar.

Hoek 2: Fitnessmateriaal – gewichten, haltertjes en een fietsapparaat.

Ik wil niet doorgaan voor een hormoonfreak, zo'n type dat je om de dag wel bij Breathhouse ziet binnenwandelen, zwalkend door het gewicht van zijn massa, schuim op de mond, tot de tanden bewapend met elk wapen dat onder de zon bestaat en die zegt: *Ik ben de engel des doods, ik ga het aardse kwaad te boven*. Er zijn heel wat uit de kluiten gewassen psychoten door dit systeem gegaan, ontspoord door steroïden en niet onder de duim gehouden door Prozac, maar ik gebruik de gewichten om mijn krachten en niet mijn geestesgesteldheid uit te bouwen.

De tweede regel van psychotherapie is dat in een gezond lichaam niet per definitie een gezonde geest huist.

Hoek 3: Videorecorder, televisie, stereo.

Hoek 4: Futon.

In mijn functionele flatje pers ik me tussen de boekenplanken om de verhalen over gestoorde gezinnen te bestuderen die mijn brood en beleg vormen – 57% van de gezinnen in alle soorten en maten maakt melding van problemen met hun geestelijke gezondheid. Heerlijk.

Casestudy's blijken het bruikbaarst te zijn. Het *Tijdschrift voor reactieve psychologie* is altijd een van mijn favorieten geweest sinds mijn studietijd, toen ik me in de bibliotheek terugtrok om naar het uitzonderlijke, het bizarre, het ronduit perverse te speuren. In vele opzichten verwijderde ik me door dit tijdschrift, plus nog een handjevol andere, van collega's in het onderwijs en de kliniek en werd ik op het spoor gezet van onderzoek, in het bijzonder de studie naar patronen in interfamiliair seksueel gedrag. In de *Reactieve psychologie* van deze maand vervolgde Peterson zijn verslag van een casestudy, een studie die hij en andere psychoseksuele onderzoekers een X4 noemen, met andere woorden een situatie waarin vier generaties bij mishandeling betrokken zijn: kleinzoon, zoon, vader en grootvader. Peterson kreeg de zaak in handen toen de kleinzoon door sociaal werkers naar het Instituut werd doorgestuurd. Kreeg de zaak omdat andere derderangs, driedubbelrangs-honorariumtherapeuten er niets mee aankonden. Schapen in lamswollen truien, stuk voor stuk.

De hele situatie was op school aan het licht gekomen toen de kleinzoon zijn leraar de stuipen op het lijf joeg door een anatomisch correcte, anatomisch erecte man te tekenen die een jongen naaide. De jongen had kennelijk een buitengewoon tekentalent en was erin geslaagd zowel zijn eigen gezicht als dat van zijn vader met een griezelige gelijkenis weer te geven. De autoriteiten hadden de jongen subiet afgevoerd en de vader ook, die bij ondervraging een klassiek misbruikverhaal onthulde.

Peterson verhaalt uitgebreid over de systematische ondervraging van de vader en de al even systematische therapie die de jongen krijgt. Dit deel lees ik slechts vluchtig door − de psychotherapeutische tactieken om te troosten en zaken boven water te krijgen zijn me genoegzaam bekend en ik heb heel wat preken van hooggeleerde collegae op Breathhouse moeten aanhoren over het nut van zulke therapieën, met altijd in hun achterhoofd, sotto voce, onder hun woorden, de implicatie dat onderzoek als het mijne deze deugd geheel of vrijwel geheel ontbeert.

Tastbaar werk, Sad, leidt tot tastbare resultaten.

Ze kunnen de pot op. Ze plakken een pleister op een gapende wond en vangen het gutsende bloed op. Ze weten zo zeker dat het zal helpen dat het niet in ze opkomt het verband te verwisselen...

Hoe dan ook, Peterson ontdekte dat de vader door zijn eigen vader lichamelijk mishandeld was − de hele nacht in de schuur moeten blijven, opgesloten in de kast, dagenlang niet te eten krijgen, dat soort dingen − en alleen een einde had kunnen maken aan de mishandeling door weg te lopen, en, let wel, weg te lopen

143

met een circus! Ik houd van Petersons werk omdat hij zo'n detail niet over het hoofd ziet, of liever gezegd hij laat niet toe dat het niet-relevant wordt door het alleen maar te vermelden als een ontsnappingsweg. Het is meer, veel meer. Uiteindelijk legt de man de zweep over olifanten, rukt hij hengsten af en naait hij zebra's. En terwijl derderangs onderzoekers de circusconnectie over het hoofd zouden hebben gezien, beende Peterson haar tot op het bot uit – hij ondervroeg circusartiesten, nam een kijkje in de grote tent – en ontdekte dat wat tot dan toe was aangemerkt als een $X3$ een $X4$ bleek te zijn, want Peterson kwam erachter dat de man die zijn zoon gekoeioneerd had, die zich op zijn beurt weer had ingelaten met de jonge tekenaar, zijn eigen vader had vermoord tijdens een beestachtige krachtmeting, waarbij het bloed in het grootste deel van het huis waarin ze woonden had rondgespat. De reden. De circusminnaar had zijn vader geconfronteerd met enkele voorvallen die weer bij deze vader waren komen bovendrijven over dubieuze kampeervakanties waarbij diens eigen vader hem in iets meer had ingewijd dan alleen het spannen van de scheerlijnen.

En dit was pas één artikel in één tijdschrift, terwijl er in de hoek van de kamer nog stapels lagen te wachten om allemaal doorgeworsteld te worden, en allemaal met de belofte dat ik er na mijn avond hard werken altijd, altijd op kon rekenen dat Josie me in Hoek 4 lag op te wachten voor een nacht van allerhande activiteiten en eeuwige intimiteit; tussen haar dijen duiken en haar geur opsnuiven na een avond te hebben doorgebracht met gestoorden en verknipten was zo'n rijke beloning.

Op donderdag, sinds een halfjaar tenminste, blijf ik

tot laat op mijn werk. Praatgroep onder leiding van dr. Curtis Sad, Breathhouse, eerste verdieping, kamer 4, staat er op het mededelingenbord van de afdeling dagbehandeling. Beetje vreemd eigenlijk. Ik heb me nooit willen vestigen als therapeut en ik denk dat sommigen zouden zeggen dat ik zelfs enigszins kritisch sta tegenover het groeiende fenomeen van preventieve therapie – een behandeling die gebaseerd is op de waarschijnlijkheid van het optreden van afwijkend gedrag, mosterd voor de maaltijd, zoiets. Maar de hoge omes van Breathhouse, stuk voor stuk contributiebetalend lid van de grote sociale clubs voor psychologen – de Tempel, de Koepel, de Citadel – waren er allemaal voor en alle junior-stafleden zoals ik moesten zich niet alleen vrijwillig opgeven voor een dergelijke taak maar ook een programma van actieve therapie opzetten... *van belang voor de gemeenschap, Sad...* wat in mijn geval groepstherapie inhield voor potentiële probleemgevallen, of beter gezegd een hele rits Jannen en Jannies Modaal die zich niet alleen zorgen maakten over herinneringen en gebeurtenissen die kwamen bovendrijven nu ze volwassen waren, maar ook over de impact die deze zouden kunnen hebben op hun voor het overige normale gezinsleven.

Ik had verwacht dat er misschien één zielenpoot met een schichtige blik in zijn ogen zou komen opdraven, maar op de eerste bijeenkomst waren er acht mensen en af en toe liep dat op tot elf of twaalf, maar altijd met een man of zes als de harde kern van de groep. Bij wijze van spreken.

Alweer zo'n treurige bijeenkomst... Hoe voel je je, Sad*... waren slechts enkele van de bloedeloze kwink-

---

* Het Engelse *sad* betekent treurig of verdrietig (vert.).

slagen die ik over me heen kreeg van losers op de administratieafdeling waar de bijeenkomsten plaatsvonden. Een onderzoeker was persona non grata – doorgewinterde klinisch psychologen, die met klakkende hakken door de Victoriaanse gangen van Breathhouse beenden, meden ons academische beginnelingen, en zenuwachtige psychotherapeuten leken zich aan de muren vast te grijpen en elkaar toe te fluisteren *dit eilandje is van mij*... Maar ik stond daarboven en was al weg eer ze de kans kregen een van hun armzalige grapjes te maken. Die kende ik toch allemaal al en bovendien waren ze jaloers, jaloers op het feit dat wanneer ik de kamer binnenging met mijn groep die rondliep met plastic bekertjes hete koffie in de hand en een al even schaapachtige uitdrukking op het gezicht, ik hun volle aandacht en minstens 75% van hun ontzag had. De pennenlikkers, de beeldschermers, konden daar niet aan tippen.

De gang van zaken was elke week min of meer hetzelfde. Nieuwe groepsleden moesten zich voorstellen. Met mijn minzame aanmoediging stonden ze op en vertelden ze aan de groep waarom ze daar waren. Uitgekauwd groepsgedoe eigenlijk, dat in het hele land wordt toegepast van de A.A. tot praatgroepen voor de familieleden van slachtoffers van auto-ongelukken. *Hallo, mijn naam is Ken en ik denk dat ik misbruikt ben.* Het was meestal erg aandoenlijk allemaal, en als de nieuwkomer was gaan zitten en zijn hand werd vastgehouden of hij in zijn schouder werd geknepen door een van de zes hardekerners, werden er vriendelijke vragen gesteld, nooit over de echtheid van hun verhaal, God verhoede, maar altijd over de gevolgen voor hun huidige gemoedstoestand en hoe ze zich toen voelden. Als dit eenmaal achter de rug was, was het ijs gebroken en dis-

146

cussieerde de groep onder mijn leiding over het onderwerp van de avond zoals *Moeders en dochters, vaders en zoons: hoe ga je om met steeds terugkerende herinneringen? Moet je vergeven of aan de kaak stellen? Leven met de erfenis van mishandeling* en, uiteraard, de favoriet die voortdurend opdook: *Ben ik er ook een?*

Het was altijd merkwaardig om te zien hoe mensen op het groepsgebeuren reageerden. En nog merkwaardiger om te zien hoe sommigen hun bezoek verborgen achter een zonnebril, opgeslagen kragen en nerveuze blikken over de schouder de gang in. Het was duidelijk dat velen zichzelf hadden gedwongen om te komen en de bijeenkomsten zagen als een soort bezoek aan de tandarts – een pijnlijk maar noodzakelijk kwaad – terwijl anderen Sads donderdagavondpraatgroep ongetwijfeld beschouwden als het hoogtepunt van hun week. Ik zal twee voorbeelden geven.

Rond de derde week, met deelnemersaantallen die schommelden rond de vijf of zes terwijl er maar twee elke keer aanwezig waren geweest, kwam er een man bij, Brent. Hij was van begin tot eind één brok onrust – een wervelende derwisj met een pokdalig gezicht die de kamer binnen beende en de anderen stoorde door niet te willen gaan zitten. Terwijl de anderen hun koffie schuchter vasthielden, klokte Brent de zijne in één keer achterover, hete zwarte koffie met drie suikerklontjes, en verkondigde hij in de gebruikelijke stilte van de kamer: 'Ik heb drie jaar bij de A.A. gezeten maar ik drink nog steeds.'

Er was nog een nieuwe in de groep, een vrouw van middelbare leeftijd, donker uiterlijk en een immer gefronst voorhoofd. Ze wilde geen koffie en zat op de stoel die het verst van de mijne vandaan was. Toen iedereen zat was het duidelijk dat Brent als eerste zou moeten spreken. Zijn gespannen verticale stand verstoorde de rust in de kamer, zijn gebrek aan terughoudendheid in het vertellen van zijn verhaal was een soort geweldpleging die inbeukte op de gevoelige ego's van de groepsleden.

'Grappig genoeg eindigde mijn vader bij de Anonieme *Gokverslaafden*. Zijn leven lang wedde hij op alles wat bewoog – honden, paarden, boksers – Jezus, als er een kans op winst was zette hij vijf of tien pond in en nam hij er zijn gemak van bij de bookmaker, in zijn leunstoel, en keek hij toe hoe een of andere *loser* zijn geld verspilde. Hij zei dat hij moest oefenen. Ik was een joch van een jaar of twaalf, zat net op de middelbare school en was onder de indruk van de stapel briefjes van een pond die ik toegestopt kreeg. Hij leerde me de financiële kant van poker, open poker met vijf kaarten, blufpoker met vijf kaarten, alle spelletjes met wilde en tamme kaarten. Na elk potje zei hij tegen me: "De verliezer moet iets uittrekken." Met andere woorden strippoker zou je het kunnen noemen, maar wel verdomd eenzijdig. Hij leerde me het spel maar hij had jaren ervaring achter de kiezen en drie lagen kleren op zijn lijf en daarom verloor hij nooit. Terwijl ik elke keer in de kou stond. T-shirt, jeans, sokken ("die tellen als één") en daar zat ik dan in mijn onderbroek voor hem, terwijl hij genoeg kleren aan had om de noordpool te overleven en al helemaal het benauwde hok waarin hij me grootbracht. Als ik een potje won mocht ik weer iets aantrekken, maar het schoot niet erg op, soms had ik mijn broek weer aan maar dan raakte ik hem bij het volgende potje toch weer kwijt. Ik kwam erachter dat het simpeler was alleen mijn sokken weer aan te trekken. Er was toch geen, hoe noem je dat, fatsoen meer over.'

Aangezien de groep nog maar pas draaide konden de meeste deelnemers het verhaal alleen maar aan dat van henzelf toetsen, en ik zat daar in mijn dikke stoel naar hun gezichten te kijken en wist dat hun verhalen vol tranen zouden zijn, vol afgestofte herinneringen die de geest tot het uiterste zouden oprekken en openrijten. Er zouden pijnlijke beelden tot iets reëels gevormd en gekneed worden, maar terwijl zij met gekende en ongekende demonen worstelden trok Brent zijn schoenen uit, onthulde zijn blote voeten en bewoog zijn tenen opmerkelijk behendig...

'En ik heb nooit meer sokken kunnen dragen,' voegde hij eraan toe, hij begon ongenadig te giechelen, viel op een stoel neer en bedekte zijn mond met zijn jasje.

'En onze andere nieuwkomer vanavond is...?' Ik gebaarde naar de vrouw van middelbare leeftijd achteraan die bijna van haar stoel gleed. De anderen lachten haar bemoedigend toe en uiteindelijk stond ze op, met gebogen rug en gevouwen handen, en keek ze zowel angstig als afkeurend naar Brent, die tot bedaren kwam en aan het eelt onder zijn tenen begon te plukken.

'Ik heet Sofia en ik ben mishandeld.'

In andere groepen leidde een dergelijke verklaring tot hartstochtelijk applaus van de anderen, die meenden dat met het hardop uitspreken van het probleem het halve gevecht al gewonnen was, terwijl het natuurlijk niet meer dan een schermutseling was. Hier, in Sads praatgroep, ontmoedigde ik felicitaties na een bekentenis.

De derde regel van psychotherapie is nooit geloven wat de patiënt zegt.

'Mijn moeder en mijn vader sloegen me allebei. Als ik als kind iets verkeerd deed, deelden ze om de beurt

149

straf uit en ze hadden allebei zo hun eigen manier en hun eigen maatstaven om te bepalen welke straf in aanmerking kwam. Zo greep mijn moeder mijn armen en wrong ze mijn polsen totdat mijn huid tintelde, en soms sloeg ze me gewoon in mijn gezicht, geen tik maar een klap met de vlakke hand. Mijn vader gooide voorwerpen naar me en als ik weigerde te huilen of berouw te hebben van iets wat ik niet gedaan had, dan kwam hij me op me af – en hij was een grote man, dik over de één tachtig – en dwong hij mijn armen achter mijn rug en duwde hij me tegen een muur. Soms een paar keer. Nu wou ik u vragen, dokter Sad, en de anderen ook als jullie kinderen hebben. Als ik hún dat nou eens aandoe? Ik houd zielsveel van ze en ik zou ze nooit een haar krenken, maar soms komt de woede, de verpletterende razernij van mijn ouders weer boven, en dan denk ik bij mezelf: Zal mij dat ook gebeuren, zal het me rood voor de ogen worden en als ik dan weer tot mezelf kom mijn kinderen in een plas bloed zien liggen?'

De helft van de groep luisterde naar haar, knikte begrijpend, en de andere helft twijfelde tussen sympathie en fascinatie terwijl ze naar Brent keken die tussen zijn tenen blies en pal na Sofia's woorden hardop zei: 'Hebben jullie ook zo'n hekel aan die pluisjes tussen je tenen? Waar komen ze in godsnaam vandaan?'

Ik pakte mijn aantekeningen bij elkaar, klopte ze als een nieuwslezer op mijn klembord en zei: 'Goed, we hebben vanavond al met al een heleboel om op te reageren, wie wil er beginnen...'

Op den duur was ik dol op die donderdagavondbijeenkomsten, verafschuwde ze in het begin. Ze leken me een vreselijk duf karwei waar ik mijn ambitie niet in kwijt kon, maar er was altijd wel iets wat de boel verlevendigde. Het leukste was nog dat de parkeerplaats van de stafleden zich via de nooduitgang letterlijk maar twee deuren verderop bevond, en terwijl na de bijeenkomst de stille types, die afgezien van hun verhaal zelden iets zeiden en daarna nooit meer terugkwamen, me bij de uitgang opwachtten hopend op een gratis consult onder vier ogen, wipte ik de nooduitgang uit en was ik verdwenen voordat zij de kans kregen om de afgezaagde openingszin af te vuren: *'Ik wou het niet zeggen waar de rest van de groep bij was maar...'*

De vrijdagen zijn een geschenk uit de hemel. Alleen Josie en ik. Geen Breathhouse, geen verknipten, geen indringers. Ik kom na mijn werk thuis en begin de avond met een joint — eigen kweek vanachter het eerste bijgebouw in het uitgestrekte en grotendeels verwilderde park van Breathhouse. De kweker, een verpleegkundige, levert aan het grootste deel van het ziekenhuis. Vaste bewoners en zo'n beetje de helft van de psychosloven profiteren van zijn groene vingers.

Het mooiste moment van de dag, kijkend naar de rookwolken die boven me opstijgen terwijl Josie neerdaalt. Haar haar is opmerkelijk snel aangegroeid sinds de laatste keer dat we samen waren en een paar langere lokken kriebelen op mijn borst als ze mijn overhemd openknoopt en haar zachte handen langs mijn zijden laat glijden. Vrijdagavond is een Klasse 2-avond waarop ik warmdraai voor de zaterdag wanneer de hel in zijn zoetste vorm losbarst. Ze is een tiener en glipt met stuurse intensiteit de volwassenheid binnen. *Ik haat je, ik verfoei en verafschuw je*, zegt ze met een pruillip tegen me en haar handen trekken ongeduldig het overhemd van mijn rug. Ik laat haar haar gang gaan, het lichaam ongedurig, de persoonlijkheid even werkelijk als altijd in mijn oren gonzend; bovendien is er geen enkele reden om haar tegen te houden, dit is ons eigen privé-Idaho en vroeger thuis was ze ook niet te stuiten. Ze rende van me weg als ik haar been probeerde te grijpen, en als ik haar enkels of kuiten te pakken kreeg trok ik haar met een brede grijns op mijn gezicht naar me toe. *Hebbes*.

En in het hier en nu – als dat onderscheid al gemaakt moet worden – zit ze mij achterna, van het bed af op de vloer, sleurt ze aan mijn riem tot mijn schouders de vloer raken. Ik wil dat ze gemeen wordt want het is vrijdag, ik wil het contact opjutten, haar leeftijd verlagen en ons in Klasse 2 stoten. Ze had altijd al scherpe nagels. Mijn moeder probeerde haar de finesses van manicure en de kunst van nagellakken bij te brengen maar Josie wilde er niets van weten. Ze vocht te graag, gebruikte haar handen graag om haar broer te krabben en te slaan als hij doordramde, en dat was altijd het geval, geloof me maar. We vochten als kat en hond, typisch broer en zus. Nu nam ze wraak. *Ga vooral je gang*.

Ik voelde de punten van haar nagels over mijn blote borst krassen en ik zorgde ervoor dat de buren konden hoorden hoezeer we wel niet genoten. *Maak ze jaloers*, zeg ik tegen haar en ogenblikkelijk klimt ze boven op me, haar dijen omknellen me en ze rijdt en kreunt. *Luider*, zeg ik tegen haar omdat ik niet wil dat de buren zich moeten haasten om een glas tegen de muur te drukken. En luider gaat ze. En we hebben muziek, heerlijke ongelooflijke vrijdagavondneukmuziek. Ik probeer overeind te komen, mijn handen dwalen naar haar korte rokje, willen het optillen om te zien wat eronder zit, het is immers vrijdag, maar ze grijpt mijn handen en dwingt ze boven mijn hoofd en ze schuift naar boven en gaat op mijn gezicht zitten.

Daar is alles te ruiken en te voelen, haar zweet, de panty, haar talmende geur. Onmiskenbaar.

Toen ze veertien was, pakte ik haar panty uit haar kamer en sloop naar de badkamer, waar ik haar in zichzelf kon horen praten, verscholen in de dampen van badolie en een herinnering. Er zat geen slot op de deur en ik kon eenvoudigweg plat op mijn buik de badkamer in schuiven, en door de mist boven me was het plafond onzichtbaar en de spiegel beslagen. Met de panty in mijn hand schoof ik naar de rand van het bad, en haar lichaam was van me af gewend en er spatten druppels water op mijn gezicht. Toen ze een deuntje begon te neuriën, wist ik dat het juiste moment was aangebroken en ik sprong op en trok de panty om haar mond, en het geneurie werd halverwege ineens afgebroken toen ze in het nylon beet. Haar lichaam kronkelde zich in het water en ik nam het allemaal in me op. De lange benen, de eilandjes van bubbels die eroverheen dreven en strandden op haar schaamhaar; haar borsten die uit het water opstaken en trilden in haar worsteling tegen mijn greep.

'Donder op,' schreeuwde ze door de knevel heen.

Ze kwam van mijn gezicht af en draaide me op mijn buik en trok de rest van mijn kleren uit. Daarna bond ze met de riem mijn handen strak op mijn rug. Ik kon alleen de losse splinters ongelakt hout van de vloerplanken zien voordat ik mijn ogen sloot en haar wijsvinger mijn reet binnen voelde dringen. Eerste gewricht, tweede gewricht, tot aan de knokkel. Toen de verrukking.

Zaterdagmiddag. Josie rent van de ene hoek naar de volgende en verder rond. Ze is klein en mager genoeg, een jaar of tien, om onder de halterbank te kruipen en daar even te blijven met een wilde blik in haar grote bruine ogen, en de krullen en golven van haar haar waaieren in haar hijgende adem steeds even op. Dan is ze weer weg, op en over de tv en de video in Hoek 3 tot ze eindelijk tot bedaren komt, een schuiver onder mijn futon en ze beweegt niet meer.

Ik ben in de tegenovergelegen hoek van de kamer en doe net of ik wat papieren doorblader, kijk met een oog naar het mapje op mijn schoot en met het andere naar haar benen die onder de futon verdwijnen. Ze was altijd al goed in achtervolgingen, was er zelfs dol op, en haar kreetjes en gilletjes echoden door het doolhofhuis van mijn ouders, dat afgeschermd was van de geluiden van nabije buren. En dat zei ik ook altijd tegen haar. *Niemand kan je horen schreeuwen*, zei ik met mijn beste horrorstem en dan gilde ze en dook ze onder de trap. Net zoals ze zich nu onder de futon verstopt met het losse laken iets opzij, zodat ze mij kan zien naderen.

O ja, ik kom eraan, zeg ik tegen haar en ik leg het mapje opzij, schop mijn schoenen uit zodat ze me niet zal horen en schiet naar de deur, een blinde vlek in haar blikveld. Ik voel hoe het bloed in mijn lichaam begint te razen met de adrenalinekick die alleen Josie kan bewerkstelligen.

In het huis van mijn ouders dook ze de kelder in en deed ze de deur achter zich op slot. Ik hoorde haar *pak me dan als je kan* jouwen, maar daar hield ze mee op toen ze zich realiseerde dat ik de sleutels had, van het penslot en van het yaleslot. Ik schonk een glas melk in, propte een boterham met jam in mijn mond en zette de tv aan. Ik wist wat ze zou doen. Ze zou steeds dichter naar de deur kruipen, haar oor tegen het hout aan drukken om te horen wat ik aan het doen was, zich afvragen of ze al tevoorschijn kon komen. Ik liet de sleutels in mijn hand rammelen, luid genoeg om door haar gehoord te worden.

In mijn kamer hoor ik haar giechelen als ze vanonder de futon gluurt en probeert uit te maken waar ik ben, maar voordat ze me bij de deur kan zien staan, met mijn halflobbige lul in mijn zacht knedende hand, ren ik naar het matras en plof ik erop neer. Ik hoor haar lach, de gejaagde ademhaling en dan alleen nog stilte in de kamer. Bij een van de buren klinkt muziek, maar wij gaan op in ons spel.

Ik klop op de ene kant van het laken en dan op het andere, eerst links dan rechts, om haar in verwarring te houden en onder me hoor ik haar beentjes van de ene naar de andere kant spartelen. *Wat doe je daar?* vraagt ze. Ik zeg dat ze de vraag anders moet formuleren. *Wat ga je doen?* en dat klinkt naar meer. Wacht maar af zeg ik en ik mep op het laken in plaats van te kloppen. Het is per slot van rekening zaterdagavond, Klasse 1-actie, en grenzen zijn even vergeten, de censor, de wijkagent, de moderator van de beroepsetiquette is opzijgeschoven uit naam van ontspanning en genot. Zoals het hoort.

Langzaam sloop ik naar de kelderdeur met mijn zaklampje in de hand en legde ik mijn oor tegen het hout om te proberen te bepalen waar ze precies was. Het leek me dat ze niet meer op de trap was maar, het wachten moe, naar beneden was gegaan de holle, donkere kelder in, die tot de nok toe was volgestouwd met jaren troep, niet meer gewenst, bruikbaar of passend bij de wispelturige smaak op inrichtingsgebied van mijn ouders. Ik stopte zo geruisloos mogelijk de sleutel in het slot. Het zou leuk zijn om haar te verrassen, zeker als ze dacht dat ze door haar ouders werd gered.

Het was een ouderwetse kelder met in het duister krakende planken, maar ik deed mijn best om langzaam af te dalen en elke trede voorzichtig te nemen, en ik boog voorover om in het donker iets te zien. Onder aan de trap knipte ik het zaklampje aan en richtte ik de straal op de duisternis. Het was een onbeschrijflijke troep, bergen en stapels tijdschriften, machines en huishoudelijke artikelen die allemaal waren weggeknikkerd in het koude, vochtige kelderstof. Er waren zoveel plaatsen om je te verstoppen, zeker voor een jong meisje van tien, zo mager als een lat, dat zich tussen en achter alle theekisten kon verstoppen die tot aan het plafond opgestapeld waren.

Voordat ik verderging schoof ik een oude kleerkast voor de onderste traptree om een eventuele poging tot een snelle aftocht van Josie te blokkeren. Ik kon haar al gniffelend naar de trap zien rennen in de veronderstelling dat ze me te pakken had en er dan achter komend dat haar weg versperd werd door een log stuk mahonie. Ik kon mezelf al achter haar zien staan, ook gniffelend, toekijkend hoe haar dunne armen worstelden met het zware hout.

Ik hang over de rand van de futon en geniet van het gevoel van nog meer bloed dat naar mijn hoofd raast, geniet ook van het gevoel van mijn lul die tegen het matras drukt. Wanneer ik de andere kant van het bed oplicht als zij er net onder vandaan wil krabbelen om naar een andere hoek van de kamer te rennen en de jacht te heropenen, besluit ik dat het welletjes is geweest en ik kan nog net haar been grijpen als zij probeert te ontsnappen. Zeg het nog eens, draag ik haar op.

Wat ga je doen, Curt, wat ga je doen?

Ik weet precies wat ik ga doen. Zonder haar been los te laten glijd ik van de futon en lig ik met een snelle beweging op de vloer, mijn hoofd in de duisternis, een duisternis verlicht door twee ogen. Josie probeert haar andere been buiten mijn bereik te houden maar ik heb het algauw te pakken, de dunne enkel glipt met gemak mijn stevige greep in. Ze giechelt nog steeds, maar hortend door haar moeizame ademhaling. Een moment lang, een lang moment lang, ontmoet mijn blik de hare in de spannende tweespalt van ons spel. Ze draagt een simpel groenkatoenen jurkje zonder opsmuk met een hangertje uit een pak ontbijtvlokken rond haar hals en een oude armband van mijn moeder die haar bespottelijk staat om haar dunne pols. We koesteren het moment, Josie en ik, koesteren het en genieten ervan.

De zaklantaarn had haar zo gevonden, haar groene jurkje lichtte plotseling op tegen de donkere vlekken op de stoffige muren. Ik bewoog de dunne lichtstraal langzaam van haar benen naar haar zwoegende borst naar haar gezicht, omlijst door een oud wiel van mijn vaders auto waar ze in zat met haar armen om de rubberen rand gekneld, en ik kon van vijf meter afstand zien dat haar greep zo strak was als maar kon. Ze maakte geen geluid. Ze giechelde of gilde of schreeuwde niet. Niets kwam er uit haar.

Ik liep op haar af en zij zonk dieper in de band. Ik kon haar iets horen zeggen maar haar stem was zo zacht, zo kleintjes dat ik het niet verstond totdat ik bij haar was.

'Papa en mama komen zo thuis,' zei ze tegen me.

'Weet ik,' zei ik tegen haar.

Het is een zware week geweest op Breathhouse, voortdurend nieuwe gekken erbij, meer papierwerk, meer divanwerk ook denk ik, maar ik voel de spanning uit me wegvloeien, de joint, het ogenblik, Josie, het helpt allemaal om me te laten ontspannen. Maar ik kan niet langer wachten, geduld maakt geen deel uit van relaxen, en ik trek haar naar me toe en haar benen buigen zich rond mijn middel. Ze is zo mooi, haar glimlach als ze naar me opkijkt zo uitnodigend, zo warm, zo... opwekkend zijn de woorden maar de daden betekenen meer, veel meer. Ik buig me over haar heen en leg mijn lippen op de hare, glijd met mijn tong over de kloofjes en het kapotgebeten vel, dan laat ik mijn neus zijn weg over het dunne katoenen jurkje naar beneden zoeken tot haar kruis. Ik sluit mijn ogen en doe ze weer open, verwissel de ene schaduw voor de andere, het ene zintuig voor het andere. Met mijn lippen vlak bij haar huid zeg ik dat ze iets moet fluisteren. Ze antwoordt *O Curtis...* met een stem die me niet bevalt. Te hoerig, maar ik spoor haar aan om door te gaan.

Curtis, dit is verrukkelijk.

En daar moet ik om glimlachen. Wat lief van haar.

Ze wist wat ze moest doen, ze wist altijd wat ze moest doen omdat ze altijd verloor. *De buit gaat naar de overwinnaar...* Ze deed het groene jurkje langzaam uit en toen het in een hoopje rond haar enkels lag trok ze haar hemd uit en hield ze het in haar hand, niet wetend wat ze ermee moest doen. Ik pakte het met mijn tan-

158

den uit haar handen. Ik trok mijn eigen kleren uit en liet elk kledingstuk met een gedempt plofje op de grond vallen, maar we schrokken allebei toen de gesp van mijn riem op het beton kletterde, ogenblikkelijk gevolgd door de draaiende motor van mijn vaders auto boven ons. Josie keek verschrikt op maar ik kende hun gewoonten, kende hun manieren, wist welke routine en rituelen ze volgden. Ze zouden de kelder niet in komen. En het enige geluid dat ik na het klappen van portieren hoorde, was het geluid van mijn eigen stem die zei: 'Je doet het zo...'

Woensdagavond. Kreeg een fax van Wayne Peterson vanaf het Manhattan Instituut. Peterson is opgewonden zoals alleen Peterson dat kan zijn. Het schijnt dat hij een interessante casestudy tegen het lijf is gelopen – de geluksvogel, denk ik altijd wanneer ik weer eens een fax van hem krijg met een enthousiast relaas over een of andere vondst, een ontdekking die hij heeft gedaan. Psychologie op het scherp van de snede. Het enige wat ik op Breathhouse krijg is een zonderling die zijn pietje vijftien jaar lang zijn afgeknipte teennagels heeft gevoerd tot het erin stikte en die zich nu wentelt in ziekelijke schuldgevoelens. *Ik moet, dokter, ik moet voor mijn eigen gemoedsrust sectie laten plegen...* Maar op een druilerige woensdagavond is dat beter dan luisteren naar de wip die de bovenburen maken.

Ze krijst als een speenvarken, zeg ik tegen Josie. *Dat doe ik niet, hè?* laat ik haar vragen. Natuurlijk niet, antwoord ik. Dan lacht ze en bedekt ze haar mond koket met de rug van haar hand. Ik vind het heerlijk als ze dat doet.

Peterson schijnt opgewonden te zijn omdat hij een arme drommel heeft gevonden met een extreme vorm van binnendringende herinneringen. Dit soort herinneringen kan in de verkeerde handen saai en afgezaagd zijn, en dat is meestal het geval: psychosloven die weinig opwindends uit hun cliënten peuteren doordat ze lusteloos in de herinneringstredmolen rondlopen, van A naar G, van associatie naar gedrag en weer terug.

Petersons specialiteit is gewoonlijk niet het onderzoeken van herinneringen – Joost mag weten wat zijn specialiteit wel is, maar maffe ideeën en een verknipte interesse in de gemeenschap van verknipten hebben hem en het Instituut een lekkere stapel subsidies bezorgd. Hoe dan ook, het schijnt dat deze vent, een bankier van zesentwintig, in therapie was vanwege zijn depressie. Dat is natuurlijk niet zo ongebruikelijk, waarschijnlijk ligt zijn halve kantoor op de divan, maar dit was een klassiek geval van de therapeut die veel meer krijgt dan hij verwacht, een klassiek geval van een blik wormen dat geopend wordt.

De meeste mensen raken tijdens hun therapie steeds meer van de kaart en dan komt er wel eens een herinnering boven – 'het dook ineens op' – waarna de psychosloof als een bok op de haverkist springt en de beeldspraak uit een of andere warrige kletspraat wurmt tot elke betekenis is weggespoeld en, belangrijker nog, elke kans is verkeken. Maar bij deze bankier, Richard Wattle, drong niet slechts af en toe een herinnering binnen, in het begin druppelde het, toen werd het een straal en ten slotte een complete vloed. De therapeut belde ogenblikkelijk het Instituut en kreeg Peterson zover dat hij de sessie bijwoonde, en wat Peterson beschreef was verbijsterend.

Richard begon de sessie heel gewoon. De therapeut stelde hem onbenullige vragen, vroeg hoe hij zich voelde, wat hij had gedaan, waaraan hij had gedacht, waarover hij had gedroomd. Het bekende gezever. Het soort geruststellende conversatie dat overal gesneden koek is. Toen veranderde zijn gezichtsuitdrukking in een verwrongen grimas die zijn gebruikelijke nerveuze glimlach dramatisch verdrong. De therapeut vroeg hem uiteraard waar hij aan dacht, maar de herinneringen die Wattle's geest binnenflitsten zouden het meest gediend zijn geweest met de vraag *wat zie je?*

Wattle beschreef hoe zijn vader in hun zitkamer thuis op een meter boven de vloer een koord van de ene muur naar de andere spande. Hij droeg de jonge Wattle op onder het koord te gaan liggen, waarna hij zelf op een stoel klom en over het koord ging lopen. Wattle beschreef hoe hij liggend op de grond zag hoe zijn vader de kamer overstak met zijn armen opzij voor het evenwicht, en dat hij ervan overtuigd was dat zijn vader zou vallen, en wel pal boven hem.

Dan veranderde Wattle's gezicht opnieuw en vertelde hij dat hij niet gelukkig was in zijn werk en altijd pech had gehad met de vrouwen in zijn leven. Ben ik homo? vroeg hij aan de therapeut, die de vraag terugspeelde met een wedervraag: *Denk je zelf dat je dat bent?* Typisch therapeutentennis, het soort spel dat ik nooit heb willen spelen. Peterson becommentarieert in de kantlijn van zijn aantekeningen: *Jezus, die vent heeft net een tamelijk bizarre herinnering beschreven die niets met het onderwerp van zijn depressie te maken heeft, en de therapeut haakt in op zijn zorgen omtrent zijn seksuele geaardheid!*

En net wanneer de therapeut een andere vraag wil stellen over Wattle's huidige staat van ontreddering en, eerlijk is eerlijk, tamelijk milde depressie, wordt zijn hortende woordenstroom opnieuw onderbroken door een herinnering. Weer verandert het gezicht en weer vraagt de therapeut hem wat hij voelt.

Deze keer beschrijft hij hoe zijn vader hem van de vloer tilt als hij een jaar of tien is. In één snelle beweging wordt hij opgetild en behoedzaam boven op de keukenkastjes gelegd. Wattle vertelt dit met afgrijzen, hij slaat de handen voor zijn gezicht en duwt zijn benen weg van de divan alsof hij zich probeert af te zetten om te ontsnappen. Zijn gezicht is maar zo'n dertig centimeter van het plafond met zijn vettige oude stuclaag. Tegen zijn blote benen voelt hij de rottende klodders weggespat eten, de olieachtige substantie van stof en vet die dat nooit schoongemaakte deel van de keuken bedekt. Hij beschrijft hoe hij zijn hoofd opzijdraait om naar zijn vader te kijken, maar het enige wat hij ziet is een dikke rij rottende lijken van insecten en steekmuggen, gevangen en verhongerd in de kleverige troep een paar centimeter van zijn gezicht. Hij ziet zijn vader die staat te kijken hoe zijn zoon boven op de kastjes ligt. En hij doet niets.

Hierna nemen de herinneringen de sessie over, ze dringen zich op tot het uitgangspunt van de therapie is vergeten. Ze tuimelen over elkaar heen en Wattle's gezicht is verwrongen van pijn, angst en afgrijzen. Zijn vader legt hem in een bunker op een golfterrein neer en oefent zijn korte slagen met Wattle als marker voor zijn vanzelfsprekend klunzige bogeys... en ga zo maar door. Wattle is na afloop een bazelend wrak, maar slaagt er op de een of andere manier toch in deze herinneringen van tafel te vegen en deze indringende mijlpalen in zijn leven af te doen als bizarre dagdromen, als gruwelijke kwelgeesten die door de therapie zijn opgewekt en er echt niet zoveel toe doen. De therapeut, totaal uit het lood geslagen door de roerige vervlechting van psychosen en redeneringen, is niet in staat veel meer te zeggen dan *misschien moeten we het de volgende keer over je vader hebben.* Peterson wil daar uiteraard niets van weten en zorgt ervoor dat Wattle's volgende sessie op het Instituut plaatsvindt.

Hij vraagt of ik voor de sessie naar de States kom. Dat doet hij altijd. Steeds vaker, nu we hebben ontdekt dat onze ideeën veel raakvlakken hebben, dreigen we elkaar met een bezoekje, en ik schep genoegen in de uitnodigingen via e-mail, fax of telefoon. *Kom deze kant uit, dat wordt lachen, we pakken een paar biertjes en kletsen over de wonderen van 's mensen geest.*

Wat ik zo van Peterson waardeer is zijn gevoel voor ironie.

Zondagavond. En Josie is zo jong. Jong genoeg om doktertje mee te spelen, jong genoeg om het groene jurkje, dat over een jaar of twee zo goed zou zitten, te groot en hobbezakkerig te maken. Ik kan het me niet goed genoeg herinneren. Ze draagt een tijdje een bloemetjesjurk maar de snit bevalt me niet, haar benen lijken er kort en plomp door. Het moet het groene jurkje zijn. *Wanneer de patiënt niet in de pas is met zijn herinnering, kan het nodig en legitiem zijn om te improviseren.* Maar daar ligt ze toch op de futon te giechelen, huiverend onder de koude aanraking van de stethoscoop. Ik weet niet wat er met haar aan de hand is. Dat staat nog niet vast.

In het huis van mijn ouders pakte ik mijn vaders dokterstas en ging ik Josie zoeken. Ze was gewond, had vreselijke pijn door een aanrijding of ongeluk; zo erg dat ze niet vervoerd kon worden en gevonden moest worden. Ik was de geneesheer met mijn vaders stethoscoop trots om mijn nek, zijn witte jas aan die me belachelijk stond, me veel te groot was en me van top tot teen bedekte. Met het geluid van een ambulance iii–aaade ik door het huis. *Ik kom je helpen, zeg iets zodat ik weet waar je bent.* Ik hoorde een zwak kreetje in de keuken en beende er met een doortastend en efficiënt voorkomen heen.

'Waar doet het pijn?' vroeg ik aan Josie terwijl ik op haar neerkeek, haar armen en benen wijd uitgespreid op het keukenvinyl.

'Overal,' antwoordde ze en ik boog me met een ferme uitdrukking op mijn gezicht over haar gebroken lichaam.

Ze had littekens en rode plekken van eerdere spelletjes op haar benen; een blauwe plek op haar rechterarm stak af tegen haar bleke huid; een krab van de kat op haar hals, waar haar huid was opgebold tot een dun rood richeltje. Er leek weinig mis te zijn tot ik haar been probeerde te bewegen. Ze gilde het uit van de pijn.

'Doet dat zeer?'

'Ja,' antwoordde ze ademloos.

Ik onderzocht het dunne, knokige been terwijl ik op tekenen van pijn in haar gezicht lette.

'Ik denk dat het gebroken is. Ik moet het been zetten,' vertelde ik haar. 'Tanden op elkaar.'

Mijn vader had een keer mijn moeders voet gezet toen ze was gevallen en hem had gebroken en ik behandelde Josie op dezelfde manier. Ik tilde het been op en liet haar blote voet op mijn knie rusten.

'Ik moet het been ergens mee vastzetten,' zei ik tegen haar.

Ik deed mijn overhemd uit en de plotselinge ontbloting bezorgde me kippenvel. De jurk trok ik op tot boven haar dijen. Ik bond het overhemd om haar been, vlak boven de knie.

'Je bloedt, daar is dit voor.'

164

Haar been was verbonden en ik wist niet goed wat ik verder moest doen. Ik vroeg of ze dacht dat ze het been kon belasten. Ze zei dat ze het zou proberen. Moeizaam en steunend op mijn arm kwam ze overeind en we keken allebei naar het met bloed doorweekte overhemd. Ik voelde haar arm op de blote huid van mijn middel en de aanraking herinnerde me aan mijn verantwoordelijkheden.

'Ik zal je hart eens beluisteren.'

Ik draaide haar naar me toe en haar gezicht was zo dichtbij dat ik haar lichte, snelle ademhaling kon voelen.

'Til je jurk op.'

Ik drukte het koude metaal van de stethoscoop tegen haar borst en ze ademde snel in. Ik herinner me dat moment, het gevoel dat de tijd stilstond, alleen maar Josie en ik, en ik was de hulpverlener en haar handen lagen om mijn middel en haar hart was in mijn oren.

Op mijn futon heeft ze nog steeds pijn en verbergt ze haar hoofd in de dekens.

'Heb je pijn?' vraag ik.

'Nee,' antwoordt ze.

'Maar dat zal niet lang duren,' grap ik.

'In pijn schuilt genot,' zegt ze, maar dan laat ik haar overgaan op een giechel. Josie was nooit zo filosofisch.

Ik raak elk plekje van haar lichaam aan, kijk onder het drukken en porren naar haar gezicht. Haar lichaam spant zich als mijn handen tussen haar dijen glijden.

'En hier dan?'

'Vooral daar.' Ze lacht naar me op maar weer zint me niet wat ze zegt, iets in de woorden, de toon die... ongepast lijkt. Het moet goed zijn.

165

'Niks zeggen. Wanneer je zo ziek bent, is het niet goed om te praten.'

Voor het geval ze het niet begrijpt druk ik haar neer, duw ik mijn gewicht tegen haar aan. Mijn lichaam, mijn mond op de hare.

'De kus des levens,' permitteer ik me te zeggen.

Donderdagavond. De Sad-praatgroep komt weer bijeen. De bekende gezichten die al een tijdje komen, inclusief de twee nieuwkomers van vorige week, Brent en Sofia. Ze doen kennelijk allebei moeite om deze week anders te zijn. Sofia loopt over van zelfvertrouwen en te stralen in een paarse jurk, ze glimlacht voortdurend naar de andere groepsleden en, dat vind ik zorgwekkender, flitst elke keer dat ik met mijn papieren ritsel haar grijze tanden in mijn richting. Zorgwekkend omdat het er dik in zit dat een van deze verknipte types stapelverliefd op me zal worden. Ik weet dat dit arrogant klinkt, maar er zijn heel wat woorden gewijd aan de relatie tussen therapeut en patiënt en aan de kunstmatige intimiteit die hierdoor veroorzaakt kan worden. Niet dat die altijd kunstmatig is natuurlijk. Een jonge Breathhousetherapeut viel voor een schizofrene vrouw met grootheidswaanzin en werd betrapt terwijl hij in een van de kale, grauwe spreekkamers haar vorstelijke kont naaide. Het schijnt dat zijn collega's argwaan kregen en ongerust werden toen ze haar hoorden uitroepen: 'Ik beveel je, mijn trouwe dienaar, om dit en dat voor me te doen…' Zulke verhalen doen voortdurend de ronde op Breathhouse.

Dat snap ik wel. Het zit nu eenmaal in de aard van het beestje. Maar er is weinig kans dat ik op deze bijeenkomsten iemand ontmoet met wie ik naar bed zou willen. Er is alleen plaats voor Josie en mij op die futon en we willen geen van beiden onze ruimte, ons lichaam met een ander delen. We zijn elkaar trouw.

Brent zit stijf op zijn stoel, de koffie onaangeroerd in zijn hand geklemd. Het toonbeeld van kalmte, de illusie van innerlijke rust. Het opgefokte, door adrenaline overstuurde gedrag van vorige week lijkt tot het verleden te behoren – zijn veer wordt weer steeds strakker opgedraaid terwijl hij in het luchtledige zit te staren.

Als er nieuwkomers in de groep zijn, concentreert zich de aandacht de eerste paar weken op hen, hoewel ze uiteraard allemaal de kans krijgen om iets te zeggen en hun gesprek over zichzelf voort te zetten. Ik vraag Sofia of er een situatie in haar eigen gezin is geweest die haar opvoeding weerspiegelde, waardoor het soort woede werd losgemaakt die haar ouders allebei op haar hadden botgevierd.

'Ja, die is er geweest.' Haar zelfvertrouwen oogt ineens heel breekbaar.

'Het is niet makkelijk om toe te geven, maar mijn vorige therapeut zei dat ik moest beginnen met eerlijkheid waar de leugens van mijn ouders ophielden.'

Jezus, dat is nou net het soort debiele psychopraat die je kunt verwachten van zo'n kaktherapeut die met een kristallen bol en het boek der dromen voor zich in zijn kamer zit.

'Er gaat niets boven eerlijkheid...' zeg ik om haar een zetje in de goede richting te geven terwijl ik Brent, die inmiddels zijn hoofd van links naar rechts beweegt alsof hij een stijve nek heeft, de hele tijd in de gaten houd.

'Natuurlijk, natuurlijk,' beaamt Sofia en flitst me een lach toe. Schiet op, mens.

'Goed, James is mijn jongste en hij heeft een van

mijn oude crematie-urnen verpest door de bodem open te maken en de as in de melk van zijn grote broer te gooien toen die even niet oplette.'

'Heb je crematie-urnen?' vraag ik haar.

'Ja. Toen mijn vader en moeder stierven wilden ze allebei gecremeerd worden en ze hebben zelfs de urnen uitgezocht waar hun as in moest.'

'En jij hebt ze gehouden, ondanks alles wat ze je hadden aangedaan.'

'Mijn andere therapeut zei dat ik ze moest houden toen ik ze wou weggooien in de tijd dat al die herinneringen begonnen terug te komen. Hij zei dat als ik de urnen elke dag zag, ik sterker zou worden en beter in staat zou zijn om hun mishandeling onder ogen te zien en dat ze me een plek gaven om mijn woede op te richten.'

Het zal eens niet zo zijn. Door hiertegen aan te lopen wist ik weer even waarom ik geen kaktherapeut was geworden. Deze vrouw zocht op de verkeerde plek naar psychosen. En die halfgare psychosloof duwde haar nog verder over de rand. Als ik mijn vak serieus nam zorgde ik ervoor dat ze van tactiek veranderde en James een dikke smakkerd gaf omdat hij de spijker op de kop had geslagen.

'Mijn vingers jeukten om hem een klap te verkopen, hij keek lachend naar me op en ik dacht dat deed je expres, je weet hoe belangrijk die as voor me is en toch deed je het... Op mijn beurt wou ik *hem* pijn doen.'

'En heb je dat gedaan, Sofia?' vraag ik met mijn diepste, betekenisvolste stem.

'O nee, dat zou ik nooit doen.'

Ik moest mijn aandacht ergens anders op richten, want anders zou ik degene zijn die klappen ging verkopen.

'En, Brent, wat ben jij vanavond stil.'

Dat had ik niet moeten zeggen. Zo zie je maar weer dat ik nog steeds bezig ben het spel te leren.

Brent sprong op en richtte een bevende vinger op mij.

'Ik had je gezegd dat ik het spelletje niet meespeelde. Ik wil het niet en ik zal het niet doen ook.'

Brents stem was een octaaf hoger geworden en hij wreef over zijn been alsof hij ineens verschrikkelijke jeuk had gekregen.

'Kom, Brent...'

'Ik zei dat ik het niet zou doen en je kunt me niet dwingen.'

Hij deed een uitval naar me, beide armen uitgestrekt naar mijn hals.

Ik zag het aankomen maar het oude psychologie-adagium – *regressie wordt veelal gevolgd door agressie* – was niet genoeg en ik kon nog maar net op de rode knop onder mijn bureau drukken voordat hij me greep. Zijn warme speeksel besproeide mijn gezicht, zijn handen omklemden als een dolleman mijn handen die mijn hals beschermden.

Als bij een knokpartij in een café vloog iedereen naar de hoeken van de kamer en vanuit mijn ooghoeken zag ik hoe Sofia's hoofd beefde en ze haar ogen met haar handen bedekte. De rode knop was een paar jaar geleden na een golf van aanvallen op stafleden in alle zaaltjes aangebracht. Dat was een puik idee geweest, maar de beveiliging deed er wel erg lang over en Brents waanzinnige greep werd er niet losser op. Het vreemde was dat, hoewel Brent een uitgesproken fysieke bedreiging voor me vormde, ik me verloor in recente herinneringen en dat ik, terwijl ik zijn greep op mijn huid voelde verschuiven, in gedachten Josie televisie zag kijken met haar ene hand in haar mond en haar andere afwezig over haar kittelaar wrijvend, en de verrukkelijke prikkeling in mijn ledematen werd plotseling en abrupt afgebroken toen twee potige verplegers Brents handen van mijn hals wrongen en hem schoppend en krijsend de kamer uit droegen.

'Breng hem naar de dienstdoende dokter,' riep ik ze na.

De anderen verlieten een voor een de hoeken van de kamer en gingen weer nerveus op hun stoel zitten. Sofia snikte, het enige geluid in de beklemmende stilte in de kamer. Ik moest de touwtjes weer in handen nemen, anders zou er de volgende week niemand meer komen opdagen en zou aardig overwerk in het niets verdwijnen.

'Met mij is er niks aan de hand en met Brent komt het ook wel weer goed. Dit soort dingen is eerder gebeurd en zal nog wel vaker gebeuren ook, maar jullie moeten proberen het te vergeten en je concentreren op de reden waarom je hier bent. Als je je door deze gebeurtenis uit het veld laat slaan, dan zul je er meer onder lijden dan Brent. Spanningen en onderdrukte gevoelens kun je soms op geen enkele andere manier uiten dan via geweld, en als we dat voor ogen houden dan kunnen we de mogelijkheid van geweld in ons allen toelaten. Gun jezelf die woede net zoals je Brent zijn woede moet gunnen en dan kunnen we verder.'

Ik genoot van de klank van mijn eigen woorden, net zoals ik had genoten van de woorden van vrijwel elke slijmbalverhandeling die ik ooit had geschreven om mijn diploma te krijgen.

De vierde regel van psychotherapie is dat het doel altijd de middelen heiligt.

Ik maak me er al lang geen zorgen meer over dat ik

hypocriet lijk in mijn baan hier op Breathhouse. In veel opzichten is het een voorwaarde om het werk te kunnen doen. En nee, dit is niet een of andere goedkope sneer. Het is gewoon zo. Dat heb ik me lang geleden al gerealiseerd en de enige slapeloze nachten die ik heb komen gewoonlijk door Josie.

'Goed, wil iemand opnieuw beginnen? Adam, hoe staat het met de impotentie?'

Dinsdag. Het eerste deel van de week is nu gewijd aan onderzoek. Als je dit beroep echt serieus neemt, is mij verteld, dien je de grens tussen werk en privé-leven te laten vervagen.

De vijfde regel van psychotherapie is dat een goed en toegewijd onderzoeker geen vrije tijd mag kennen.

Maar Josie is er niet blij mee, ze was gewend geraakt aan dagelijkse aandacht. Ze stampt door mijn kamer met een mengeling van boosheid en verdriet. Boosheid in haar gestamp, verdriet in haar ogen. Er is niets aan te doen, zeg ik tegen haar, werk is werk is werk. *Net als papa*, laat ik haar met felle ogen naar me uitvallen. Ik vind het heerlijk als ze ons terugvoert naar huis.

Nee, dat klopt niet, zeg ik en ik grijp haar beet. Ze verzet zich maar ik heb haar stevig rond haar smalle middel vast. Hij was, vertel ik haar, een dik betaalde huisarts die nauwelijks werkte en een paar recepten de lucht in gooide en keek hoe zijn rijke verslaafde huisvrouwtjes er met valium in hun ogen op af doken. Een charlatan met voortreffelijke manieren, de minkukel van het huisartsencircuit, wist geen bal maar liep wel binnen.

Niet zoals jij, corrigeert Josie zichzelf.

Niet zoals ik, zeg ik weer tegen haar en duw haar

zachtmoedig weg zodat ik kan terugkeren naar de geheimzinnige video die bij de post zat zonder verzoek of zelfs maar een titel. Het enige wat in de envelop zit is een band van 60 minuten en een krabbel van **De psychoseksuele incrowd** uit Ontario, Canada, met *we denken dat u hier iets aan heeft* in een bijna onleesbaar handschrift.

Dat ik nooit van deze organisatie heb gehoord verbaast me nauwelijks. Psychoseksueel onderzoek is een groei-industrie – er valt een heel gamma van troep op mijn deurmat, ongevraagd en vaak ongewenst materiaal afkomstig van illustere organen als de **Christelijke research unit**, die zich bezighoudt met het zoeken naar remedies voor de meest uiteenlopende psychoseksuele ziekten, en het meeste eindigt in mijn boordevolle prullenmand. Het lijkt wel of vrijwel elke grote universiteit een onderzoeksprogramma heeft, weggestopt in een kantoortje in de kelder of een laboratorium, met hordes experts die voorzien in de niet aflatende vraag van films, babbelshows, journalisten en dergelijke naar experts om hun woorden lyrisch of op zijn minst blind van wetenschap vast te leggen. Maar psychoseksueel onderzoek is, net als ouders met een grote kinderschare, niet in staat gebleken om de nog omvangrijker schare nakomelingen – psychoseksuele therapie – in toom te houden.

De videoband blijkt een amateurfilmpje van 60 minuten te zijn met opnamen via een gesloten videocircuit, **In de kamer van de therapeut**. Volgens de scheve letters aan het begin van de band is dit het eerste voorbeeld van GV-porno – wat ik op zich al ongeloofwaardig vind – maar mijn aandacht wordt getrokken door de locatie die in beeld komt. Zonder dat de therapeuten het wisten is er een hele serie therapiesessies opgenomen. Dat is op zich niet ongebruikelijk aangezien heel wat therapeuten tegenwoordig hun afspraken filmen, meestal met maar een enkele keer zonder toestemming van de patiënt. Het lokkertje is dat zulke sessies worden gebruikt bij de opleiding van aankomende therapeuten − houding, lichaamstaal en zelfs de inrichting van de kamer worden tot in detail geanalyseerd en ontleed. *Een potplant rechts van de patiënt heeft een positieve uitwerking.* Als de patiënt instemt met geluidsopnamen worden de transcripties op kwaliteiten en gebreken bestudeerd. *Aarzelingen bij het vertellen van een levensverhaal duiden veelal op oprechtheid en niet op verdichtsels, zoals vaak wordt gedacht.* Maar deze video maakt geen officiële indruk, want een camcorder zou in de hoek van de spartaanse kamer met aftandse leunstoelen nogal zijn opgevallen. Het lijkt erop dat de kijkers niet weten dat ze bekeken worden. Klassieke GV, kondigt de band aan…

Wat gebeurt er werkelijk in de kamer van de therapeut? Denkt u erover in therapie te gaan om te praten over uw problemen, uw huwelijk, uw gemoedstoestand, over bepaalde geheimen die niemand mag weten behalve een volslagen onbekende? Bekijkt u dan deze opnamen eens. Misschien bedenkt u zich.

Dan volgt een bonte stoet van therapeuten en patiënten die tegenover elkaar zitten, zonder geluid, we zien alleen van een afstand hun mond bewegen, hun benen die gekruist en weer naast elkaar gezet worden, hun op schoot gevouwen handen. Er zit geen enkele samenhang in de interactie, die van een slaapverwekkende, doorsudderende eentonigheid is. Maar waarschijnlijk moet dit de kijker op het verkeerde been zetten en wordt geappelleerd aan zijn sensatielust door de eerste tien minuten af te zetten tegen de razende montage van de resterende vijftig. Op dit punt concentreert de video zich niet zozeer op het gesprek tussen therapeut en patiënt maar op wat de therapeut doet als de patiënt niet kijkt, of als hij op zijn of haar komst wacht. Een gebrilde zielenknijper peutert uitgebreid in zijn neus en plakt de korstjes snot onder zijn stoel terwijl er voor hem een jonge vrouw met haar hoofd in haar handen zit te huilen, en het gewroet komt abrupt tot een einde als zij zich weer genoeg kan beheersen om hem aan te kijken. Bij een andere therapeut, een ouder freudiaans type, begint de video de gewekte verwachtingen waar te maken. Na afloop van de sessie brengt hij een jongeman naar de deur, ze schudden elkaar de hand en wuiven elkaar gedag. Zodra de patiënt de kamer uit is begint de therapeut over zijn kruis te wrijven, eerst langzaam maar daarna onstuimig, terwijl de andere hand onder zijn overhemd schuift en aan zijn tepels begint te trekken. Zijn ogen glijden over de aantekeningen voor hem en verslinden de woorden van zijn patiënt. Na een paar minuten hangt zijn broek om zijn enkels en begint hij met zijn rug naar de camera te masturberen, en je ziet zijn lichaam schokken als hij binnen een paar tellen klaarkomt. De camera kan net een dun straaltje sperma vastleggen dat door de lucht vliegt en op de stoel van de patiënt landt. Haastig – die indruk wekt de film althans – veegt hij het geil met zijn voet van de stoel voordat hij naar de deur hupt, zijn broek optrekt en de deur opendoet voor een morsige oude man, die naar de stoel strompelt terwijl de therapeut naar de zijne terugkeert.

De video springt – zoals het echte porno betaamt – van de ene scène naar de andere en bouwt de 'actie' snel op. De kijker ziet een beklagenswaardige en vaak lachwekkende parade van rukkende, krabbende, kotsende, gebarende therapeuten aan zijn oog voorbijtrekken, en dit alles nog steeds tegen de achtergrond van die kale, ziekenhuisachtige kamer. In de laatste scène loopt een vrouwelijke therapeut naar haar mannelijke patiënt, ze ritst zijn broek open en gaat op hem zitten, en terwijl het gezicht van de man tamelijk duister blijft, schudt en deint de therapeute er lustig op los terwijl ze haar rok op- en haar slipje neertrekt en haar patiënt de normaliteit in rijdt.

Breathhouse is nooit zo geweest.

Aan het einde van de video bieden dezelfde bibberige letters ons nog een vergelijkbare selectie van GV-hoogtepunten aan, nu vanuit de spreekkamer van een huisarts. **De verborgen behandelkamer: waarom u zo lang moet wachten in de wachtkamer.**

Ik maak een dubbele mentale aantekening. Peterson van het Manhattan Instituut zeggen dat hij een exemplaar van **In de kamer van de therapeut** moet zien te bemachtigen en de huisartsenvideo bij de Canadese incrowd bestellen. Onderzoek is nog nooit zo onderhoudend geweest.

Het zou me niet verbazen als de kinderpsycholoog naar wie mijn ouders me meenamen toen ik twaalf was een kandidaat voor de video was geweest. En dat bedoel ik positief. Hij was totaal anders dan de vent bij wie ik was geweest na de plasgeschiedenis in de peuterspeelzaal. Die vent was even duf geweest als de lucht in zijn gecapitonneerde kamer, even vlak als de dure inrichting, even week en meegaand als zijn grote draaistoel... Ki Wo was uit volkomen ander hout gesneden.

We moeten je meenemen naar iemand om erover te praten, Curtis, we hopen dat je dat begrijpt.

Het probleem was niet zozeer mijn begrip, want alles was me zo duidelijk als wat, maar hun verwarring waar ze greep op probeerden te krijgen.

Ki Wo verwelkomde ons in zijn helder verlichte kamer, die smaakvol was ingericht met Bauhausmeubels en kleurige zijden bloemen in wonderlijk gebogen vazen. Het duurde niet lang voor hij het doorhad. De vorige sloof had het onderwerp van ongepast urineren ontweken en eromheen gedraaid met gemeenplaatsen en generalisaties, maar Ki Wo vatte de koe met kennelijk plezier bij de hoorns.

Misschien wacht u liever buiten, meneer en mevrouw Sad?

Dat deden ze liever niet. Mijn vader de huisarts was niet onder de indruk van Ki Wo's kamer of zijn wijze van optreden. Of zelfs zijn schijnbare jeugdigheid. Hij was veel te vrijpostig en rechtdoorzee. Ki Wo bleek algauw een kinderpsycholoog te zijn die nergens doekjes om wond en het beestje bij zijn naam noemde. Mijn ouders hoopten van hem te krijgen wat ze van de ander niet hadden gekregen: de verzekering dat mijn daden niet meer dan een tijdelijke dwaling waren en een normaal onderdeel van het opgroeien vormden waarvan zij zich tot dan toe niet bewust waren geweest.

We hebben vast de verkeerde boeken gelezen, lachte mijn vader.

Ki Wo glimlachte beleefd terug en schoof zijn smalle lichaam naast mij op de zitting, waardoor we allebei tegen een zijkant van de stoel gedrukt werden. Mijn ouders fronsten hun wenkbrauwen maar ik moest erom lachen omdat hij me overrompelde en al doorbrak voordat ik tijd had gehad om te bepalen welke verdediging ik nodig zou hebben tegen deze laatste zet van mijn ouders.

Het hoort niet, Curtis, het hoort echt niet. Josie en jij hebben allebei een eigen bed, jullie hoeven niet in hetzelfde bed te slapen, dat is nergens voor nodig.

Ki Wo stelde een vraag, hij liet zijn prachtig witte tanden flitsen en knipoogde met zijn linkeroog naar me terwijl hij zijn rechterarm uitstak om me af te leiden van de ophanden zijnde vraag. Hij was goed, realiseerde ik me later, heel goed.

'Waar denk je aan als je bij je zusje slaapt?'

Mijn ouders keken geschokt en begonnen waarschijnlijk te wensen dat ze Ki Wo's advies hadden opgevolgd en buiten waren gaan staan beven bij het koffie-apparaat. Het was een goede vraag, zowel scherpzinnig als uitgekookt. De vraag was niet alleen bedoeld om me aan te moedigen zoveel over de situatie te onthullen als ik zelf wilde, maar stelde Ki Wo tevens in de gelegenheid de achterliggende redenen vast te stellen, en de manier waarop ik informatie in mijn antwoord achterhield.

'Ze is mijn zusje, ik vind het fijn om dicht bij haar te zijn.'

Ki Wo glimlachte, klopte me op mijn been, stond op en liep tot achter mijn stoel. Het was een goed antwoord, zowel uitgekookt als correct, met als toegevoegde waarde dat mijn ouders nu oppervlakkig en kortzichtig leken omdat ze dachten dat ik uit een aangeboren boosaardigheid handelde. Hoe konden ze het zo mis hebben?

'En als jullie in bad gaan, voel je dan hetzelfde?'

'Ja.'

Mijn ouders zonken dieper in hun stoelen en keken elkaar aan, op zoek naar iets om zich aan vast te houden.

'Denk je dat je over een jaar of vijf, als jij zeventien bent en zij dertien, nog steeds hetzelfde zult voelen?'

'Natuurlijk.'

'Raken jullie elkaar aan?'

177

Ki Wo's vraag stelde zijn vraag en legde intussen zijn handen vriendschappelijk op mijn schouders, zijn hoofd was lichtelijk gebogen en zijn ogen keken in de mijne. Mijn ouders waren minder kalm en wekten de indruk dat iemand zojuist een paling in hun nek had laten glijden.

Ik draaide mijn hoofd en keek hem recht aan.

'Nee.'

De zesde regel van psychotherapie is dat wanneer de patiënt je in de ogen kijkt, hij steevast liegt.

'Ach, Curtis...'

Ki Wo leek de leugen met een eigenaardige zucht te accepteren, alsof hij teleurgesteld was in zijn eigen verwachting van de waarheid.

'Wil je haar aanraken, op haar hele lichaam? Doet het je wat als dat zou gebeuren?'

Ook dat was een goede vraag, zij het enigszins wonderlijk geformuleerd, maar ik besloot dat ik een eind moest maken aan het spervuur van vragen – ik schoot er niets mee op en mijn ouders vertoonden inmiddels een tint paars die ik niet voor mogelijk had gehouden.

'Ik vind het fijn om met Josie te spelen, we doen leuke spelletjes, we doen wilde spelletjes samen. Zij vindt dat leuk en ik vind dat leuk. Ze speelt als een jongen en we raken elkaar de hele tijd aan, we testen elkaar de hele tijd uit. Het is een leuk spel.'

Ki Wo glimlachte en ging weer in zijn eigen stoel zitten.

'Dat geloof ik graag, Curtis, dat geloof ik graag...'

Vrijdagavond. Josie is in de fitnesshoek en probeert vruchteloos een halter van de vloer naar haar borst te tillen, maar haar dunne twaalfjarige armen zijn nauwelijks opgewassen tegen het gewicht. Ik lig op de futon en heb een rotbui. Het begint me op Breathhouse allemaal te veel te worden en mijn bureau ligt vol met papieren en formulieren en aanvragen voor van alles van valium tot toiletpapier. Daar had ik niet voor getekend. Ik ben omringd met de parafernalia van onbenulligheden waarvan ik had gezworen dat ze mijn leven met Josie niet zouden binnendringen, en toch gebeurt het. Administratieve rompslomp die je koppijn bezorgt in plaats van baanbrekende casestudy's.

Na Ki Wo's mislukte tussenkomst in de niet aflatende strijd van mijn ouders voor mijn psyche, schakelden ze over op fermer actie. Ze haalden ons uit elkaar en zeiden dat we minder tijd met elkaar moesten doorbrengen; ze zochten een popsterposterwereld voor mijn zusje en schreven mij in bij minstens twee jongerenclubs. Het was duidelijk dat ze zich zorgen maakten.

Meestal zijn ouders stiekem blij als ze erotisch materiaal onder het matras in de slaapkamer van hun zoon aantreffen, een openlijke uitbrander vermengd met heimelijke trots dat hun jongen bezig is man te worden; de aangename melancholie van de gewaarwording dat het nageslacht overgaat van de kindertijd naar de volwassenheid... Maar mijn ouders maakten zich zorgen om wat ze vonden. Er lag geen *Hustler*, *Mayfair* of *Playboy* onder het matras, maar C.I. Sandströms *Van kind naar adolescent*, F. Barkers *De normale kindertijd* – studieboeken volgestopt met fotokopieën uit McKeans *Inleiding in de biologie*, met doorsneden van vrouwelijke en mannelijke geslachtsdelen en grafieken ter illustratie van de leeftijdsopbouw en het soort veranderingen van puberteit tot adolescentie.

Ze maakten zich er zorgen over dat zakgeld niet werd uitgegeven aan snoep en stripboeken, aan rondhangen op een stadspleintje en proberen sigaretten en alcohol te bemachtigen. Ze maakten zich er zorgen over dat ik me alleen, of erger nog met de prille Josie, in mijn kamer opsloot en deze teksten las.

Waarom wil je in vredesnaam zulke boeken lezen?

Ze beseften niet dat ik een groter plan had dat al in werking was gesteld, een op hol geslagen trein die niet meer was te stoppen. Mijn eerste voorproefje van onderzoekswerk, en dat beviel me. Op school observeerde ik tien medeleerlingen, vijf jongens en vijf meisjes, en hun puberale ontwikkeling werd bij elke gelegenheid die zich voordeed zorgvuldig vastgelegd. Bij de jongens was dat natuurlijk gemakkelijker. Tijdens de gymnastiekles observeerde ik heimelijk de ontwikkeling van elk van mijn vijf mannelijke subjecten. En in betrekkelijk korte tijd kon ik vaststellen dat James (A1) haar onder zijn armen had gekregen en dat hij zes maanden na aanvang van het onderzoek duidelijk de baard in de keel had. Philip (A3) daarentegen was sinds het begin van de observaties nauwelijks veranderd – hij was nog steeds klein en glad en had een hoge stem en haast geen haar op zijn bovenlip. Bij de meisjes – ik mocht immers niet in hun kleedkamer komen – was het lastiger om zichtbare bewijzen te verzamelen, dat moest via empirische suggestie gebeuren. En zo noteerde ik bij veldlopen of volleybal in gedachten de eventuele verdere ontwikkeling van borsten of heupen, en als ze strakke sportbroekjes droegen kon ik soms de bolling van hun venusheuvel onderscheiden. Alleen de gymleraar had het door.

Je hebt oog voor de meisjes, Sad.

Na elke observatiepartij – en er viel vrijwel elke

dag wel iets te noteren – bracht ik thuis de resultaten op vrijwel dezelfde manier in kaart als in Sandströms boek: grafieken met de gemiddelde leeftijden van pubers met mijn eigen steekproefje eroverheen. Ik maakte ook anekdotische aantekeningen, en die bleken van onschatbare waarde te zijn als ik me de exacte omstandigheden waaronder observaties hadden plaatsgevonden probeerde te herinneren. En de anekdotische aantekeningen samen met de tabellen en grafieken hielpen me mijn eigen vorderingen op de puberale tijdslijn vast te stellen.

Als ik het bungelende geslacht van Richard (A4) onder de douche zag, kon ik dat van hem vergelijken met en afzetten tegen het mijne en zo beoordelen hoe ik ervoor stond. Van de vijf meisjes in mijn steekproef leek Jane (B1) zich het minst snel te ontwikkelen en in lichamelijk opzicht stond zij nog het dichtst bij Josie: klein, superslank, met een minimale borstontwikkeling en niet meer dan een oneffenheid in de rechte lijn van haar heupen.

Dit alles verontrustte mijn ouders matceloos. Misschien zochten ze te veel achter wat het gros van de kaksloven slechts een fase zou noemen, ongebruikelijk en wellicht nogal analytisch gemanifesteerd, maar eigenlijk niet zo vreemd omdat ik het product was van twee mensen uit de medische wereld – mijn moeder was administratrice van een ziekenhuis. Of misschien maakten ze zich er niet zozeer zorgen over dat ik me bij een paar kille diagrammen van haargroei en gebroken stemmen stond af te trekken, maar dat dit de eerste en niet meer ongedaan te maken stap in de richting van een psychologische loopbaan was – niet bepaald een terrein waar zij een hoge pet van op hadden.

Ik werd dan ook niet zozeer berispt als wel verjaagd.

Verjaagd uit mijn slaapkamer, uit Josie's slaapkamer, uit het huis zelf, er werd me te verstaan gegeven dat ik de deur uit moest om iets van de wereld te zien. Ik moest naar de bioscoop, naar het plaatselijke café en daar met mijn schoolvrienden rondhangen. *Ik zou het op prijs stellen, Curtis, om je een keer met jongens van je eigen leeftijd te zien.* Maar als ze het hadden begrepen en niet zo totaal waren opgegaan in hun bekrompen wereldje van kapotte levers en absentiebriefjes voor luilakken, hadden ze geweten dat druk van mensen van een andere generatie het tegenovergestelde effect zou hebben. Ik ging inderdaad vaker uit, maar niet om de redenen die hun voor ogen stonden. Ik ging mijn twee groepen in uiteenlopende omgevingen bestuderen, wat mijn observaties in mijn ogen meer gewicht en de kracht van verscheidenheid gaf.

In de bus op weg naar school merkte ik dat B1 ongedurig werd als het gesprek van de andere meisjes kwam op tongkussen en zuigzoenen. Op een tienerfeestje zag ik A2's erectie in zijn jeans spannen toen hij met B2 stond te vrijen. Elf centimeter werd er prompt in mijn hoofd genoteerd en later overgebracht op schrijfblokken die, sinds mijn ouders hun bestaan hadden ontdekt, niet meer in mijn kamer verborgen werden maar in die van Josie. Het kwam niet in ze op om daar te zoeken.

Maandagavond. Vandaag kwam er weer een pakje van Peterson, een dikke stapel papier met deze keer, heel ongebruikelijk, geen video of cassettebandje. In plaats daarvan een vertrouwelijke toon in een lange brief. Hij lijkt te voelen dat, hoewel we elkaar nooit hebben ontmoet, onze gedeelde interesse voor psychoseksueel onderzoek en interfamiliaire seksualiteit, onze minachting voor conventionele onderzoekstechnieken en afkeer van de conventionele wijsheden die op deze conventionele technieken zijn gebaseerd, ons nader tot elkaar hebben gebracht.

Jij bent vast een FGP, Sad. Ik zie een beeld voor me, een scène in mijn hoofd, man, dat we op een psychoseksuele website zitten, interfamiliaire seksualiteit op het Internet, surfen over het smerige water en zorgen dat we de waterval vermijden, die enorme klotegolf die ons verzwelgt. Dat kun je niet maken, dat kun je niet zeggen. Je snapt me wel. Jij en ik Sad, wij zijn twee handen op één buik. Jacobi in Chicago zeker ook, Petit in Parijs misschien, we vormen met z'n allen deze groep die door iedereen wordt uitgekotst. Ik word hier als een paria beschouwd, we zijn hier op het Instituut allemaal paria's en het zit er dik in dat we rond deze tijd volgend jaar van niemand meer een rooie cent krijgen. Kun jij daar met je pet bij? Als we verdomme paria's waren zouden ze hun kutgeld niet aan ons geven, man, we zijn eerder piranha's, loerend op een gelegenheid om onze tanden in die dikke leren divans met hun dikke vette salaris te zetten. Dit zijn niet de X-files, dit zijn de Seks-files. En niemand wil aan het een en ook niet aan het ander.

Ik doe hier wat aantekeningen voor jou bij man, een paar woorden over de jongste lichting gestoorden die door onze klapdeuren kwam wandelen − geen enkel psychoseksueel instituut dat zichzelf respecteert heeft dat, twee deuren met Ingang en Uitgang. Klapdeuren, daar draait het om. R.D. Laing leeft en is gezond en woont in Manhattan. Maar ik heb een idee, laten we samen iets opzetten, man, een duo-onderzoek. Ik laat jou die van mij zien als jij mij die van jou laat zien. Je snapt me wel, een transatlantische studie die de stront in het rond doet spuiten, man, en geen plee te bekennen. Denk er eens over na. Therapeuten zijn net tatoeëerders, Sad, we krijgen allemaal

een kick als we op elkaar aan het werk zijn, en jij bent de vol-
gende, jongen. Hou je haaks.

De aantekeningen van Peterson hadden betrekking op
een aantal gesprekken met FGP's − fantasie-gevoelige
persoonlijkheden − die van divan naar divan waren gegaan en uiteindelijk op het Instituut waren beland. *Au-*
tistische denkers noemde hij ze, de Maxen of Molly's
Modaal met een steeds sterker wordend fantasieleven
dat zich aan de randen vermengde met de werkelijkheid. Natuurlijk, dit kan slaapverwekkend zijn voor de
meeste therapeuten bij wie een pseudo-zonderling zijn
werkkamer binnenwandelt om tegen een goedkoop
gereduceerd tarief erover door te zeveren dat de zus van
zijn vriendin in zijn dromen spookt en dat als hij de
liefde bedrijft hij haar gezicht en zelfs haar kont niet uit
zijn hoofd kan zetten. Dertien in een dozijn zou mijn
antwoord op zoiets zijn, maar Peterson zou Peterson
niet zijn als hij wanneer het erop aankwam het alledaagse koesterde, hij was een door de wol geverfde
ramptoerist. Hij vond de beste casestudy's en eigende
ze zich allemaal toe. Een onderzoekersonderzoeker. De
mensen die hij sprak verwrongen de werkelijkheid behoorlijk, vervormden haar erger dan een acidtrip van
tien uur en weefden het soort vermijdingsmanoeuvres
in hun persoonlijkheid waarbij vergeleken dagdromen
overeenkomen met een dagje naar het strand.

Een van de gevallen, beantwoordend aan de DSM-
criteria, was een vooraanstaand jurist die in een toestand ver buiten de werkelijkheid, geagiteerd en hevig
zwetend thuiskwam uit zijn werk. Hij zei tegen zijn
vrouw, die hem die ochtend naar zijn werk had zien
vertrekken, dat hij in een bordeel in Parijs was geweest
en haar niet slechts één keer maar vier keer met vier

verschillende vrouwen had bedrogen. De man was compleet van de kaart en zijn vrouw, die zo slim was om te beseffen dat hij niet bepaald een rokkenjager was en dat het erg onwaarschijnlijk en hij niet in staat was om een retourtje Parijs te nemen voor een vierdubbele wip, pakte de telefoon en belde de telefonische hulpdienst van hun beider therapeut en deze schoof ze door naar een of andere plaatsvervanger op de universiteit, die zo'n extreme dissociatieve ervaring niet aankon maar gelukkig wel van Peterson op het Instituut had gehoord.

Toen Peterson de man ontmoette liet hij hem niet alleen, zoals de normale werkwijze is, rekenschap afleggen voor de ontbrekende tijd en inzien hoezeer hij de greep op de werkelijkheid had verloren, maar hij moedigde hem ook aan om zijn tijd in het Parijse bordeel te beschrijven – iets waar sommige psychosloven liever met hun handen afblijven voor het geval hun manicure bedorven wordt. *Ze brachten me naar een kolossale kamer en hingen me op. Deden handboeien om mijn polsen, bevestigden de handboeien aan een haak in het plafond en lieten me daar bungelen. Ik weet niet hoe lang ik daar was, maar ik was er zo lang dat er vier vrouwen, allemaal met een andere kleur haar, de kamer in kwamen en aan de tafel voor me gingen zitten eten. Ze praatten met elkaar, braken met hun handen lange baguettes door, dronken wijn uit hoge kristallen glazen maar negeerden mij de hele tijd. Toen stopten ze om de een of andere reden ineens allemaal met eten en kwamen ze na elkaar op me af. Hun hoofd bevond zich op dezelfde hoogte als mijn genitaliën en ze bliezen om de beurt hete adem over mijn huid...*

De preciese details interesseerden Peterson niet erg, maar de man gaf blijkbaar een zeer gedetailleerd verslag van de voortgang der activiteiten – van vierdubbele orale seks tot vierdubbel kontlikken, waarbij allerlei kleine variaties werden toegepast, en al die tijd hing de jurist daar maar aan zijn polsen.

Peterson trachtte de man te laten aangeven wanneer en hoe hij weer greep op de werkelijkheid had gekregen, en voorzover hij het begreep was dat op weg naar huis.

Samen met de aantekeningen over FGP's had Peterson in zijn pakket ook een heleboel commentaar gestopt over het terughalen van herinneringen/therapie bij teruggehaalde herinneringen, of zoals Peterson dat formuleert op zijn eigen heikneuter-versus–professor-manier, 'die benzine zuipende, voor alle doeleinden geschikte pick-up die in zijn eentje voortraast als de wielen eenmaal in beweging zijn gezet'. In eerdere correspondentie had ik gemerkt dat Peterson enigszins laatdunkend deed over dat hele teruggehaalde-herinneringengedoe. *Misschien komt het doordat ik tegenwoordig nooit meer voor praatprogramma's word gevraagd, maar ik heb de indruk dat niemand interesse heeft voor de complexheid van ervaringen, het spectrum van reacties dat het geheugen ons op zoveel verschillende manieren kan voorschotelen. Momenteel hebben de mensen alleen nog maar oor voor de schokkende openbaring die een of andere kantoorhit krijgt wanneer ze zich plotseling realiseert dat ze op haar zesendertigste geen man kan velen omdat haar vader toen ze zes was in bad haar kutje aanraakte. Of een of andere zakkenwasser van een bergbeklimmer die niet hoger durft dan 2000 meter omdat hem ineens een licht opgaat en hij zich herinnert dat zijn vader hem toen hij dertien was op de kermis op zijn schouders droeg... waardoor zijn gevoel voor hoogte werd verstoord en zijn latente hoogtevrees werd gestimuleerd! Jezus, Sad, ik heb geen idee wanneer dit allemaal begonnen is en de tegenstroom opdroogde, maar de deelnemers aan dit debat, dat eindeloze geouwehoer tussen de voor- en tegenstanders van Teruggehaalde Herinneringen, snappen niet waar het om gaat*

186

en draait. De klojo's die maandenlang tegen hun therapeut aan lullen, à raison van x dollar per uur, zijn maar guppy's, goudvisjes in de oceaan, geesteloze sukkels die fundamentalisme verruild hebben voor therapie. Als een herinnering al enige waarde heeft, enige realiteit, enige hartverscheurende, misselijkmakende, koppijnigende kwaliteit, dan hoeft ze niet opgediept te worden. Dan is ze aanwezig in alles wat die lui doen, zeggen of denken, en die moet je te pakken zien te krijgen, Sad, daar zitten de echte verhalen.

Peterson, besefte ik, en ik ben ervan overtuigd dat het met opzet was, had een bepaald zaadje in mijn hoofd geplant. Uit mijn eigen brieven had hij kennelijk opgemaakt dat ik genoeg had van de schier eindeloze stoet doorsneeneuroten die op weg naar de gemeenschapszorg een tussenstop maakten in mijn wachtkamer. Ik had het gevoel dat mijn rol als psychoseksueel onderzoeker elke dag verder devalueerde, ik voelde me elke dag als een huisarts die pijntjes en verstuikingen moest behandelen terwijl ik het liefst de scalpel ter hand wilde nemen. *Hersenchirurgie* schreeuwde Peterson me toe in zijn met de hand gekrabbelde aantekeningen, *baanbrekend, adembenemend werk, dat is wat de therapiewereld nodig heeft...*

De gedachte aan samenwerking, aan het samenvoegen van onderzoeken die aan weerszijden van de Atlantische Oceaan werden uitgevoerd, onderzoeken die zo gewaagd waren dat onze bronnen van inkomst op het spel zouden komen te staan, vervulde me met opwinding, vooral omdat ik via het roddelcircuit van Breathhouse had gehoord over twee nieuwkomers, schijnbaar stom en met een achtergrondverhaal om te zoenen, maar nog onbezoedeld door de psychosloven. Ik wist dat ik de slome duikelaars die me op het dak waren gestuurd met enig gekonkel in de wacht kon zetten om me aan een onderzoek te wijden. Eigenlijk had Peterson zijn suggestie niet beter kunnen timen – een rustige tijd op de kliniek en dan ineens worden er twee wrakken opgenomen die tot over hun oren in een geschiedenis zitten waar niemand pap van lust *en* geen liefhebbend familielid te bekennen. En met een onbehaaglijke ironie wist ik dat Peterson het zou waarderen dat ik me naar huis haastte om mijn experiment op poten te zetten en Josie het spannende nieuws te vertellen, terwijl zij intussen dat leuke groene jurkje over haar nog nauwelijks gewelfde heupen liet vallen. Als het leven je toelacht, moet je het nog leuker maken. Yes.

VOORBEREIDING

Het decor was simpel, of op zijn minst minimaal. De unit bevond zich in de laatste van een rij van vijf dependances, of bijgebouwtjes zoals ze werden genoemd, die met zijn vierkante vorm en platte dak net als de andere bijgebouwtjes een contrast vormde met de vergane glorie van Psychiatrisch Ziekenhuis Breathhouse zelf, een kleine kilometer dichter bij de hoofdweg. Het verbaasde niemand en zeker mij niet dat de unit zo afgelegen lag, want de fysieke locatie was een perfecte weerspiegeling van zijn status, of ten minste de status van psychoseksueel onderzoek. *Je gaat naar het Wilde Westen, Sad, niemand komt daar levend vandaan...* Dat hielden de broekies van stagiairs en de ongelikte verplegers op de administratieafdeling me tenminste voor op de eerste dag van mijn installatie als onderzoeker.

Zelfs de vijf bijgebouwtjes hadden een pikorde. Het lange smalle gebouwtje voor onderzoek naar anorexia en boulimie was aangesloten op de kabel en had zijn eigen homepage met de laatste stand van zaken. In de volgende twee kleinere, maar puntgave gebouwtjes huisden twee onderzoekers die de laatste jaren voor hun vervroegde pensionering wijdden aan het bestuderen van *sudden death infant syndrome*, oftewel wiegendood. De twee kalende, kinderloze dokters brachten een groot deel van hun tijd door met het lezen van krantenartikelen, verslagen van verbijsterde huisartsen en ziekenhuisdocumentatie over wiegendood, en als ze daar niet mee bezig waren hingen ze aan de telefoon met arme ouders die verdrietig en over hun toeren waren en noteerden Pelly en Fale intussen de betreffende omstandigheden in de hoop een correlatie, een flinter hard bewijs te vinden. Er werd gefluisterd dat ze, ondanks hun beider gehuwde staat, homo waren en dat ze na al die jaren in bijgebouwtjes twee en drie niet erg waren opgeschoten met hun onderzoek omdat ze het te druk hadden met elkaar naaien. Vanuit het hoofdgebouw van Breathhouse kregen ze als kerstgeschenk een pop in een kartonnen doos in de vorm van een lijkkist. Als je aan het koordje op de rug van de pop trok zei ze: 'Bedtijd.' Gallows humor natuurlijk. Een doodgewone dag op Breathhouse.

Bijgebouwtje vier was bijna hetzelfde als twee en drie, in betere staat en duurder ingericht dan het mijne, maar het werd zelden gebruikt. Het werd vrijgehouden voor eventueel gebruik als resocialisatiewoning voor patiënten die vanuit Breathhouse terugkeerden in de maatschappij. Maar naarmate mijn tijd op Breathhouse voortschreed werd de voorziening steeds minder gebruikt, want er werd steeds vaker de voorkeur aan gegeven dat patiënten dit stadium oversloegen en na afloop van de behandeling meteen *ondergedompeld* werden in de buitenwereld.

Ik heb de indruk dat bij het laatste bijgebouwtje het geld doodeenvoudig opraakte en er niets meer over was om de schilferige muren en kale vloeren te bedekken of zelfs om de zaal, die een groot deel van de ruimte in beslag nam, te verwarmen. In de winter was het de koudste plek die ik ooit heb meegemaakt. Het was natuurlijk een aanfluiting. Als ik mijn auto parkeerde en naar de unit holde, riepen verplegers me na: *Hé, Sad, wil je mijn föhn lenen om die kutbarak van je te verwarmen...?*

Zij begrepen het niet, maar Josie wel. Thuis luisterde ze met een lieve glimlach en een zachte aanraking naar mijn gezucht en gesteun. Als ik behoefte had aan een kussen ging ze er gauw een voor me halen, als ik dorst had schonk ze een amberen vloeistof voor me in en bracht ze het glas naar mijn lippen. Ik prees mezelf gelukkig en tevreden. Sommige corduroy rupsen die zich psycholoog noemden meden hun huis en hun vrouw en besteedden hun tijd liever in Thaise restaurants aan gesprekken met collega's over de essentie van het egotisme of van autoplastisch gedrag of aan speculaties over het effect van aversietherapie op hun echtgenotes. Ze deden hun best maar. Josie huppelde op de eerste dag na mijn uitgebreide gesprek met Peterson door de gang achter me aan en met Josie hoefde ik niets te bespreken. Wat in mijn hoofd zat, zat in het hare en vice versa.

Het was niet de eerste keer dat Josie in de unit was. Een halfjaar geleden was ze plotseling na een lange, vermoeiende dag in mijn kantoor verschenen. Het was op een vrijdag en dus was ze jong, in het stadium van de lange krullen en de leuke bloemetjesjurk, en ze deed gewoon de deur open en glimlachte. Ik wilde dat ze iets zei wat mijn stress zou verminderen, wat me zou wegvoeren van de vuilnishopen van papier die op mijn bureau wankelden.

Zal ik de deur achter me op slot doen?

De manier waarop ze dat zei vond ik heerlijk en ik genoot van de manier waarop ze zich door een kier in de deuropening kon wurmen. Ze deed de deur dicht en op slot, legde haar vinger op haar lippen en verroerde geen vin, luisterde.

Toen ze twaalf was legde ze haar vinger op mijn lippen

en beduidde ze me met haar ogen en een gebaar van haar hoofd stil te zijn. We luisterden aan de deur van mijn ouders, wachtend op de tekenen, mijn vaders gesnurk, de klik van het licht aan mijn moeders kant van het bed. Toen we de geruststellende geluiden hoorden slopen we de trap af, we openden de achterdeur en gingen naar buiten het maanlicht in. Een prachtige zomernacht. Achter in de tuin stond een schuurtje waarin mijn vader een hele verzameling tuingereedschap en machines had opgeslagen, nauwelijks aangeraakt, sommige nog in de doos, wachtend op het pensioen wanneer de tuindromen van mijn ouders in vervulling zouden gaan.

Ze zei dat ze me iets wilde laten zien en nam me aan mijn hand mee het donkere hok in dat rook naar verbrand hout en gemorste benzine.

Heb je je schrijfblok bij je? Ze had gehoord in welke moeilijkheden ik verkeerde, ze had de ruzie tussen mijn ouders en mij gehoord over mijn gebrek aan extravert sociaal gedrag, mijn drang om de puberale ontwikkeling van mijn medeleerlingen vast te leggen. *Je kunt ergens ook te veel achter zoeken.* Ik had Josie mijn onderzoek laten zien, en de grafieken en tabellen waarop de komst van volwassen kenmerken in kaart werden gebracht fascineerden haar mateloos. Ze vroeg of ik deze tests ook op mezelf had toegepast en ik zei ja; ze vroeg of ik dat ook bij haar wilde doen en ik zei natuurlijk.

Ze had haar nachtpon aan en ze ging op de werkbank zitten nadat ze bussen olie en blikken verf opzij had geduwd. Ze trok haar nachtpon over haar schouders naar beneden om haar ontluikende borstjes en de zwelling van haar tepels te ontbloten. Ik schreef als een bezetene. Ze moest lachen om mijn slordige handschrift.

Ik geloof dat ze zei: 'Dat is nog niet alles.' Misschien ook niet. Maar het gaat om de essentie.

En de essentie was dit. Ze tilde de zoom van haar nachtpon over haar dijen tot aan haar middel en draaide hem daar tot een knoedel. Ik zag dat haar spleetje niet langer onbehaard was, dat er sinds onze laatste ontmoeting in de kelder van het huis een waar oerwoud was verschenen. Ik snakte naar adem en zij was trots. Dat kon ik merken. Zelfs in het donker wist ik dat ze straalde van trots. Ik stak mijn hand uit en voelde, verwachtte dat het haar stug en droog zou zijn maar het was zacht, de beginnende krulletjes stonden klaar om haar huid te bedekken.

Ik geloof dat ze zei: 'Voelt dat van jou ook zo?'

Ik loog en mompelde iets als: 'Dat weet ik niet,' maar ik klonk niet erg overtuigend en zij sprong van de werkbank en liet haar handen in de voorkant van mijn pyjamabroek glijden. 'Ja, hè?'

Ik kreeg het voor elkaar om de hele tijd te blijven schrijven en met het schrijfblok in de lucht boven haar hoofd drie bladzijden te vullen met beschrijvingen en twee tekeningen – haar lichaam van opzij en een schets van tussen haar benen.

In mijn kantoor leek het wel of ze linea recta uit het tuinschuurtje op mijn mollige divan was gestapt. Ik was dol op die divan – hij symboliseerde voor mij alle afgezaagde clichés over psychotherapie en ik koesterde hem, een aandenken aan de vastberaden, gevaarlijk chaotische, *serieus* diagnostische tijden van weleer toen de wetenschap nog in de kinderschoenen stond en niemand met zekerheid wist waar hij mee speelde; toen onderzoek nog waarlijk experimenteel was. Tegenwoordig meden de meeste ervaren psychosloven in het hoofdgebouw van Breathhouse de divan natuurlijk omdat ze meenden dat hij de verkeerde indruk wekte bij de *cliënt*, omdat ze meenden dat hij een voorge-kauwd beeld creëerde van hoe de relatie tussen patiënt en dokter hoorde te zijn. Kennis versus onwetendheid; controle versus chaos. Nu praatten ze met hen onder het zwemmen, in de overtuiging dat lichaamsbeweging herinneringen opwekte of maakten ze urenlange wandelingen met hen, waarmee ze zowel aan hun benen als aan de psychose van hun patiënten werkten in de hoop hun conditie op peil te krijgen, en die bezig-heden rechtvaardigden ze met de oppervlakkige ver-klaring dat lichamelijke activiteiten het lichaam stimu-leren om serotonine aan te maken. *Loop een kilometer en je voelt je beter...* Maak dat die arme drommel van een therapeut wijs die doodgeslagen werd met de riemen van de roeimachine die zijn patiënt met waanvoorstel-lingen op zijn aanraden was gaan uitproberen... *Je knapt er enorm van op...*

Ze praatten de politiek correcten naar de mond, maar juichten intussen wel de terugkeer van gesloten afdelingen en dwangbuizen toe...

Toen Josie op de divan lag met de bloemetjesjurk opkruipend over haar dunne tere dijen kwam ik achter het bureau vandaan, ik controleerde voor de zekerheid de deur en ging naast haar liggen, ademde haar geur in, legde mijn vingers op haar lippen en zei, net als ik vroeger, net zoals we allebei vroeger zeiden: 'Mondje dicht, tegen iedereen...'

Het grootste deel van de unit wordt in beslag genomen door een grote kamer, of misschien zou aula of in on-bruik geraakte gymzaal een betere beschrijving zijn. De meningen liepen uiteen over het oorspronkelijke

gebruik van dit bijgebouwtje, het oudste en meest afgelegen van allemaal. Speculaties in overvloed, maar
aangezien slechts weinig mensen langer dan twee of
drie jaar op Breathhouse bleven, afgezien van een paar
eerbiedwaardige fossielen die zich hun eigen naam nauwelijks konden herinneren laat staan de complexheid
van andermans gespleten persoonlijkheid, liepen de
meningen nogal uiteen en was het duister waarvoor
het werd gebruikt voordat het de nieuwe, opwindende
thuisbasis werd voor onderzoek naar interfamiliaire
seksualiteit. Een van de weinig plausibele maar wel
amusante verklaringen was dat deze grote zaal van 25
bij 50 meter met zijn gelakte vloerplanken was gebruikt als gymnastiekzaal voor langdurige patiënten op
Breathhouse. Hier konden verplegers en psychosloven
midden in de winter in een veilige, afgesloten omgeving de activiteiten van de kranken in de gaten houden. *Patiënten schreeuwden hun nummer en wij wedden wie
de meeste rondjes zou halen...*
   Er bevonden zich over de gehele lengte van de zaal
hoge ramen, maar omdat ze op het noorden lagen en
er bomen pal voor de ruiten stonden, moesten de grote
plafondlampen ongetwijfeld aangedaan worden om
de pijnlijke ledematen en verscheurde geesten die de
zaal rond strompelden te verlichten, terwijl de sloven
achteroverleunden en de verplegers deden of ze bij de
bookmaker zaten – en intussen tolden de stuk of twintig chronische mafkezen maar rond en kwamen ze in
aanvaring met demonen en goden... demonen vanbinnen en goden vanbuiten.
   Bij de eerste kennismaking met de zaal moesten
sommigen terugdenken aan hun vervelende schooltijd,
met bankjes om op te zitten en soep om de maag mee
te vullen, terwijl anderen huiverden en sidderden door

zijn grimmige en roerige verleden, maar toen ik de unit met vervallen inboedel en al overnam, raakte ik in vervoering en was ik onder de indruk en braakte ik belachelijke superlatieven uit en zag ik in de zaal een kruising tussen een *Diva*-woning, met *Gitanes*-puzzels die estheten met stoppelbaarden versteld zouden doen staan, en het kaalste en grootste steriele laboratorium dat je je kunt voorstellen, het onontbeerlijke maagdelijke doek voor mijn verwarde bezoekers. In deze zaal, dacht ik, zal de geestelijke gymnastiek geen grenzen kennen...

Ik mocht dan onder de indruk zijn van de zaal, de rest van het gebouwtje was een stuk minder grandioos. Alle moeite en creativiteit van een of andere premodernistische lul van een architect was in de zaal gestopt, en toen budget en verbeelding op waren had hij alleen nog een kleine kamer toegevoegd voor de behandelend psychosloof, in dit geval voor mij, en een nog kleiner, kastachtig kamertje voor mijn parttime secretaresse, die was aangenomen om de woorden van mijn patiënten te verwerken, om mijn wildgroei in een administratieve orde te dokteren.

Beth was een volmaakte secretaresse voor mij. Betrouwbaar en zwijgzaam; met een huid die zo dik was dat ze óf opmerkelijk stabiel was óf alles verdrong, afhankelijk van je zienswijze. Sinds de start van de unit had ze dingen meegemaakt die heel wat assistentes gillend naar een veilige uitzendbaan in de stad zou hebben gedreven. Al meteen de eerste week typte ze de bekentenis uit van een veteraan uit de Falklandoorlog, een ooit rustige fabrieksarbeider die ten prooi was gevallen aan oorlogspsychose, een manische bonk van een man die de korte gang van de unit op en neer rende, een duidelijk symptoom van posttraumatische stress. Het ene moment was hij rustig en besprak hij met mij de ethische dilemma's bij het opblazen van Argentijnen in Port Stanley, en het volgende stormde hij de kamer uit naar Beths bureau, mepte hij haar penhouder weg alsof het een granaat was en verkondigde hij dat *zij* overal waren en dat Port Stanley bevrijd moest worden. *Ze hebben zich verstopt, ze verstoppen zich altijd.*

Tijdens de daaropvolgende weken in de beginperiode van de unit, toen Beth en ik allebei bezig waren onze draai te vinden, werd ze blootgesteld aan de hoogste en laagste der menselijke zwakheden, een supermarkt vol met uit voorraad leverbare bizarre neurosen en psychosen. Na een bijzonder zware dag met zeker drie bezoekjes van de ziekenhuisbeveiliging en van gemelijke verplegers om patiënten weg te halen die door Breathhouse voor onderzoeksanalyse waren gestuurd, leunde ze achterover in haar draaistoel en zei ze droogjes: '*Wat een manier om in je levensonderhoud te voorzien.*' De ironie was natuurlijk dat de meeste mensen in dit vak hersendood waren, door kennis verlamd tot inactiviteit. Leven kwam er zelden bij te pas.

Na een tijdje begon ze begrip te krijgen voor mijn oneerbiedigheid en mijn gebrek aan respect voor protocol, en hoewel ze er misschien moeite mee had hield ze wel haar mond en werkte ze de woorden van tientallen gekken vlijtig uit. Maar een machine was ze niet en ze raakte wel degelijk van de kaart toen ze de banden hoorde van een kindermoordenaar die helemaal vol was van en lyrisch over zijn misdaden, of het hartverscheurende verhaal van een vrouw die door een reeks tragische ongelukken op een en dezelfde dag alles verloren had, een soort nachtmerrie-etmaal dat in een film ongeloofwaardig zou zijn geweest, laat staan in het echte leven. Ik was machteloos als ze met tranen in haar ogen en trillende handen over de computer hing. Zelfs een rots kan verbrokkelen, zei ik dan tegen haar, er is helemaal niks mis mee als je overstuur raakt van wat je hier ziet en hoort en leest. 'De unit is een smelt-kroes van frustraties en geestesziekten,' vertelde ik haar. 'Als je dit werk een tijdje doet, als je 's nachts kunt sla-pen zonder te denken aan wat je overdag hebt meege-maakt, dan weet je dat het goed zit. Loop tot die tijd gerust tegen de muren op, als je ergens een vrij plekje kunt vinden.'

Ik geloof dat ze mijn humor wel begreep. Ik was een warm pleitbezorger voor de noodzaak van humor. Nog steeds.

De zevende regel van psychotherapie is nooit je gevoel voor het absurde verliezen.

De zaal gaf me een gevoel van mogelijkheden te over. Aanvankelijk pepte hij mijn glansloze bestaan in de jaren na mijn afstuderen op, toen idealen ver te zoe-ken waren en ik de hoofden van traumaslachtoffers en gestoorde, smartelijke familiekliekjes rechtzette. Maar de pep was tijdelijk geweest, en in afwachting van ant-woord op mijn aanvragen voor onderzoeksgeld werd mijn kostbare tijd opgeslokt door tijdelijke neuroten, die braaf op hun beurt wachtten terwijl ik een of ande-re gemeenplaats debiteerde die Beth uittypte en aflever-de. Procedure staat gelijk aan dood. Er waren nauwe-lijks mogelijkheden geweest om een van mijn psycho-analytische stokpaardjes te berijden, *milieutherapie* – een in onbruik geraakte opvatting dat de sociale omge-ving tijdens de therapie van het grootste belang is. Shit. Bij de eerste en mogelijk laatste keer dat ik pen op pa-pier zette voor een van de toonaangevende psychologi-sche tijdschriften, zette ik de gedachtegang uiteen dat de omgeving cruciaal is als je patiënten niet alleen wilt behandelen maar tevens hun verhalen, en dus hun leven, en dus hun psychosen, wilt onderzoeken, maar ik zal wel te ver zijn gegaan voor die uitgedroogde, verschrompelde redacteuren, ze zullen het logische uitvloeisel van de theorie – hoe extremer het verhaal is of hoe dieper het is weggestopt, des te intenser en levensechter moet de omgeving zijn – wel niet hebben kunnen begrijpen. Dat stuk was eruit gehaald.

Bedoel je, Sad, dat het huis van een seriemoordenaar in al zijn schokkende realisme moet worden nagebouwd en dat de moordenaar daar ter plekke moet worden behandeld? Dat werkt nooit en daar krijg je bovendien nooit toestemming voor.

Schapen die bijeengedreven worden in een schaapskooi en daar aan hun lot overgelaten worden; academici die hun niche hebben gevonden en daaraan vasthouden. Hetzelfde garen op een ander klosje; ouwe koek.

In het midden van de zaal hingen twee dikke gordijnen van zeildoek, die door hun gewicht haast niet open of dicht te krijgen waren en de zaal verdeelden in twee ruimten of, als mijn idealen ooit bewaarheid werden, twee werelden. Maar hoewel ze zwaar waren en niet opgetrokken konden worden als toneelgordijnen of simpelweg opzijgeduwd met de blote hand – aan de muur bevond zich een oud mechanisme waarmee ze over de houten vloer konden worden gepiept en geknarst – waren ze wel beweegbaar, en dat was een belangrijke factor in mijn plannen. Als mijn tijd als duvelstoejager van een psychosloof erop zat en ik het vermolmde wrakhout uit het hoofdgebouw van Breathhouse had afgestoten, hoopte ik de gordijnen opzij te kunnen schuiven voor een ontmoeting tussen twee werelden, twee evenknieën... Het mooiste was nog dat er een derde wereld bestond, een smal gangetje tussen de twee gordijnen, groot genoeg om de zaal in de breedte op stille schoenen over te steken, zonder dat de bewoners van de zaal me zagen, met een paar strategisch geplaatste kijkgaten, of beter gezegd doorzichtig plastic dat in het zware zeildoek was genaaid. Ik kon de twee werelden zo vaak ik wilde betreden en verlaten – van essentieel belang voor de non-interventiestrategie die in het beginstadium van het onderzoek wordt gevolgd wanneer alles draait om observatie, wanneer observatie moet leiden tot de creatie van een accurater omgeving.

Maar deze wereld van ver doorgevoerde milieutherapie wekte bij mijn collega's veel beroering vanwege de verspilling van ruimte en middelen – *er staat een rij wachtenden van hier tot ginder, Sad, en wat wil jij alleen maar op je nemen? Twee gevallen? Laat je nakijken!* – maar dat legde ik naast me neer, mijn patiënten hadden tijd nodig om zich thuis te voelen, of beter gezegd zich op de *unit* thuis te voelen, en ik had tijd nodig om de omgeving te scheppen die uit hun levensverhalen naar voren kwam. Het was zo simpel dat het pijn deed.

Midden onder de voorbereidingen stuurde Peterson een fax.

Hé, Sad, het gaat bergopwaarts. Ik heb een patiënt om te zoenen en een nieuwe locatie.

Net een te gekke wandeling gemaakt, de spinnenwebben zijn weggewaaid en de helft van mijn hersens ook. Ik besefte daardoor ineens dat ik in geen jaren de stad uit was geweest, ik zat opgesloten tussen de witte instituutsmuren, knalde met mijn kop tegen de tegels en zag anderen hetzelfde doen. Je vergeet wel eens hoe vicieus zo'n cirkel kan worden, hè? Zelfs een psychiater kan in de schemerige krochten van zijn eigen kwelling janken... Shit, daar ga ik weer. En toch: hier ben ik, sterker nog, hier zijn we allebei. De psych en de patiënt; de therapeut en de therapeuter. Wat een prachtig oord voor verknipten.

Het was altijd al een soort ambitie van me om opwekkende middelen en therapie te combineren en een psychoactief medicijn te gebruiken bij de behandeling van een patiënt. Medicijnen en therapie hebben natuurlijk een geschiedenis die niemand van de daken wil schreeuwen, zelfs niet van een heuveltop in een zo prachtige omgeving als deze. Hoe goed het idee ook was, ik moest het losweken uit het steriele beeld van elektroshocks achter gesloten deuren dat men heeft van beroepsmatig toegediende medicijnen. Op het Instituut stikt het van de schizofrenen, sommige zo murf als mummies, andere opgezweept tot een quasi-euforie, en een heel scala aan schadegevallen – mensen die om welke reden dan ook de weg naar onze spreekkamers hebben gevonden – met zoveel pillen in hun bast dat je deze bergen ermee kunt opvullen. Maar zoals je heel goed weet, is het beeld dat bestaat van de combinatie medicijnen en therapie niet erg positief, en ik heb min of meer zitten wachten op de kans om de verwachtingen die mensen hebben te omzeilen en een beetje tijd uit te trekken om terug te keren naar een authentieker, schokkender vorm van therapie. In dit theorietje van me is de locatie van het hoogste belang. Het is niet goed om je in een kantoor op te sluiten en, nu we het toch hebben over uitstijgen boven vastgeroeste protocollen en behandelingsmethoden, ik heb een omgeving als deze nodig: enorme bomen, steile bergen en snelstromend ondiep water, waar het decor het proces kan beïnvloeden en andersom, waar de grens tussen patiënt en dokter wegvalt en volkomen onbelangrijk wordt.

Balanceren op het scherp van de snede in de De Long Mountains, Alaska.

Een tijdje geleden kregen onze geldschieters het idee in hun hoofd geplant dat er dringend behoefte was aan een huis halverwege de twee werelden die wij op het Instituut dienen te overspannen en, met de overweging dat onroerend goed op dit soort locaties zijn waarde nooit echt verliest en altijd verkocht kan worden aan een of andere sneeuwfreak, gingen ze om. Ik denk

dat iedereen het wel zag zitten dat als het huis niet werd ge-
bruikt voor genezing en vertroosting, het altijd voor een zacht
prijsje door werknemers gehuurd kon worden. Iedereen blij.

Ik kwam een uur of acht geleden bij de blokhut met mijn ge-
heimzinnige vreemdeling, mijn bleke, glazige vriend — schat
voor zijn ouders, X21 voor het dossier maar Flegma voor jou en
mij. Flegma? Die naam past wel bij hem. En zijn probleem?
Welnu, hij is achttien en stom geboren in een gezin dat door-
trokken is van familietradities, grote jongens op de financiële
markt, en de Amish zijn bij hen vergeleken uitermate vrijden-
kend. Snap je wel, Sad, deze lui hebben alles, geld, connecties
en macht, maar wat ze niet hebben is een zoon met wie ze op
party's kunnen pronken en die ze kunnen voorstellen met: 'Dit
is de volgende generatie…' Ik zou liegen als ik zei dat ze als
eerste bij mij aanklopten; mensen als de ouders van Flegma
hangen hun vuile was niet buiten, weet je wel? Ze kwamen bij
me in mijn schoenendoos van een kantoor nadat ze bij wijze
van remedie zowel kerk als slaag hadden geprobeerd, en terwijl
ze Flegma in een stoel duwden slaakten ze wat voor hen een
kreet om hulp moet zijn geweest.
'Maak hem normaal.'
'Normaal?' vroeg ik uitdagend.
'Zoals wij.'
Dit was een conventioneel gezin dat soelaas zocht in het on-
conventionele.
Maar de timing was goed omdat ik, zoals je weet, niet alleen
deze theorieën in mijn hoofd heb ronddarren, maar ik ook een
gecombineerde reis- en onderzoekstoelage heb weten los te peu-
teren om de kloof tussen instituut en omgeving te overbruggen,
om psychotherapie en psychologisch onderzoek mee het veld in
te nemen, een keurig konvooi van vlijmscherpe techniek.
Tot zover de flaptekst en daar zitten we dan, een overstap
tussen de abnormale en de normale wereld, in een blokhut aan

de voet van de De Long Mountains. Het plaatje is compleet,
zoals ze zeggen. Geen woord tegen wie dan ook.
  En wat Flegma betreft, je kent me, Sad, ik zal mijn uiterste
best doen voor hem en ook voor een nieuw soort psychologisch
speurwerk. Tussen ons gezegd en gezwegen, psychotherapie is
dood. Lang leve de psychotherapie!

Ik had bewondering voor de wereld die Peterson voor
zichzelf had geschapen. Er was geen plaats voor wan-
kelmoedigheid of, erger nog, professionele wankel-
moedigheid. 'Geen spijt, maar zekerheid' was het mot-
to voor een nieuwe vorm van psychotherapie.

Ik bekeek hem door het plastic kijkgat in het zeildoek,
ik drukte mijn gezicht tegen het bekraste plastic en
probeerde mijn rusteloze voeten stil te houden op de
vloer. Het was een uur of elf 's avonds. Beth was allang
weg en Josie lag op de divan in mijn kantoor te slapen.
We waren in geen dagen meer thuis geweest. Beth
had ons bevoorraad met het nodige eten en drinken, zo
te zien genoeg om een belegering te doorstaan, genoeg
om op de unit te kunnen blijven en me te concentreren
op het ophanden zijnde werk.
  Als hij me al door het smalle gangetje hoorde lopen
dan reageerde hij niet, en dat verwachtte ik ook niet.
Maar catatoon was hij niet, hij was niet zo stijf als sommige gestoorden die hier en elders door mijn handen
waren gegaan. Catatonie was een land waar een reactie
óf musculair óf niet-bestaand was, een schuilplaats die
bezocht werd door wanhopigen of ongelukkigen. Ik
had catatoniepatiënten gezien die wel kinderen met een
nieuwe fiets leken en de hele afdeling of spreekkamer
bij elkaar krijsten, overlopend van opgewonden agita-
tie, behalve dat er natuurlijk meestal geen fiets bij te

pas kwam. Je had beeldhouwers die een door hun psychose ingegeven pose aannamen – van deze patiënten waren er een paar op Breathhouse geweest – en die hun pijn in een bizarre en wonderlijke houding goten en deze urenlang volhielden. Maar Klik – een naam waar ik algauw van hield en waarmee de noodzaak om de gehate officiële dossiernaam te gebruiken verviel – leek niet in deze categorieën te passen. Hij kwam bij me met een gedragsstoornis die was geclassificeerd als catatone stupor, waarbij de patiënt een vermindering van zijn normale spontane bewegingen vertoont en er een sterke afname is van zijn reacties op de buitenwereld. Buiten zijn familie had niemand Klik ooit in een andere gedaante of vorm meegemaakt.

En hij was bovenal stil. Niemand had een geluid uit hem horen komen sinds de dag dat hij uit de caravan van zijn ouders was weggehaald; in geen van de instellingen waar hij was ondergebracht, tot op dit moment, nu hij in zijn deel van de zaal zat en met stille nieuwsgierigheid steeds dichter naar de hoek met het zwarte gordijn kroop, waar de materialen om foto's te ontwikkelen al voor zijn komst waren neergezet.

Mijn Breathhouse-collega's hadden ongetwijfeld al een sweepstake op touw gezet en gewed hoe lang het zou duren voordat hij ging praten, met de onderliggende nijd dat zij hem aan de praat hadden kunnen krijgen als ze de kans hadden gekregen. Of dat iets verstandigs was of gezwam onder invloed van medicijnen deed er voor hen niet toe. *Zegt hij nog niets, Sad, op de tweede dag nog niet, Sad? Nou, als je hulp nodig hebt van de jongens en meisjes op de grote school hoef je maar te kikken. Wij hebben hem binnen 36 uur aan de praat, inclusief een paar lange lunchpauzes.*

Ik wist natuurlijk wat ze zouden doen. Ze zouden

met de zachte aanpak beginnen, zich erover verbazen dat hij in een caravan was opgegroeid, hun bewondering uiten voor zijn volwassen houding tegenover alle tegenslagen en, uiteraard, de loftrompet steken over zijn vaardigheid met de camera. Ze zouden hem opvrijen, zelfs in zijn stilte, wachtend op het juiste moment om hem tot verbale communicatie te dwingen. En dan zouden ze informeren naar de relatie met zijn moeder en vader, zijn gezicht afspeurend naar zwakke plekken, deuken in het psychologische pantser, die ze zouden opsporen en dan doorboren.

Schijfschieten in de jaren negentig. Psychotherapie en het terughalen van herinneringen als een soort moordwapen.

En als hij ontoegankelijk bleef zouden ze hem volproppen met medicijnen, niet een aspect dat ze aan de grote klok wilden hangen, en ook zouden ze de studenten psychologie die af en toe een kijkje in het ziekenhuis kwamen nemen daar niet per definitie van op de hoogte stellen. Het was niet iets waar de kopstukken van Breathhouse graag voor uitkwamen. Patiënten als Klik, grootgebracht op instituten, volgestouwd met middelen die blokkades opheffen...? Er viel geen eer te behalen aan zijn onmogelijke herstel, geen stralende succesfoto voor het jaarboek van dit jaar. Maar rendabel was het wel – x aantal uren om patiënt z te diagnostiseren en te genezen à raison van y betekent een besparing van w. Genezingen per hoofd van de bevolking, daar draaide het om.

Maar niet voor mij en dus ook niet voor Klik. Wij hadden alle tijd van de wereld.

De zaalhelft die door Klik werd bezet verkeerde in de allereerste fase van transformatie. De truc van milieutherapie is niet te snel een vertrouwde omgeving te herscheppen. Veel patiënten zijn een hele tijd weggeweest van het moment of de locatie van het trauma of de gebeurtenis, ze zijn vaak opgenomen geweest, net als Klik, en plotseling met een vertrouwde omgeving komen om ze op hun gemak te stellen en zich thuis te laten voelen, zou niet erg realistisch zijn. Hun omgevingsbesef, en daarmee de effectiviteit van de therapie, van het onderzoek, is afgestompt na een verblijf van jaren in een sterieler oord.

Een speeltje van een kind afpakken en het hem jaren later teruggeven zal niet ogenblikkelijk de gevoelens en emoties bovenhalen die het speeltje vroeger opwekte. Goed onderzoek, en goede therapie zeker ook, kost tijd. Naarmate de dagen na zijn aankomst voortschreden schoof hij steeds dichter naar de verduisterde hoek. Op de eerste en tweede dag zat hij onbeweeglijk en zwijgend op het matras vrijwel midden in zijn deel van de zaal. Het was wel duidelijk waarom hij werd afgedaan als een niet-spreker. Een verbale blokkade veroorzaakt door een trauma, dat was de diagnose uit de losse pols die de psychosloven haastig hadden gesteld en daar zou het bij zijn gebleven, daar zou *hij* zijn gebleven, van de ene instelling naar de andere geschoven tot de straten lonkten. Op de derde dag ontdekte hij de lichtknopjes die ik voor hem had aangelegd om de felle plafondlampen te dimmen en het rode peertje achter het gordijn aan te doen. Ik had een opvallend spoor van broodkruimels voor zijn geest uitgestrooid die allemaal naar die ene hoek van de grote zaal leidden. Om te beginnen lagen er boeken over het ontwikkelen en afdrukken van foto's, die hij zwijgend verslond, en verder waren er de lichtknopjes waar hij mee speelde tot zijn deel van de zaal wel een nachtclub leek, met flikkerende rode en witte lichtjes op de muren die door de

206

gelakte vloer weerspiegeld werden. Ik wist dat hij uiteindelijk achter het gordijn zou verdwijnen en dat de verborgen geheimen van zijn rolletjes hun weg zouden vinden naar de zaal, naar hem en naar mijn onderzoek.

Dit deel van de zaal had in het verleden maar een paar bezoekers gekend, tijdelijke patiënten op weg naar elders, patiënten die me even voorthielpen en de rekeningen rechtvaardigden totdat me studies van langere duur zoals Klik werden toegewezen. Maar het had al wel zijn portie schadegevallen gehad, aftastende preludes voor het grote experiment.

Zo was er een jongen geweest, jonger dan Klik toen die in zijn caravanleven werd ontdekt, maar net zo oud als Josie ooit was geworden. De Springer noemde Beth hem, niet omdat hij suïcidaal was en ervaring had met hoge gebouwen en stormachtige ontmoetingen met beton. Zo simpel lag het niet. Als het zo simpel was zou hij nog steeds in het hoofdgebouw zitten en zouden zijn beproevingen geanalyseerd worden tot er wel honderd redenen waren waarom hij zich van het leven zou willen beroven en maar bedroevend weinig waarom hij dat niet zou doen. Nee, hij werd de Springer genoemd omdat, tenzij hij werd vastgebonden aan een stoel – of zoals het geval was in Breathhouse, waar hij op een ziekenhuisbed werd vastgesnoerd met brede leren riemen over zijn borst en benen – hij van de ene plek naar de andere en weer een andere sprong en elke ruimte waarin hij zich bevond met die grote sprongen doorkruiste, reuzenstappen waarbij hij eerst op de linker- en dan op de rechtervoet landde. Hij had nog een bijnaam: Neil Armstrong. Mijn collega's hadden weinig tijd voor hem.

Jij mag hem hebben, Sad, prachtig onderzoeksmateriaal, ge-

207

nezing zit er toch niet in, dat staat als een paal boven water.

Ze probeerden natuurlijk in zijn geest te graven, probeerden zin en betekenis bloot te leggen van het feit dat hij zijn jonge leven op zo'n wonderlijke, antisociale manier doorbracht. Toen zijn gedrag verergerde werd hij van de ene naar de andere school gestuurd. De dokters hadden vastgesteld dat naarmate hij ouder werd niet alleen de lengte van zijn passen geleidelijk toenam, maar ook de frequentie. Wat op de basisschool nog grappig zij het excentriek gedrag was geweest, werd op de middelbare school verontrustende en vervelende aandachttrekkerij. Hij was beschimpt door leraren, afgerost door zijn leeftijdgenoten en zijn nek was meer dan eens omgedraaid door wanhopige ouders. Zijn moeder klaagde dat ze voortdurend de badkamervloer moest dweilen omdat zijn arm tijdens het plassen van de ene kant van de pot naar de andere schoot. Erger nog, aldus haar verklaringen tegenover de brave dokters van Breathhouse, waren de strontspatten die de vloer van de badkamer bedekten. Zijn vader verhaalde over waanzinnige maaltijden waarbij, tenzij een van tweeën hem op de stoel neerdrukte en de ander het eten in zijn mond propte, door zijn onrustige gespring het eten in het rond vloog, wat bij beide ouders tot een soort bewegingsmisselijkheid had geleid.

Normaliter moesten verplegers bepaalde tegenstribbelende nieuwelingen de unit binnendragen of -rijden. Deze jongen was anders. Hij sprong van de ambulance rechtstreeks de unit in en Beth wees hem bewonderenswaardig koelhoofdig de weg en snelde voor hem uit om de deur van de zaal te openen. Ik weet nog dat we allebei door het kijkgat in het zeildoek zagen hoe hij van de ene kant van de zaal naar de andere sprong en dat zijn onbewogen gezicht een wonderlijke tegenstel-

208

ling vormde met zijn energieke bewegingen.

'Sterke benen,' merkte Beth op.

Waar de psychologen van Breathhouse niet achter waren gekomen was de oorsprong van deze bewegingen. Ze hadden de gebruikelijke vragen over gezin, thuis en dromen gesteld; ze hadden in zijn achtergrond, zijn seksuele verlangens en zijn ouders geprikt en gepord, maar er kwam niets anders boven dan de gebruikelijke doorsnee ultranormale levensstijl waar ouders van onberekenbaar kroost vaak verslag van doen. *Hij was zo'n rustige jongen, dokter.* Maar ze hadden hem de vragen gesteld terwijl hij op bed vastgebonden lag; ze gaven hem troostende en bemoedigende schouderklopjes en probeerden met beminnelijkheid zijn vertrouwen te winnen, terwijl hij op het harde ziekenhuismatras lag te wriggelen en te kronkelen. Ze zagen door de bomen het bos niet meer en konden geen zingevende context voor hun ritualistische speurwerk vinden.

Het was een spel en de hele Breathhouse-bups was te onbekwaam of te dik of te stom of alledrie om te zien welke weg naar de oorzaak achter de bewegingen van de jongen voerde.

Hij was een van de bezoekers op de unit die het kortst bleven, niet echt ideaal voor het langetermijnexperiment op het gebied van interfamiliaire seksualiteit dat ik voor de unit in gedachten had, maar hij zou de ruimte tenminste gebruiken en het leverde me een bruikbaar precedent op, een modus operandi die de blauwdruk voor alle toekomstige experimenten zou zijn, met als hoogtepunt de twee huidige bewoners van de unit. Ik schiep in de zaal een tastbare, realistische wereld voor hem, en de Springer, Neil Armstrong of hoe zijn echte naam ook was, betekende een omslagpunt voor mij. Hij moedigde me aan om niet alleen voor de patiënt maar ook voor mezelf te denken en de pseudo-oprechtheid van de dubieuze therapeut uit het raam te knikkeren.

Ik schiep de juiste omgeving voor zijn behandeling. Ik schilderde doelen op de gelakte vloer, een soort schietschijven met een zwart middelpunt dat tien punten waard was, een rode ring van vijf punten en een blauwe buitenring van drie punten. Terwijl hij in het wilde weg de zaal rond stuiterde, begon ik van de ene cirkel naar de andere te springen en hardop mijn score te tellen, of ik nu op zwart of op blauw terechtkwam. Ik kon de nieuwsgierigheid in zijn ogen zien groeien, ik kon zien dat hij overweldigd werd door het verlangen om mee te doen, wat zijn ritme tijdelijk verstoorde, maar al na enkele minuten sprong hij in mijn voetsporen van cirkel naar cirkel en riep hij zijn score, en met zijn bedreven sprongen duurde het niet lang voordat zijn sterke benen verder kwamen dan de mijne. Zijn score evenaarde en overtrof de mijne en de triomf straalde van zijn gezicht.

Pas toen was het tijd voor vragen. Tijd voor antwoorden. Een oom van hem was een gedreven amateur-verspringer geweest, wat noch door de zielenknijpers op Breathhouse was ontdekt noch door de vader zelf was onthuld – als hij het al wist, en er speelde ongetwijfeld een element van angst voor een beschuldiging mee als er ooit een verband zou worden gelegd. De oom ging met hem buiten de stad wandelen, maar in plaats van wat men zou verwachten van een soepele relatie tussen twee generaties, had de oom zich in het hoofd gezet om de jongen de kunst van het verspringen bij te brengen, en niet alleen met de gebruikelijke trainingen op de baan en in het veld maar door de jongen te dwingen tot sprongen met een reden. Soms, vertelde de jongen later, moest hij over een rij van tien brandende vuurtjes springen, waarbij elke fout hem blaren op zijn benen bezorgde; er waren ook hele rijen van in elkaar grijpende waterstromen waarbij een fout werd afgestraft met dikke modder en koud water, maar meestal moest de jongen om zijn oom heen rennen en werd elke sprong die niet ver of niet netjes genoeg was afgestraft met stokslagen. Dit scheen wekenlang te zijn doorgegaan, totdat er iets in de jongen knapte en hij niet alleen wegliep van de oom en diens dromen over glorierijke metersverre sprongen, maar hij de hele weg naar huis springend aflegde en weigerde daarmee op te houden. Natuurlijk, complimenten of prijzende woorden zouden hem in dat cruciale stadium hebben geholpen, maar daarvoor was de oom te ambitieus en te wreed en de ouders, plus alle anderen die met de jongen te maken hadden, waren te verbluft, verbijsterd en boos om te zeggen hoe goed hij wel niet sprong.

Toen de score van de jongen al over de vijfhonderd was terwijl ik nog maar ergens in de tweehonderd zat, stopte hij en zei hij ademloos: 'Ik heb gewonnen.'

Josie en ik hebben ruziegemaakt. Op zaterdagavond, nota bene een Klasse-1-avond wanneer Josie en ik helemaal in elkaar opgaan en de buitenwereld vergeten. Zo geil als boter. Je zou het een gewoonte kunnen noemen, de zielenknijpers op Breathhouse zouden het een afwijking noemen en zo'n beetje alle anderen zouden het walgelijk noemen. Voor mij is het gewoon zoals het is, je doet wat je voelt, je voert uit wat je denkt. Josie is mijn milieu, mijn sociale omgeving, ze is oorzaak en motief. Ze is instantonderzoek, een langetermijncasestudy voor interfamiliaire seksualiteit. Je kunt wel zeggen dat we elkaar na stonden. Bloedrivaliteit, bloedintensiteit, bloedliefde. Noem maar op. Ik kom van de laisser faire-school van psychologie en ik was een goede student en dat ben ik nog steeds. Maar Josie, nou ja Josie zei, het was per slot van rekening zaterdagavond, en dat we al minstens een week, sinds de komst van de twee nieuwe patiënten op de unit, niet meer thuis waren geweest deed er ook geen goed aan.

Ik liet haar zeggen: 'We moeten tijd voor elkaar maken.' Maar dat beviel me niet dus nam ik het terug. Dat had ze kunnen zeggen op een Klasse-3-avond als ze gewelfd en volwassen was, met een mond in haar hoofd om me precies te vertellen waar ik naartoe kon lopen. Maar dit was een Klasse-1-avond, Josie was een en al giechels en krullen, dunne benen en een platte borst, en ze kende de woorden niet om me van mijn werk te lokken, dat steeds fascinerender begon te worden. Daarom liet ik haar zeggen: 'Je zei dat we gingen spelen, dat zei je... DAT ZEI JE!'

Ik lachte alleen maar, en dat verergerde de zaak. Thuis, met haar krullen en rechte heupen op hun uitgangspunt, zou ze een kussengevecht zijn begonnen als ik haar kamer binnenglipte om haar te pesten en haar voeten te kietelen. Ze zou het veren kussen zo stil mogelijk door de lucht naar me toe hebben gegooid, in de hoop dat haar slechte mikkunst mij één keer zou raken. Ze was niet dom, ze wist wanneer iemand haar uitlachte en niet om haar lachte, en dat maakte haar alleen maar nog kwader. In mijn kantoor op de unit vulde dezelfde stille woedeuitbarsting de ruimte. Beth was al naar huis maar dat wist Josie niet, en ik kon haar zien pruttelen en daarna overkoken van woede toen ik haar op haar hoofd klopte en zei dat ik even naar mijn patiënten moest gaan kijken. Ze vloog op me af en begon me op mijn borst te timmeren, haar kleine handjes tot schattige vuistjes gebald. Ik greep haar polsen en zwaaide haar boven mijn hoofd en ze was zo slim om te proberen met haar voeten mijn gezicht te raken. 'Hé, hé, hé schatje… we krijgen nog wel tijd voor elkaar, wees maar niet bang…' Mijn toon beviel haar niet en dat liet ik haar zeggen. *Dat zeg je alleen maar, het kan je niks meer schelen…* Ik houd van de klank van haar stem en wilde nog iets meer, de slagroom op de taart zeg maar. *Je houdt niet meer van me…* Ik trok haar naar me toe, sloeg haar benen om mijn middel en legde mijn handen op haar melkwitte dijen. 'Dat heb ik nooit gezegd,' vertelde ik haar. 'Dat zou ik nooit zeggen.'

Ik deed de deur van mijn kantoor achter me op slot.

Ik wilde een kijkje nemen bij de andere nieuwkomer op de unit, die vijf dagen geleden was gearriveerd, gelijk met Klik.

De procedure die ik bij Klik volgde werd ook toegepast bij 'Zombie' – het talent van de sociaal werkers om hun 'vondelingen' een oneerbiedige bijnaam te geven was een van hun weinige gedurige talenten en beslist een van de zeer weinige waar ik waardering voor had – en hoewel hij dus al vijf dagen op de unit was had ik me niet rechtstreeks aan hem voorgesteld. Net als bij Klik was Beth mijn tussenpersoon geweest. Ze had opdracht hem te vertellen waar hij was, dat ik zijn dokter was en dat ik me er erg op verheugde om alles over hem te horen. Verder niets afgezien van de overhandiging van de cassetterecorder. Zombie kreeg de tijd om te wennen aan zijn nieuwe omgeving en zijn deel van de zaal begon ook met een kaal matras dat zo ver mogelijk van zijn persoonlijke achtergrond lag.

Peterson was degene die me deze tactiek had aangeraden, een tactiek die dwars op de conventioneler wijsheid van mijn collega's op Breathhouse stond. Ze zouden ontzet reageren op de vertraging. *Je moet je meteen op een patiënt storten, Sad, elke vertraging kan tot nieuwe neurosen leiden en de tijd verlengen die je nodig hebt voor de juiste behandeling.* Peterson daarentegen deed niet aan zulke platvloerse zaken als tijd en accommodatie; hij leefde niet in zo'n praktische wereld, en moge God hem daarom genadig zijn. Peterson steeg daarboven uit en leefde in een wereld van onderzoek, van zuiver speurwerk, een bestemming waar je niet heen wordt gedreven door resultatenpaniek.

Geef ze tijd voor zichzelf, zoveel als je denkt dat nodig is – als ze suïcidaal zijn moeten ze uiteraard op de een of andere discrete manier in de gaten gehouden worden en afgezien van zes minuten lang met hun hoofd tegen de muur bonken, zullen ze niks uitspoken, maar alleen als je ze goed in de gaten houdt kun je inschatten of ze de hand aan zichzelf zullen slaan, of ze zichzelf geestelijk en lichamelijk in stukken zullen scheuren. Je hebt stilte en stilte. En ik heb nog nooit meegemaakt dat een patiënt echt volkomen stil is. De duffe deskundigen noemen het stomheid, een verbale catatonie als er geen woorden zijn, maar jij en ik weten allebei, Sad, dat er ontelbare manieren zijn om je te uiten, om over te komen, om zonder woorden vrijwel alles duidelijk te maken. Neem nou liefde. De geleerden kijken veel te veel naar het negatieve als het gaat om het begrijpen van stilte; maar ze kijken niet naar de liefde en, Jezus, Sad, kijk nou eens naar de liefde en het woordeloos overbrengen van emoties. Op het Instituut is een patiënt nooit ver van een camera of opnameapparaat – echt alleen is hij nooit, er komt na vijf minuten alleen geen derderangs mafkees met een psychobabbeltje en twee linkerhanden langs die vraagt: 'Hoe voel je je eronder?' Een beetje sneller, Rockefeller, zeg je tegen die vent; je

verkoopt iedereen die zich met dergelijke troep bezighoudt een
oplawaai. De enige uitspraak die volgens mij hier van toepas-
sing is, Sad, is een van mijn favorieten: Geef ze maar een rol
touw... Snap je wel?

Ik volgde Petersons onbezonnen raad op toen Zombie aankwam en bleef achter de deuren van de kantoren. Maar ik gunde mezelf wel een korte blik op Zombie's geknakte, verzwakte lichaam dat de kamer die hem was toegewezen half in werd gedragen half gesleept. In mijn handen had ik zijn dossier dat de sociaal werkers die hem vonden hadden samengesteld. Beth, die wees waar Zombie naartoe moest, had een cassetterecorder en een stapel bandjes in haar handen. Dit was, zoals Peterson ongetwijfeld zou zeggen, mijn sluwe list, mijn manier om me aan Zombie voor te stellen, maar, belangrijker nog, Zombie's manier om zich aan mij voor te stellen. Verrassend genoeg, verbijsterend zelfs, was het bij niemand opgekomen om hem de luxe van een cassetterecorder te gunnen. Ik denk dat niemand de moeite had genomen omdat zijn toestand geacht werd vrijwel hopeloos te zijn met slechts een minieme kans dat hij opgekalefaterd zou kunnen worden tot een nuttig lid van de samenleving, en daarom had hij een lage prioriteit voor een intensieve behandeling. Een verloren zaak doet het niet goed in de prospectus voor onze Trustmaatschappij. Als hij op jongere leeftijd was gevonden had dat misschien gescheeld, dan had hij misschien meer aandacht gekregen, maar zoals het nu was had hij nog maar een klein duwtje nodig om in een kartonnen doos en de drugsscene te belanden.

De recente geschiedenis die de sociaal werkers hadden bijgeleverd was kort. Zombie was aangetroffen in een beerput van een woning in een groot Victoriaans pand. Het schijnt dat de buren alarm sloegen doordat er een gruwelijke stank uit een kamer op de eerste verdieping kwam. Het was een soort doorgangshuis en toen de sociaal werkers de bewoners ondervroegen bleek niemand enig idee te hebben wie er achter de deur woonde. De politie trapte uiteindelijk de deur in en ontdekte Zombie, drijvend in zijn eigen vuil op een bed met lakens zo stijf als karton. Aanvankelijk dachten de politieagenten dat hij dood was en herkenden ze de geur als die van een lichaam dat al enige tijd ter ziele is. Maar Zombie bleek nog te leven en de stank werd veroorzaakt door allerlei substanties die gedurende een aantal jaren langzaam waren weggerot, van eten tot dode huid, van mottige gordijnen tot de aangevreten karkassen van muizen en ratten.

Zombie was zo stijf als een plank en niet aanspreekbaar. Toen de politieagenten bij het bed kwamen om te zien of hij nog leefde, reageerde hij niet. Een politieagent beschreef zijn wijdopen ogen die niet knipperden, met troebele pupillen die recht voor zich uit in het niets staarden. De andere agent beschreef het slijmerige, weke gevoel van het lichaam alsof al het spierweefsel uit zijn ledematen was gezogen en er niets was achtergebleven dan pezen waarmee zijn armen en benen bewogen konden worden. Er werd een ambulance gebeld en de ambulancebroeder had maar één arm nodig om Zombie uit bed te tillen en op de brancard te leggen. De broeder schreef met nauw verholen afschuw in zijn rapport dat de enige weerstand die hij voelde toen hij Zombie verplaatste, was dat hij vastkleefde aan de bescheten beddenlakens, met kleverige lichaamssappen als zweet, urine en zaad die een dun web hadden gevormd dat meegaf toen de broeder hem van het bed tilde... *Als het vel op gekookte melk...*

De deskundigen in de kamer discussieerden over Zombie's leeftijd. Ze zochten naar aanwijzingen in de twee kamers die van elkaar gescheiden werden door een versleten gordijn vol gaten en scheuren. In Zombie's kamer was het lastig aanknopingspunten in de gigantische rotzooi te vinden. Een sociaal werker die erbij werd gehaald voor een achtergrondrapport schreef de volgende notitie.

Ik heb nog nooit zo'n kamer onder ogen gehad en ik heb op vele plaatsen ontbering en verwaarlozing gezien. Het was niet de typische verwaarlozing die voortkomt uit sociaal-economische factoren; integendeel. De kamer stond vol met spullen, van meubels tot schilderijen en van ooit dure kleding tot waardevolle objecten, die allemaal duidden op een gezin met ontwikkeling en/of geld. En hoewel de vloer nauwelijks te zien was door de weggegooide verpakkingen, gescheurde kleren en bergen ontlasting, wees alles erop dat in deze kamer ooit een beschaafd gezin had gewoond. Afgaande op het bevolkingsregister was de woning van ene Philippe Resnau, een weduwnaar met twee zoons, maar aan de hand van de eerste kamer was onmogelijk te zeggen wanneer ze waren vertrokken, waarom ze er niet meer waren en hoe lang Resnau junior alleen was geweest.

Een andere sociaal werker becommentarieerde de kamer naast die van Zombie.

Het is duidelijk dat in deze kamer religieuze en/of rituele activiteiten hebben plaatsgevonden. Op de vloer bevinden zich zeventien plekken met was en een stapel witte lakens er vlakbij. De kamer werd onmiskenbaar bewoond door een volwassene met een grote belangstelling voor kleren, want het meeste meubilair in de kamer bestond uit kleerkasten met lege hangers en een grote verzameling riemen. Op een breed tweepersoonsbed en de kring kaarsen in het midden van de kamer na stonden alle meubels in een hoek van de kamer, en het was duidelijk dat dit was gedaan om in de rest van de kamer meer ruimte te hebben. Men kan alleen maar speculeren dat dit iets te maken had met de kaarsen, en verdere speculatie leidt tot de conclusie dat de jongeman op de een of andere wijze betrokken was bij de vermoedelijke rituele praktijken. Zeker, uit eerdere casestudy's is gebleken dat ritueel/seksueel misbruik veelal gepaard gaat met fysieke verwaarlozing. En de jongeman is, door welke oorzaak ook, ongetwijfeld het eindproduct van een lange periode van verwaarlozing. De leeftijd van de jongeman is vermoedelijk ergens tussen de achttien en begin twintig jaar, hoewel zijn gezicht veel ouder lijkt.

Toen ik de hal binnenliep en het nauwe gangetje door sloop terwijl Klik links van me tussen wit en rood licht heen en weer flitste, hoorde ik de stem van Zombie, een ademloos, onsamenhangend gefluister dat aanzwol en weer afnam in toon en snelheid. Het klonk tegelijkertijd aarzelend en naadloos, alsof zelfs de ehms en ahs, de raspende pauzes tussen woorden, deel uitmaakten van zijn verhaal. Natuurlijk, er was geen enkele garantie dat hij de cassetterecorder gebruikte, en als hij dat niet deed zou ik een andere strategie moeten verzinnen, maar ik doe dit werk grotendeels vanuit mijn intuïtie; geen standaardaanpak zoals de Breathhousekliek je zou willen doen geloven. *De procedure is van het hoogste belang; die zorgt voor een constante ondersteuning van de patiënt en voorkomt rechtszaken.* Zeg maar dag met je handje want voor hen is *dat* alles. De meeste van mijn vakgenoten beschouwen een cassetterecorder of videocamera en aanverwante zaken als technische hoogstandjes die je niet moet vertrouwen en zijn voorgeschreven door de overheid, en die waardeloze klootzakken zijn ongetwijfeld bang dat de opnamen in de rechtszaal tegen ze kunnen en zullen worden gebruikt. Ze zouden op tilt slaan als ze hoorden wat Peterson van plan was. Als je zijn beschrijvingen moest geloven was het Manhattan Instituut een ware multimediaproductiestudio; de eerste van dergelijke psychologische organisaties met een eigen website.

Hoe dan ook, intuïtief wist ik dat Zombie zou praten. Hij was niet klinisch catatoon, dat hadden die scharrelaars op Breathhouse nog net vastgesteld voordat ze hem naar mij doorschoven. Hij wou best van bed af komen en was eerder slap dan stijf. Het enige probleem was dat hij, net als iemand die tijdelijk verlamd is geweest, opnieuw moest leren om zijn ledematen te gebruiken. Lichamelijk was hij inderdaad een wrak – ernstig ondervoed, zijn groei was ongetwijfeld geremd en zijn organen zouden tijd nodig hebben om te wennen aan het voedsel dat er sinds hij was gevonden in werd gepompt. En dan die stilte. Misschien waren zijn stembanden niet weggevreten zoals zijn spierweefsel, maar ze waren wel even slap. Zijn lichaam was slecht gevoed geweest, eten dat te hooi en te gras uit de hamstervoorraad van zijn vader was geplukt, uit de bergen blikvoer die in de woning werden aangetroffen, maar zijn geest had zich alleen kunnen voeden met de oude trauma's, een waarlijk ontstellend voorbeeld van herhaalde traumatische stress, een geestelijk en geen lichamelijk probleem dat het geheugen veroorzaakt wanneer het aan zijn lot wordt overgelaten zonder gezelschap of prikkel van buitenaf. En naarmate de tijd verstreek werden zijn stembanden steeds zwakker en groeide zijn verhaal, zijn traumatische verhaal, in herhaald en verhaald detail, het manifesteerde zich in een gefluisterde vlucht van verbeelding en detail; een nauwelijks hoorbaar leven verspreidde zich uit zijn hoofd in een lege kamer. En toen hij uit het huis werd weggehaald en zijn lichamelijke kwetsuren werden behandeld, kon niemand wijs worden uit deze woorden, een ogenschijnlijk onsamenhangend gegorgel en gekokhals. Hetzelfde verhaal als bij Klik: als hij een kind was geweest dan had hij misschien iets meer betekend dan een rode lijn op de kaart van een logopedist, dan had hij misschien de aandacht gekregen die zijn verhaal naar buiten had kunnen brengen – voor mij was het een geluk dat niemand zo happig was, en het enige waar de scharrelaars zich zorgen over maakten was dat zijn hardnekkige sub-vocalisatie duidde op de aanwezigheid van een psychose, maar tobbend aan zijn bed waren ze zich alleen bewust van de klank van zijn fluisterverhaal, niet van de woorden. Toen ik dat hoorde, vlak voordat hij naar mijn unit kwam, leek hij een volmaakte kandidaat voor geluidsopnamen.

Sommige hemelbestormers, van wie er in de psychotherapie gelukkig maar weinig zijn, zouden de spartaanse ruimte waarin Zombie terechtkwam onnodig wreed vinden. Maar zij en mensen zoals zij wilden Zombie niet begrijpen, laat staan genezen, ze wilden hem hooguit inbedden in een aangename omgeving en verwachtten dan dat hij zomaar een hard leven voor een kalm leventje zou verruilen, een hard bed voor een bed van ganzenveren en liefde... Ik redeneerde met alle souplesse die milieutherapie me toestaat dat aangezien hij was ontkomen aan een stortvloed van voorwerpen, een woning zo volgepakt met de bezittingen van iedereen die hij had gekend, het nu niet het juiste moment was om daar nog meer aan toe te voegen, en bovendien zou ik naarmate zijn verhaal zich ontvouwde een duidelijker beeld krijgen van wat ik precies in de kamer moest zetten als de tijd rijp was. En de tijd was, zoals men zegt, bijna rijp.

Op andere momenten had Zombie's helft van de zaal, net als het deel dat Klik in gebruik had, andere scenario's gekend, was het een andere locatie geweest. Zo was Zombie's karige ruimte, in tegenstelling tot de onbeweeglijke muren van de spreekkamers op Breathhouse, een uitstekend voorbeeld geweest van een vroege tactiek van me, een voorloper van mijn huidige interesse voor milieutherapie: directelocatietechniek of DLT. Sommige psychotherapeuten op Breathhouse haalden altijd de psychologische standaardtechnieken van stal, het uitgewoonde arsenaal dat zich bij elke modegril, bij elke pedagogische wave vernieuwt – regressie, visualisatie, lichaamswerk en dergelijke – maar ik interesseerde me meer voor het combineren van het verhaal van de patiënt met de plek waar het verhaal zich voornamelijk afspeelde. Dit was uiteraard afhankelijk van de patiënt. Voor een van de eerste, Mary, veranderde de zaal in een keuken, een volledig functionerende en compleet ingerichte keuken, de droom van elke liefhebber van het huiselijke leven.

Ik had een paar dagen met Mary gekregen, had haar als cadeautje toegestuurd gekregen van Nathan Rathbone, een van de fossielen in het ziekenhuis met de minste last van pleinvrees. Ze was eigenlijk niet echt een patiënt voor ons – ze was op weg naar Insention, de dichtstbijzijnde t.b.s.-instelling. Mary had haar man en twee kinderen, een meisje van vier en een jongen van twee, vermoord op een maandagochtend, wanneer de meeste mensen zich opmaken voor het werk of de verveling. De politie trof een krijsende en tierende hysterica aan, overdekt met de ingewanden en het bloed van haar voormalige gezin.

Ze verbleef een paar dagen op Breathhouse voordat ze doorging naar Insention en niemand had ook maar de minste belangstelling voor haar. *Ze is niet ons probleem, Sad. Ze is de grens overgegaan en dat betekent dat we onze kostbare injecties niet aan haar verspillen.* Maar het was in de begintijd van de unit en Rathbone wist dat er een zeker aantal patiënten door mijn boeken moest gaan, een quotum aan onderzoeksvoer om de subsidie waar te maken. Het was een douceurtje, al voldeed ze absoluut niet aan de criteria van de unit – meer geweld dan seks in haar familieschets – maar de boekhouding was weer even zoet. Dit was voor het geval Springer en ik moest mezelf bewijzen dat DLT geen half uitgewerkt idealistisch theorietje was maar een serieuze onderzoeksmethode.

En zo, met haar verhaal in mijn achterhoofd en zonder de luxe van tijd, veranderde ik de helft van de zaal in allerijl in een keuken compleet met kastjes, fornuis, koelkast, magnetron en – een ingeving op het laatste moment – een ontbijtbar. Het keukenpersoneel van Breathhouse was erg inschikkelijk en veel behulpzamer dan mijn psychosloven van een collega's. *Hé, Sad, je moet ons een keer uitnodigen voor het ontbijt, de dag beginnen met roerei en geroosterd brood op de unit voor Interfamiliaire Seksualiteit!* Maar het ging er niet om een exacte kopie te maken van de plek waar ze haar misdaad had gepleegd, in vele opzichten zou dat regressie alleen maar versterken en waarschijnlijk non-communicatie tot gevolg hebben, tenzij je krijsen tot het bloed van haar lippen spatte tot communicatie rekende. Nee, ik wilde haar het gevoel van een keuken geven, welke keuken dan ook, niet per se de hare, omdat ik zelfs met een vluchtige blik op de achtergronddetails zeker wist dat deze locatie belangrijk was. Er is overtuigend aangetoond dat 50% van de huiselijke twisten plaatsvindt in de keuken en dat bij 29% daarvan keukengerei gebruikt wordt.

Het probleem bij Mary was dat ze had toegegeven wat ze had gedaan, al zou het voor haar onmogelijk zijn geweest om eronderuit te komen – volgens het politierapport had ze van beide kinderen de rechterhand afgehakt en in de zak van haar schort gestopt. Gruwelijk. Overduidelijk. Maar bij Mary zat 'm de kneep in het waarom van haar daad. Ze kwam niet met een beschrijving, alleen met een bekentenis. *Ja, ik heb het gedaan. Ik heb ze allemaal vermoord. Nu verdwijn ik voor de rest van mijn leven achter slot en grendel. Als de doodstraf bestond zou ik die krijgen, nietwaar?* Het was niet erg waarschijnlijk dat iemand de moeite zou nemen om het uit te zoeken. De psychen van Insention waren het soort maandagochtendproduct bij wie je je seniele grootmoeder nog niet zou dumpen. Ze bevonden zich niet zozeer op de vuilnisbelt van hun loopbaan, maar stevenden rechtstreeks af op de open deuren van de vuilverbrandingsoven. Zij zouden er niet achter komen en voor Mary was dit haar laatste kans om haar hart te luchten, haar laatste kans om het aan iemand te vertellen.

Wat er verder ook werd bereikt tijdens haar korte verblijf, ik at tenminste goed. Ze kookte voor Beth en mij: een stevig Engels ontbijt, waar de scharrelaars al geintjes over hadden gemaakt, tussen de middag zelfgemaakte soep en verder voortreffelijke lasagna, soufflés, ovenschoteltjes – ze kookte zingend het ene vijfsterrenmenu na het ander voor ons, was druk in de weer met specerijen en tuinkruiden, maakte boodschappenlijstjes voor de volgende dag en zorgde in het algemeen voor een ongelooflijke sfeer. Op de laatste dag had ik zo van haar gezelschap genoten dat ik bijna vergat waarom ze er eigenlijk was. Toen wij met ons tweeën bijna klaar waren met het ontbijt vroeg ik haar plotseling of ik haar een recept mocht geven. Ik wou graag weten hoe het smaakte maar ik was nooit in de gelegenheid geweest en kon zelf niet goed genoeg koken om het te bereiden. Ze zei dat ze het met alle plezier zou doen, vooral omdat ze wist dat ze binnenkort naar Insention zou vertrekken. Het recept op de kaart luidde als volgt:

INGREDIËNTEN
één vrouw van eenenveertig
één man van negenendertig
één meisje van vier
één jongen van twee

BEREIDING
Stroop eerst de man en haal het hart eruit. Hak dan het meisje fijn – het vel gooit u weg – en snij daarna de jongen in smalle reepjes. Goed mengen en op een platte schaal laten opstijven.

Ze keek me aan en er schoot me een passage uit een van de politierapporten te binnen. *Het ene ogenblik kletste ze over haar man en twee kinderen, haar stem hemelde ze op alsof ze net een zomerse wandeling hadden gemaakt, en het volgende ogenblik stopte ze en keek ze me strak aan op een manier die me rillingen bezorgde. Ik heb in de loop der jaren heel wat moordenaars meegemaakt maar niemand heeft me zoveel schrik aangejaagd als deze vrouw.*

Ik wist wat hij bedoelde. Haar ogen knipperden niet, haar gezicht was onbewogen en ik had het gevoel dat ik werd doorboord en tegen de muur achter me werd gesmeten. Ik had haar de kaart gegeven omdat ik wilde weten of deze directe verwijzing naar haar misdaad, gezien de herschapen locatie, zou leiden tot een motief voor haar redeloze daad dat hout sneed. Ik was jong en naïef, zullen we maar zeggen, maar zo was het nu eenmaal. Plotseling loste de starende blik op en doorkliefde een snerpende lach de zaal en bijna mijn trommelvliezen. Ik stond langzaam van de stoel op en hoopte achteruitlopend bij de opening in het gordijn van zeildoek te komen, en ik besefte dat ik niet goed was voorbereid op wat er zou kunnen gebeuren, dat dit niet het aangewezen moment was voor zuiver onderzoek maar wel voor de aftocht, om de deur stevig achter me op slot te doen en de sleutel door de eerste de beste wc te spoelen. Tegen de tijd dat ik stond zoefde er een vismes langs mijn hoofd, tegen de tijd dat ik als een komiek met een slechte timing aan het zeildoek stond te morrelen begroef de vleesvork zich in mijn onderarm en tegen de tijd dat ik het gangetje door holde floot het derde gebruiksvoorwerp, een roestig voorsnijmes, langs me heen en bleef het in het zeildoek steken, precies ter hoogte van mijn hoofd.

Toen mijn zelfvertrouwen weer enigszins hersteld was, zag ik hierin het bewijs dat de DLT-methode tot resultaten kon en zou leiden, maar ik had wel geleerd dat de resultaten het best bestudeerd konden worden als ik buiten schot was. Toen ik Peterson het hele verhaal vertelde, gaf hij me ervan langs. *Wat een lulhannes ben je toch, Sad. Op de dag in kwestie, toen je haar de kaart met het recept gaf – wat op zich een goed idee was – had je de Sabatier-messen moeten vervangen door plastic messen en als ze dan had geprobeerd je in stukken te hakken, wat haar door de botheid niet zou lukken, was er een goede kans geweest dat ze was geknakt, was ingestort en alles had verteld. Van je fouten leer je, hè, Sad, maar ik denk dat jij al van geluk mag spreken dat je je fouten hebt overleefd en er de volgende keer lering uit kunt trekken.*

Deze keer. Met Klik en Zombie. Deze keer.

Josie wilde er niets van weten. Ik denk dat ze het in de loop der jaren beu was geworden om altijd opgesloten te worden, of het nu in de kelder van het huis van onze ouders was, verstoppertje spelen, waarbij Josie meestal verloor – ze moest zich dan uitkleden en een inspectie ondergaan – of in de badkamer vol stoom van datzelfde huis, de plons water, de verstikte kreten van aarzelend plezier, de gesloten deur en de sleutel die in een hoek van de kamer was verborgen, in een opening van mijn lichaam. *In welke wang zit hij, Josie? Welke wang?* Ze schreeuwde naar me dat ik te ver was gegaan, dat het spelletje afgelopen was en dat ik nooit wist wanneer ik moest ophouden. Hij wist nooit wanneer hij moest ophouden. Een dot van een herinnering voor een psychoseksueel onderzoeker, zo'n opmerking die in alle oprechtheid wordt gemaakt en tegen me zou worden gebruikt als mijn diploma's werden verscheurd en mijn geloofwaardigheid aan de waslijn werd gehangen. Een grafschrift voor de onderzoeker die te ver ging, zich één vrijheid te veel veroorloofde en wonden overhield aan het scherp van de snede van de psychoseksuele wetenschap.

Op sombere momenten als zelfs Josie me niet kan bereiken, als zelfs haar aanraking niet genoeg is om de demonen der twijfel te verjagen, denk ik dat ik nooit meer geld zal krijgen als eenmaal ontdekt wordt wat ik van plan ben. Maar zoals Peterson zegt: *Als je iets wilt bereiken met psychoseksueel onderzoek moet je niet bang zijn voor vuile handen, als je ook maar iets wilt leren over jezelf en over andere mensen moet je leren een beetje smeer te accepteren.*

Maar Josie die op de deur van mijn kantoor beukt leidt me af. Ik zit weer in de badkamer, voor nog een bad terwijl schoon worden het laatste is waar we aan denken. Ik wilde haar zien en zij wilde mij zien. Zo simpel lag dat. Ze wist dat ik het schema onder het matras in haar kamer bewaarde, het schema dat mijn ouders me verboden hadden bij te houden. Zij mochten de noodzaak voor het bijhouden van de lichamelijke ontwikkeling van mijn klasgenoten dan niet inzien, ik deed dat wel, en al zouden ze ontzet zijn geweest als ze zouden horen dat ouders een getalenteerde jonge musicus een viool onthielden, ze konden dit niet in verband brengen met het mij psychologieboeken afnemen. Josie was mijn medeplichtige, mijn eerste assistente, en de badkamer was ons kantoor.

Ze ging in het bad staan en wachtte op instructies. Ik zei dat ze haar armen boven haar hoofd moest doen en bekeek nauwkeurig haar oksels. Ik zag wel bobbeltjes, maar bijzonder weinig haar. Ik liet haar een kwartslag draaien om de zwelling van haar borsten te zien, de kleine tepeltjes die de stoom doorpriemden. Ik vroeg haar om haar benen wijd te spreiden, over de hele lengte van het bad, en ik bestudeerde de verdere groei en het patroon van haar schaamhaar, de roze schaamlippen die de wonderlijke sculptuur van haar clitoris aan het oog onttrokken. Ze lachte naar me, keek hoe ik de uitkomst op het schrijfblok noteerde, vechtend tegen de vochtigheid die mijn ruwe schetsen, mijn haastig opgeschreven woorden dreigde uit te wissen. Toen wisselden we van plaats.

Zij stond op de badmat terwijl ik me uitkleedde en in bad stapte. Ik kon haar ogen op me voelen rusten en terwijl zij datum en tijd en observatieobject opschreef, zoals ik haar had geïnstrueerd om wetenschappelijke waarde te verlenen aan de uitkomsten, sprong mijn lul schokkend op tot erectie. Ze giechelde en ik zei dat ze moest opschrijven wat ze zag, dat ze de hoek en de lengte moest vastleggen.

'Hoe weet ik nou hoe groot de hoek is?'

'Ik heb een gradenboog meegenomen, hij ligt op de mat.'

'Wat is een gradenboog?' vroeg ze.

Ik was ontzet door haar gebrek aan wetenschappelijke kennis, haar gebrek aan besef van het benodigde materiaal.

'Kijk maar, dan zie je het vanzelf.'

Ze legde het schrijfblok neer, voelde tussen de hoge polen van de mat en vond hem. Ze kwam naar me toe, gewikkeld in een roze handdoek waarbij de rest van haar lichaam bleek afstak. Ze hield hem tegen me aan en mijn pik verschoot.

'Hou hem eens stil,' giechelde ze.

'Makkelijker gezegd dan gedaan,' antwoordde ik.

Maar ze leerde snel, dat moet ik haar nageven. Ze draaide het doorzichtige plastic tot ze de juiste hoek vond. Ze vroeg me mijn armen op te tillen en probeerde de losse haren in de toefjes te tellen.

'Een ruwe schatting is ook goed,' zei ik tegen haar.

Ik wilde daar niet de hele avond blijven, onze ouders wilden niet dat we samen in bad gingen – ongeacht wat Ki Wo had gezegd – en ik wilde geen onnodige interesse wekken voor hetgeen er gebeurde terwijl zij beneden in de zitkamer naar de televisie keken. Ze plukte aan mijn tepels en mat hun diameter met de rechte kant van de gradenboog.

'Niet erg groot,' zei ze teleurgesteld.

'Dat hoort ook niet.'

'Wie zegt dat?'

'Dat weet ik niet, ze worden gewoon niet erg groot.'

'Hoe weet je dat?'

Ik stapte uit bad en pakte een handdoek.

'Het draait om observatie, Josie. Als je goed kijkt kom je er vanzelf achter.'

'Op school, bedoel je.'

'Zodra je maar de kans krijgt. Een goed wetenschapper verlaat zich niet op de limieten van de locatie.'

De limieten van de locatie. Ik was onder de indruk van de formulering en probeerde te bedenken bij welke andere aspecten van mijn leven ik hem zou kunnen gebruiken, dat probeerde ik tenminste tot ik Josie's hand op mijn pik voelde.

'Is dit groot?' vroeg ze.

Ik keek door de badkamermist naar haar veertienjarige lichaam dat net tot mijn schouders kwam.

'Uit observatie heb ik afgeleid dat dit groot is, ja.'

Ze lachte. 'Is dat goed?'

'Voor mij wel.'

Toen ik haar uit het kantoor bevrijdde, rende ze door de gang achter me aan. Ze was ineens bloedjong. Bij elke stap, terwijl de badkamerherinnering vervaagde en de realiteit van de unit scherper in beeld kwam, werd ze een jaar jonger en ze kwam nauwelijks tot mijn borst. Ik wilde dat ze boos was, ik wilde tumult in het gangetje met aan beide zijden een gek, de rustigste en bedachtzaamste gekken die de unit ooit had gekend.

'Waarom sloot je me op? Waarom, waarom, waarom?'

'Ik moet werken.'

'Wat voor werk?' vroeg ze en ze probeerde boos te blijven.

'Ik zal het je laten zien.'

Ik tilde haar op naar het plastic kijkgat. Rood licht sijpelde het gangetje in, een rode band verscheen op Josie's gezicht. Ze snakte naar adem toen ze naar binnen keek en ik probeerde mijn blik naast de hare te wurmen. Aanvankelijk kon ik hem niet onderscheiden totdat mijn ogen gewend waren aan de vreemde gloed van de gekleurde lamp. Het was wasdag op de unit. Zoals het milieutherapie betaamt draagt de patiënt zelf bij aan de constructie van zijn omgeving, soms op een abstracte manier, als het innerlijke trauma een voelbaar teken aanbrengt in de ruimte waar de patiënt zich bevindt. Dat zouden heel wat psychosloven natuurlijk niet slikken. *Waar is het bewijs, Sad, waar is het bewijs dan?* Maar Kliks aanpassing aan zijn nieuwe leven was concreet genoeg om de sloven in hun vooroordelen te laten stikken. Door het plastic kijkgat kon ik twee duidelijke lijnen door de zaal zien lopen, met aan elke lijn een stuk of twaalf foto's die op regelmatige afstand met wasknijpers waren opgehangen en steeds tussen twee foto's een bladzijde tekst in een onregelmatig handschrift.

Het was nauwelijks te geloven dat dit de jongeman

was die tot ledigheid was gekweekt door de instellingen waar hij was terechtgekomen, tot stilte was verleid door de afwezigheid van iets wat hij had gekend, door de afwezigheid van een nabije toekomst. Als een doortastende verpleger niet vastbesloten was geweest om Klik te ontdoen van zijn overjarige en smoezelige beer, was hij misschien nooit zover gekomen. Het lukte de verpleger om de beer uit Kliks wanhopige armen te wringen – iets wat kennelijk niemand had gedaan, want zowel de kinderpsychologen als de kinderwerkers legden de beer voorzichtig weg om hem geen pijn te doen, voor het geval dit een heftige en onomkeerbare reactie bij Klik zou losmaken, en dat was het laatste wat ze in hun halve uurtje wilden bereiken. Als ze, zoals de verpleger ontdekte, het berenlijfje stevig hadden vastgepakt, zouden ze een geheime voorraad filmpjes hebben ontdekt.

'Ik zie hem niet,' fluisterde ze.

'Ik ook niet,' fluisterde ik terug, en pas na een paar minuten staren in de schemering van de zaal zag ik hem op zijn bed liggen met zijn armen achter zijn hoofd en zijn dunne benen bij de enkels gekruist.

'Hij slaapt,' zei ik tegen Josie, maar ik vroeg me af of dat wel zo was. Even prikkelde ik mezelf met de gedachte dat hij was weggelopen en zich nu ergens halverwege het park van Breathhouse bevond; niets zou simpeler zijn geweest dan mijn sleutels te pakken maar ik hield mezelf tegen. Ik besefte dat ik een excuus zocht om de deur te openen en naar binnen te stormen om naar de foto's te kijken en de puzzel in elkaar te zetten die, naar ik wist, in die kamer werd herschapen. Maar ik trok de rem aan. Een vroege tussenkomst kon alles bederven en dat was het laatste wat ik wilde.

Ik pakte Josie's warme hand en liet haar een halve

slag draaien om door het tegenoverliggende plastic kijkgat te kijken.

'Wat is dat voor geluid?' vroeg Josie. En ik bewoog me niet meer en luisterde. Ik glimlachte en tilde haar op naar het kijkgat in het zeildoek. Zombie zat met gekruiste benen in het midden van de zaal. Voor hem stond de cassetterecorder met een stapel lege bandjes. Zijn lichaam was stijf en onbewogen. Hij gleed naar links en naar rechts in een bijna hydraulische beweging en ik was bang dat hij in het scherpe licht van zijn helft van de zaal Josie en mij wel eens in zijn wereld kon zien gluren, en omdat ik geen enkele vorm van aapjes kijken aan zijn geïnstitutionaliseerde wereld wilde toevoegen, trok ik me terug van het zeildoek. Ik zette Josie op de vloer, hurkte tot haar hoogte neer, trok haar stevig tegen me aan en drukte de zijkant van haar hoofd, haar oor tegen het zeildoek. Luisteren was genoeg.

'En ik had niks te doen... niks, niks... niks. Ik ging onder de dekens liggen en wachtte. Zelfs daar, zelfs daar, dokter, kon ik de geluiden horen van de onbekenden in de kamers boven en onder me.

Mijn vader zei: "Daar woont nu alleen nog maar uitschot, niemand die ik zou willen kennen, niemand die jullie zouden willen kennen. Blijf daar weg, hoor je, blijf daar weg."

Dat hoefde niemand me te vertellen maar het werd me toch verteld. We verlieten de kamer niet, Jake en ik, we verlieten de kamer alleen samen met onze vader, in elk van zijn handen een hand; zijn handen die knepen tot al onze knokkels wit werden, tot onze armen gevoelloos werden. Gevoellozer dan gevoelloos. Mijn moeder zei tegen me, voor ons laatste uitstapje naar buiten, voor haar laatste uitstapje naar buiten: "Er is geen geld meer jongens, alles is op, ik weet niet waar het is gebleven, ik weet niet hoe het kan, maar alles is op. Dit huis zal niet lang meer van ons zijn."

En ze had gelijk, het was helemaal niet lang meer helemaal van ons. Toen ze onder de grond verdween werden we bestormd door lawaai en kreten en gillen, de grote voordeur door, de trap op ons leven in. We stonden daar, mijn vader, Jake en ik; op een avond voordat we de stad uit zouden gaan naar buiten, stonden we daar te luisteren naar de geluiden om ons heen en we schudden alledrie ons hoofd, alledrie op de een of andere manier eendrachtig.

Mijn vader zei: "We kunnen hier niet blijven."

Jake zei: "Ik wil hier niet blijven."

Ik zei: "Waar moeten we dan heen?"

Niemand gaf antwoord. Mijn vader deed zijn bruine leren riem met de gouden gesp om en sloeg het bloemetjesgordijn uit zijn weg. Jake keek me aan, grote ogen in een donkere kamer, en ik keek hem aan. Een tel later waren we op het bed gedoken en begroeven we ons onder de dekens.

Daar ben ik nog steeds, dokter, maar niet met Jake. Ik grijp de kussens en praat ertegen; ik leg mijn knieën tegen mijn oren en sluit al het andere buiten; ik pak een van mijn vaders riemen en kijk of hij me past. Hij is te groot. Hij past niet. Niks past meer. Niks.'

Zondagmiddag. Een fax van Peterson.

De ouders van Flegma gingen verrassend gemakkelijk akkoord, alle papieren dienaangaande werden getekend en Flegma werd toevertrouwd aan mijn goede zorgen en onbetwiste expertise. Perfect man, gewoon perfect. De ouders willen natuurlijk alleen maar een weekendje feesten, het er eens goed van nemen en geil worden in het zwembad zonder dat hun chagrijnige kind zwijgend naar ze staat te kijken.

Voor hen, en belangrijker nog voor hun vrienden, is Flegma naar een kamp in een gezonde omgeving voor de zonen en dochteren van de schatrijken, waar ze zich kunnen uitleven in allerlei exotische en waterse sporten met kinderen van dezelfde leeftijd en achtergrond. In werkelijkheid zit Flegma zo'n vijf, tien meter verderop, aan de andere kant van de voornaamste kamer in de blokhut, uit het raam naar het uitzicht te staren. Hij heeft natuurlijk geen woord gezegd, de hele tijd in de auto niet, hij zat als een blok steen in de auto terwijl ik maar grapjes zat te maken en steeds een ander station op de radio zocht om te proberen geluiden te vinden die hem in het hier en nu zouden sleuren. Amateuristisch, ik weet het – hij is geen comaslachtoffer dat op een toneel- en filmster wacht die een bandje voor hem opneemt om hem met huisbakken glitter uit zijn droomtoestand te sleuren. Ik weet dat hij anders is maar gut, zo heb ik een goeie smoes om naar schunnige muziek te luisteren. Ik denk niet dat zijn ouders rap als alternatieve therapie hebben geprobeerd. Steek je klotetengels op...

Hij is gebiologeerd maar alleen door het landschap voorzover ik weet, en dat is niet zo vreemd. Wat een uitzicht, wat een plek is dit, Sad. Mijn amateuristische ik zegt wie kan er hier in godsnaam problemen hebben, maar ik snap wel zo'n beetje dat je dergelijke gedachten maar beter voor je kunt houden, en al helemaal als je voor je inkomen afhankelijk bent van mensen die altijd verknipt zijn, waar ze ook zijn. Maar even serieus, ons verblijf hier ligt in het verlengde van de huis-tuin-en-keukenfilosofie dat reizen de geest verrijkt, dat het ik wordt vervangen door de veel dwingender noodzaak om te overleven, en de locatie is van doorslaggevend belang, zoals dat heet. Als een patiënt in een wereld van stilte leeft, neem hem mee naar de ultieme stilte; als de patiënt niet spreekt, neem hem mee naar

een plek waar geen woorden zijn; als de patiënt zich heeft te-
ruggetrokken in een wereld waar hij denkt de enige te zijn,
neem hem mee naar een wereld waar hij echt de enige is.

Toen ik hem en zijn ouders de eerste keer ontmoette, wist
ik ogenblikkelijk dat ik dat joch zou mogen, had ik het gevoel
dat ik met hem zou kunnen geven en nemen. En ik had het ge-
voel dat ik hem een dienst bewees: als er niks gebeurt of werkt,
dan heb ik hem tenminste even weggehaald bij zijn stinkend
rijke ouders, die vooral bezorgd zijn om hun opvolging en ima-
go. Voordat ik vertrok, vertelden ze me over een paar van de
therapeuten waar ze hem mee naartoe hadden genomen. Hij is
door de hele molen geweest, Sad, elke derderangs charlatan in
de stad heeft een vet honorarium opgestreken om te proberen,
zoals zij dat zien, hem uit zijn schulp te krijgen. Shit, Sad,
de dollartekens moeten uit de ogen van die klootzakken zijn ge-
stuiterd toen de bontbrigade binnenkwam. Visualiseer dat eens,
ga daar eens naar terug, denk eens aan de eerste keer dat je dat
deed. Hij is door de complete gehaktmolen geweest, die Fleg-
ma. Als hij al niet geschuffeld was voordat hij naar die renega-
ten van de ratio ging, dan is hij dat nu beslist. Een kantoor
vol hypnotherapiejunks die braaf zitten te wachten op hun vol-
gende mislukking om de duivel uit te bannen of te verdringen,
een dun laagje grind over hun oprit, man; een paar handjes aar-
de over de stront die ze zojuist voor zichzelf in hun leven heb-
ben gescheten. Niet dat Flegma's ouders in al die troep geloof-
den, verre van dat, ze waren van de school, die eerbiedwaardige
en gerespecteerde school die zegt: mep een beetje gezond ver-
stand in dat huftertje, ram de neuroot eruit en maak er een echte
vent van. De vader wou hem naar de militaristische school stu-
ren waar hij zelf als jongen op had gezeten in de hoop dat het
tromgeroffel, het exerceren, de zogenaamde kameraadschap
hem enige normaalheid zouden bijbrengen. Stom idee natuur-
lijk. De moeder wou hem thuis door privé-leraren les laten ge-
ven, met privé-artsen en de hele rimram om hem onder de duim

235

te krijgen. Niet veel beter, en uiteindelijk bleek niets te helpen en de laatste vent bij wie ze waren geweest was de emmer die de druppel deed overlopen. Of hoe dat ook precies heet.

Ik ken die vent, Sad, hij probeerde een baan op het Instituut te krijgen omdat hij zichzelf zo verdomde geweldig vond. Hij zat toen boven op de golf van het terughalen van herinneringen, surfte mee in dat pierenkutbadje van ideeën. Dit was eeuwen geleden, toen die hele gril van herinneringen terughalen net op gang kwam en deze vent had in zes maanden tijd een boek of twee geschreven waarin hij de noodzaak voor dit soort therapie-en uitlegde en dat analyse nooit meer zou zijn als vroeger. Hij noemde zichzelf de 'ontdekker' van heel wat verschillende soorten herinneringen: lichaamsbewustzijn, imagistische herinneringen en, lach niet, gevoelsherinneringen als hij het voor elkaar kreeg om 100% seksueel misbruik vast te stellen bij alle patiënten die een vaag gevoel beschreven dat iemand in hun kindertijd hun plassertje of kutje had aangeraakt. Dit is de herinnering van de emotionele reactie, zeverde hij voort. En toen hij geconfronteerd werd met Flegma, een jongen van vijftien, probeerde hij dit uiteraard op hem uit. En natuurlijk kreeg hij geen woord uit hem waarmee zijn gelijk werd bewezen en daarom probeerde hij hem die herinneringen van de emotionele reactie te laten tekenen, hij vroeg hem in zijn vroege kindertijd naar dergelijke herinneringen te graven. Er kwam geen reactie en die lul vond niet dat zijn ideeën daarmee ondermijnd waren, hij maakte duidelijk dat ontkenning het bewijs van hun bestaan was. Jezus, Sad, als ik me mocht herinneren dat ik de vijftien katten van mijn ouders achter elkaar met mijn vuist heb geneukt dan is dat gemene kwaadsprekerij en ik stap naar de rechter, oké? Hoe dan ook, de ouders voelden zich er niet erg lekker bij – ze hadden een gezond conservatief wantrouwen tegen therapie om herinneringen terug te halen, zagen dat als een of ander buitenissig alternatief voor het geloof, zonder God of morele structuur. Voorspelbare Oprah, alles is fake bij Ricki Lake…

En toen deze vent de oorzaak van Flegma's stommetje spelen probeerde te lokaliseren door met de behendigheid van een dronken ballerina te suggereren dat hij op een bepaald moment wellicht zo'n grote schok had gekregen dat hij met stomheid werd geslagen, zoiets als bijvoorbeeld een vinger op een onverwachte plek... Toen de ouders me dit vertelden vlogen ze nog tegen het plafond, dus God sta hem bij toen ze erachter kwamen dat hij uit Flegma's stilte seksuele mishandeling probeerde op te maken. Ze hadden waarschijnlijk al een huurmoordenaar ingeschakeld omdat het in zijn hoofd was opgekomen, laat staan dat hij het uit hem probeerde te peuteren met een paar potloden en een vel papier.

Maar je kent me, Sad, ik ben de eerste die bij een internationaal therapeutencongres opstaat, zwaaiend met mijn naamkaartje in de lucht die zwaar is van het gezwets, en JA roept, seksueel geweld bestaat wel degelijk. Shit. Ik zou een solovoorstelling geven, voor mijn part tapdansen, zeker als het congres in Thailand of de Filipijnen plaatsvindt. Ik zou als een bok op of zelfs in de haverkist springen, maar Flegma's ouders waren geen beulen, althans niet in seksuele zin. In andere zin vast wel, maar ze zaten niet met hun fikken in zijn puberonderzoek, weet je, zulke types waren het gewoon niet.

Hou je vast, Sad, ik steven af op een professionele miskleun.

Maar dit oord, Sad, maakt een reactie in me los die zindert van het enthousiasme. Het begon op het Instituut een beetje saai te worden, als ik eerlijk ben, en ik denk, hoewel we elkaar nooit hebben ontmoet, dat ik dat bij jou wel kan zijn. Noem het intuïtie, noem het transatlantische golflengtes die elkaar kruisen, maar ik weet dat jij begrijpt wat mijn drijfveer is en, belangrijker nog, ik weet dat jij weet waar mijn veer heen drijft, en dit paradijs is het helemaal. Op het Instituut begon de afmatting toe te slaan, het bizarre en verknipte begon te saai te worden en ik wilde een schone lei, een vers probleem dat niet al

237

half gecorrigeerd en half opgelost was. En hoewel Flegma vaker door de therapiemolen is gegaan dan het gemiddelde graan, heeft niemand maar dan ook niemand de wortel ontdekt, de oorzaak, de kern van Flegma. Ik heb een kans gekregen om mijn vingers bij af te likken en mijn geest aan te scherpen, om de spieren van mijn techniek en mijn filosofieën op te rekken, en die kans laat ik niet lopen, dat kan ik je wel vertellen.

En met die overpeinzing, Sad, met dat klaroengeschal voor de getrouwen kap ik ermee en ga ik aan het werk. De groeten, en zet je faxapparaat niet uit want er zullen nog heel wat gepeperde berichten komen, vriend, en laten we hopen dat ze van twee kanten komen!

Tegen zondagavond begon ik me er zorgen over te maken dat het niet snel genoeg ging. Na Petersons fax werd ik bevangen door een nerveus enthousiasme, en het grootste deel van de dag ijsbeerde ik van het ene eind van de gang met zijn glimmende vloer en gebroken witte, dun gepleisterde muren naar het andere, de pro's en contra's van interventie en introductie tegen elkaar afwegend. De dilemma's dropen van me af en Josie werd bang van me. Bij wijze van troost wilde ik haar bezorgdheid horen.

Ik vind je niet leuk als je zo doet.

Als ik hoe doe, vroeg ik haar.

Als je zo opgaat in je werk.

Maar dat zint me niet, dat klinkt te veel als een zanikende echtgenote, dus laat ik haar iets anders zeggen en ze tolt rond op haar blote hakken.

Ik bedoel als je niet bij me bent.

Maar dat zint me ook niet, te *Last tango in Paris.*

Als ik zo opgefokt ben kan ik haar niet hebben en ik loop dramatisch bij haar weg, alsof we weer zo'n kinderruzie hadden gehad waarbij we allebei vanuit een andere kant van het huis elkaar met onze gedachten probeerden te doden. *Ik krijg je wel, krijg je wel, krijg je wel...* Het ene moment stond zij in de gang en het volgende liet ik het kale peertje slingeren en de schaduw over de kale vinylvloer flitsen.

Ik moest iets aan die zenuwen doen. Ik kon mijn toestand natuurlijk analyseren en zeggen dat Petersons opwinding over zijn experiment met Flegma mij het gevoel gaf dat ik stilstond terwijl hij opstootte in de vaart der onderzoeken. *Van een beetje vriendschappelijke rivaliteit ga je niet dood, Sad. Waar ben je bang voor?* Dat beviel me niks. Maar het klonk wel als een plausibele verklaring voor mijn gemoedstoestand. *Treed de geesten tegemoet, ban de duivels uit.* Het was ook mogelijk dat ik me ervan bewust was dat de twee verhalen in beide helften van de zaal stem of vorm vonden, woorden en beelden die zich zonder veel sturing van mijn kant manifesteerden. Het leek wel of ik er niet toe deed en daar werd ik ineens kwaad om. Ik deed er wat Zombie en Klik betrof wel degelijk toe. Zonder mijn tussenkomst in hun leven, mijn verzoek om ze op de unit te krijgen, zouden ze nog steeds te boek staan als zwijgende schadegevallen en opgesloten zijn op afdelingen met gekken zonder verhaal, behalve een verleden van chemische onevenwichtigheid of verkeerde genen. God, ik begon zelfs al vraagtekens te zetten bij mijn non-interventie toen ze net op de unit kwamen. Misschien had ik erop af moeten gaan, ze moeten samenbrengen voor een tweekoppige sessie en de vuile was pontificaal buiten moeten hangen.

Shit.

De achtste regel van psychotherapie is je nooit afvragen of waar je mee bezig bent wel goed is.

Een derde oorzaak van mijn opgefokte toestand

kon de uitgesproken en onuitgesproken druk zijn van de psychosloven op Breathhouse die wachtten op mijn afgang, gewoon zaten te wachten tot de hele unit om me heen zou instorten en ik met de gebakken peren en twee reddeloos verloren oorlogsslachtoffers zat. En voor Klik en Zombie zou er geen hoop meer zijn om verder te komen dan de vier pijlers die de modus operandi van mijn Breathhousecollega's vormden.

Medicatie.

Sociale werkvoorziening.

Isolatiecel.

Groepstherapie in combinatie met de eerste drie.

Mijn gezond verstand had te lijden onder overtollige energie en ironisch genoeg kalmeerde ik mezelf om te beginnen door te gaan ijsberen in het smalle gangetje tussen de werelden van Zombie en Klik, en verder door alle verklaringen die ik voor mijn gemoedsgesteldheid had bedacht te laten bezinken. Wie kan therapie geven aan de therapeut, die weet dat elke tactiek, elke manoeuvre in principe bedrog kan zijn en alleen maar bedoeld is om schadelijke of gewelddadige extremen tot hanteerbare en te karakteriseren proporties terug te brengen. Wie zet de therapeut weer op het juiste spoor wanneer zijn gezond verstand ontspoord is? Wie voorkomt dat hij verstrikt raakt in de wirwar van metaforen?

Uiteindelijk was het simpel. Peterson vormde de sleutel. Het lag voor de hand dat hij geregeld van zich zou laten horen nu hij met Flegma zijn toevlucht bij dat prachtige meer had gezocht, en dit moest de prikkel zijn, de uitdaging om ervoor te zorgen dat ik niet achterbleef, om ervoor te zorgen dat welke baanbrekende actie hij ook ondernam, ik hetzelfde deed in dit

sjofele godvergeten oord. Hij was omringd met Holly-
wood-glamour, Robert Redford die tussen de conife-
ren kolossale problemen aanpakt, *kunt u me redden dokter*, en ik zat met een *Britannia hospital*, dat om me heen
instortte. Maar we wisten allebei wat we wilden. We
wilden niet alleen resultaten voor Zombie, Klik of
Flegma maar ook voor onszelf, en terwijl Peterson
druk met de voorbereidingen bezig was, deed ik niets
behalve tussen de twee verhalen ijsberen uit angst dat
wat ik ermee zou doen niet genoeg zou zijn.

Ik wist wat me te doen stond, wist wat ik *moest*
doen. De therapie moest zich ontvouwen, het milieu
moest aangetrapt worden en mijn tanden moesten ver-
zinken in de werelden van Klik en Zombie. Kliks beelden, Zombie's stem en Josie's liefde.

Josie.

Een aanhoudend gebons op de deur. *Ik tel tot tien en
dan trap ik de deur in, Curtis. Hoor je wat ik zeg?*

Een.

Een andere gedachte die opkwam tijdens het ijsberen
in de steriele gang, een andere onzekerheid die zich
voegde bij de rest, was het feit dat er veel afhing van de
biografische details die mijn patiënten sinds hun komst
ogenschijnlijk constant uitbraakten. Ik was allang niet
meer zoals eerst opgelucht dat ze tenminste communi-
ceerden en geen stommetje bleven spelen, waar veel
Breathhousemakkers op hadden gespeculeerd. Nee, de
twijfel vrat dieper. Er was geen garantie dat hun verleden, hun beelden en woorden me konden helpen een
milieu voor hun behandeling te scheppen of, belangrijker nog, voor lonend onderzoek. Al die tijd dat Klik
in de zaal was geweest, zou hij kunnen hebben besteed
aan het schrijven van steeds weer *ik heb vijf vingers aan*

elke hand en vijf tenen aan elke voet, zoals een triest geval op Breathhouse drie maanden lang had gedaan. Ja, ik had Zombie in refreinen horen spreken, tot in de kleine uurtjes zijn levensangst, zijn eenzame wanhoop, zijn kribbige woede horen inspreken... Ik had door het zeildoek heen voldoende gehoord om dat te begrijpen maar was er, afgezien van zijn onbetwistbaar poëtische bijdrage, voldoende basis voor mij om een omgeving op te bouwen die een onstuitbare stroom uit zijn hoofd zou teweegbrengen en me genoeg onderzoeksvlees zou opleveren om mijn honger de komende maanden mee te stillen? Want ik had, net als bij Klik, het gevoel dat alles wat minder was een afgang zou zijn. Een slechte therapeut plaatst richtingaanwijzers op de weg naar genezing en laat het daar verder bij.

Ik keek door het plastic ruitje in het zeildoek het halfduister van Kliks ontwikkelingswereld in, en dat was een geruststelling die mijn onzekerheid suste. In die kamer werd al een ambiance geschapen, net zoals de hoekige, functionele stapel bandjes rondom Zombie hun eigen vreemde gevoel schiepen. De verslagen van sociaal werk en de politie en het psychologisch rapport over zowel Zombie als Klik waren prima, de structuur van een levensverhaal geschetst in kille bureaucratische taal, alle informatie maar geen enkel gevoel. En gevoel is in dit soort onderzoek uiteindelijk het hoogste goed, het krachtigste werktuig. Sterker nog, en daar zou Peterson het roerend mee eens zijn, elke therapeut die het zout in de pap waard is weet dat de relatie tussen patiënt en therapeut niet simpelweg draait om behandeling of genezing, het gaat om een symbiotische betrokkenheid, een subtiele en ingewikkelde variant op *ik krab jouw rug als jij de mijne krabt*. Hun unieke psychose is de brandstof voor de motor die zowel Peterson als mij voorstuwt naar ons einddoel.

Natuurlijk kende ik Kliks biografie, samengesteld door de sociaal werkers die zich over hem ontfermden terwijl de vader, die gezien de enorme bult op zijn achterhoofd wel eens in levensgevaar kon verkeren, werd afgevoerd naar een ziekenhuis.

Maar ik ging niet gebukt onder deze details. Evenals Peterson ontdeed ik me liever van de rommel die anderen hadden vergaard, de papierwinkel van bewijzen waarmee de vader als schuldige kon worden aangewezen en het kind een handig slachtofferetiketje kon krijgen. Het zou misschien de moeite lonen om met de moeder te praten als zij dat zou willen, maar de autoriteiten waren haar spoor bijster en de aanvankelijke aanklacht die de sociaal werkers in actie had gebracht was het enige gesprek dat met haar was gevoerd. Sindsdien was er geen contact meer geweest. Maar zelfs daar was ik niet van overtuigd. Ik wilde haar hatelijke, gedetailleerde achterklap niet, ik wilde haar verhaal niet – het klinkt misschien arrogant, maar ik ken doodeenvoudig de machinerie, de hobbels en kuilen van het huwelijkspad, het gesis en geblaas van haat en lust, dat is me genoegzaam bekend, en op zijn best zou ze voer voor de middelmatige zielenknijpers op Breathhouse zijn. Maar niet voor mij. Het mechanisme van Klik, de cadans van zijn ervaring, die waren geknipt voor het experiment.

De volgende dag vulde ik nog voor zonsopgang twee spuiten met elothinedrine. Een voor Klik en een voor Zombie, toe te dienen als ze nog diep in slaap op hun matras lagen, met Zombie's gesnurk en Kliks hogere geknor door de zaal echoënd. Met een zorgvuldige controle en toediening van dit nieuwe bejubelde middel, *ideaal voor het langdurige sederen van geesteszieken*, bleven ze meer dan 24 uur onder zeil en dat gaf mij voldoende tijd om een nieuwe wereld in de zaal te creëren, net zoals eerder bij de krankzinnige kokkin, de Springer en alle andere patiënten die de unit hadden bezocht. Hetzelfde maar dan anders, groter. Wie dit verslag achteraf leest, zou dit heel goed als het moment kunnen zien waarop Curtis Sad de grens overschreed tussen experimenteel maar legitiem onderzoek en het doodeenvoudig met de voeten treden van burgervrijheden en bestaande protocollen omtrent de zorg voor de geestelijk gestoorde medemens. Misschien, maar ik moet denken aan de geruststellende graffiti die ik ooit bij een internationaal congres op een wc-deur zag staan en die toevallig de weerslag was van Petersons bemoedigende stelregel: *Het gaat niet om de reis maar om de bestemming*. Door de bodemloze diepte van zijn ironie was het moeilijk het exacte motief achter deze uitspraak te doorgronden, en ik denk dat ambivalentie zowel zijn als mijn kracht was. Door Zombie en Klik in te spuiten met een slaapversterkend en -verlengend middel zonder dat ze het wisten of ermee akkoord gingen, plaatste ik me ongetwijfeld op één lijn met de psychosloven op wie ik afgeef, maar, om een psychedelische klojo uit een andere tijd te parafraseren: *Kijk niet naar het middel, kijk naar het effect…* Zo zie ik dat en er zijn plenty rationales te verzinnen voor degenen die daar behoefte aan hebben. Ik hoef niemand te bewijzen dat ik in wat ik wil en doe afwijk van andere psychosloven, dit is een combinatie van onderzoek en behandeling. Dit is de unit voor de studie naar interfamiliaire seksualiteit. In mijn optiek en opvatting zijn Klik en Zombie, de met littekens bedekte slachtoffers van een onrechtvaardige oorlog, ook al zijn ze voor een paar uur platgespoten, beter af waar ze nu zijn en ik denk dat het verschil tussen mij en mijn collegasloven even verderop, die met een gin-tonic achter de kiezen op de afdelingen patrouilleren, is dat ik wil dat ze wakker worden, ik wil dat ze zich van alles bewust zijn en niet afgestompt worden tot een grijns zonder humor.

Fax van Peterson.

Ik heb net de achtergrondinformatie gelezen van Flegma's levensverhaal tot nu toe. Het ergste wat een ouder een kind kan aandoen is verwachtingen hebben. Dat is niet precies de kern van psychologie maar er zit wel degelijk enige lekenwaarheid in. Op hun manier hadden Flegma's ouders hun verwachtingen omtrent wat zij zelf uit hun zoon konden halen omlaaggeschroefd. In het begin was er nog het ideaal van interactie, maar toen de maanden jaren werden zonder dat hij boe of ba zei, verlaagden ze hun verwachtingen tot simpelweg een reactie van hem krijgen. Zoals ik je al heb verteld waren het doorsneemensen, een beetje rechts, niet het soort lui dat eens lekker gaat zitten voor een avondje geweldfilms en dat hun rustige buitenwijk vult met Uzi-ricochet, maar dat deden ze nou net wel, hopend dat hun popcornkauwende zoon de beelden zou nadoen en de hond in elkaar zou tremmen. Op zijn allerminst hoopten ze op een paar kleurrijke krachttermen. Maar niks. De vader probeerde zonder medeweten van zijn vrouw zelfs een paar softpornootjes op de jongen uit, in de hoop dat nieuwsgierigheid of gêne een of andere vorm van spraak zou aanmoedigen. Niets. Het laatste wat ze zelf probeerden voordat ze zich in onbekende therapiewateren begaven, was hem tijdens een vakantie in de Provence op een dorpspleintje achterlaten. Vanuit hun hotelkamer zagen ze hoe Flegma ronddrentelde op zoek naar zijn ouders, een paar ijsjes at en vooral veel naar de lucht staarde. Dat was niet de reactie die ze hadden gewild. Ze hadden gedacht dat hij misschien uit zijn dak zou gaan, op een arme gendarme af zou rennen en om zijn moeder en vader zou roepen omdat de angst om alleen gelaten te worden ineens zijn verbale dam deed doorbreken. Niets van dat al.

Deze jongen had besloten om niet te praten. Een droom van een geval waar een heleboel van mijn collegapeuten likkebaardend op afstormden. En ik heb het lot uit de loterij getroffen, waar of niet, Sad.

Maar ik begin de kriebels te krijgen, Sad, ik nader het punt waarop ik denk dat ik de aftrap moet nemen in plaats van rondhangen en het uitzicht bewonderen. Op het Instituut denken ze dat ik op een soort betaalde vakantie ben — niemand maar dan ook niemand ziet dit als werk, maar niemand weet ook precies wat ik hier ga doen. Ik probeer mezelf in de hand te houden en niet te veel aan resultaten te denken, maar dat is niet eenvoudig. Christus, daarnet nog dacht ik dat ik hier beter iets conventioneels kan gaan doen en met een kaartspelletje moet beginnen — is dat een vaas of twee mensen die tongzoenen? Bewaar me, bewaar hem! Ik moet verdomme mijn scherpe reputatie hoog houden. Hoe dan ook, we verlieten de blokhut een uur of acht geleden en zijn nog maar net terug. Oké, het was niet bepaald naar het diepste der duisternis, er is in die uren niets afgetekend of opgelost, maar ik heb je weet ik ook hoe vaak gezegd, Sad, dat je geduld moet hebben en hier komt geduld je vanzelf aanwaaien. We moeten een wonderlijk koppel zijn geweest, als iemand ons had gezien, een wonderlijke aanblik. Een ouder wordende, kalende man van ergens in de dertig met een beginnend buikje, en een graatmagere, geestloze blonde muis. Ik snapte wel waarom de ouders wilden dat hij sprak en deel uitmaakte van hun sociale leven en dromen, want in alle andere opzichten voldeed hij aan de wensen. Hij had iets aristocratisch over zich, waarmee hij ongetwijfeld heel wat aandacht zou krijgen van zijn leeftijdgenoten op de universiteit. Ik mocht hem graag. Ik mocht hem graag genoeg om te proberen een manier te vinden om met hem te communiceren zonder woorden.

Ik probeerde een paar clichés op hem uit, niet om zijn intel-

lect te beschimpen maar om de behoefte aan clichés zelf uit te
roeien. Het eerste uur maakte ik grapjes, deed ik of ik gek was
en dook ik in mijn kindertijd. Ik vertelde dat ik met het grootste
gemak als een kale aap in bomen klom. Zodra mijn ouders en
ik in de buurt van een kluitje bomen kwamen, zat ik ogenblik-
kelijk in een van de toppen. Ik genoot van de uitdaging, de
angst, de opwinding, en zelfs als ik er niet meer uit kon ver-
flauwde het verlangen om door te gaan niet. Ik deed het nu
weer, alleen voor hem en misschien een beetje voor mezelf. Ik
klauterde met iets minder souplesse maar niet minder plezier
dan vroeger in een middelhoge boom en probeerde hem over te
halen erbij te komen. Maar hij keek me aan op de manier die
hem zijn naam heeft bezorgd: hij glimlachte alleen maar en
keek naar het landschap terwijl ik op een tak zat te puffen en te
hijgen.

Toen ging ik een stapje verder en stelde ik voor om de stroom-
versnelling over te steken in plaats van kilometers om te lopen
in de hoop een brug of een veiliger plek voor de oversteek te vin-
den. Ik kon merken dat hij het niks vond en dat was op zich
al een hele prestatie, niet omdat hij wist dat er een minder ge-
vaarlijke plek voor de oversteek moest zijn dan die ik voorstelde
— elke idioot kon zien dat het snelstromende water geen kikker-
badje was, snap je wat ik bedoel, Sad, dat is het punt niet.
Het punt is dat ik wist dat hij het er niet mee eens was zonder
dat hij een woord zei, zonder dat hij een wenkbrauw optrok.
Ik kon het, zoals dat heet, Sad, in zijn ogen lezen. Maar ik
maakte toch de oversteek met hem achter me aan en we werden
allebei kletsnat in het koude water. Het ging prima in mijn een-
tje en ik had best aan de overkant kunnen komen, maar dan
zou ik mijn doel voorbijschieten en daarom gleed ik expres uit,
stuntelde ik het water in en ging ik kopje-onder. Op dat punt
moest ik mijn cliché-opzetje vergeten dat hij me zou komen red-
den als een posttraumatische stress-Lassie die ineens met een
gloednieuw doel in zijn leven uit zijn schulp kwam, en moest

ik mijn best doen om niet echt meegesleurd te worden. De stro-
ming was behoorlijk sterk en het schoot even door me heen dat
als zijn ouders hier waren en zagen dat wanneer hun zoon uit-
gleed hij beslist in gevaar zou zijn, er stront aan de knikker
was en ik een aanklacht wegens nalatigheid zo hoog als de ber-
gen aan mijn broek zou krijgen. Hoe dan ook, om het een beet-
je dramatischer te maken ging ik een paar keer kopje-onder en
voor het geluidseffect hoestte en proestte ik wat, en elke keer als
ik bovenkwam keek ik naar hem uit. Maar Jezus, Sad, ik
zweer je dat als ik de rots had losgelaten en verdomme als een
stuk hout door de rivier was meegesleurd, hij daar gewoon was
blijven staan, met die blik, die ondoorgrondelijke, onpeilbare
blik in zijn ogen. Niet dat ik het hem kwalijk neem. Hij heeft
genoeg therapeuten en psychen meegemaakt om te weten dat
we allemaal spelletjes spelen om de mensen duidelijk te maken
dat ze spelletjes met zichzelf spelen en misschien besefte hij dus
wat er allemaal gebeurde. Het kan zijn dat hij me doorzag.
Of misschien kon het hem niet schelen wat er gebeurde met de
klootzak die hem had meegenomen naar buiten, weg van zijn
comfortabele huis. Ik weet het niet. Misschien was het wel een
oefening in vruchteloosheid, maar jij weet ook, Sad, dat je de
muur moet schoonmaken voordat je hem gaat schilderen, dat je
een stijve moet hebben voordat je kunt neuken... voel je 'm?
Het was de moeite waard om nat te worden alleen al om het voor
de hand liggende te elimineren.

Ik ben in de caravan met Klik. Ergens tussen de zithoek
en de slaaphoek. Ik zie de groezelige wanden zonder
versierselen of schilderijen, alleen maar functionele
spullen. Ik voel het versleten tapijt met mijn handen en
ruik een cocktail van rottend afval en muffe sigaretten-
rook. Ik ben waar Klik me wilde hebben. Dit is zijn
wereld zoals hij hem zag, zoals hij hem beleefde. Josie
voerde me een keer mee naar haar wereld toen we alle-

bei nog heel jong waren, toen we nog samen onder de dekens pasten en een tentachtig *milieu* schiepen met onze geuren en geluiden. *Schijn met je zaklantaarn, Curt, schijn met de zaklantaarn op me...*

Twee.

Ik loop de kamer door naar de verstarde vormen van de ouders, naar hun schrikwekkende uitdrukking die Kliks camera heeft gevangen en verstild. Ik bevind me midden in een gevecht; als ik mijn hand uitsteek kan ik de slierten haar van de vader voelen, zo strak als de snaren op een gitaar. Als ik mijn hoofd tussen hun verbeten koppen stop kan ik hun spuug op mijn wangen voelen. In een flits zie ik het voor me, zie ik Kliks wereld voor me. Toen ik me een weg groef naar het voeteneinde van Josie's bed wist ik dat ik haar zou vinden, van alle plekjes in het hele huis hoefde ik maar op eentje zoeken. *Gevonden.* Intuïtie is des te zoeter als ze blijkt te kloppen.

De negende regel van psychotherapie is het iedereen laten weten als je gelijk hebt en niemand iets zeggen als je fout zit.

Het bijschrift bij deze foto is *Exit en Paniek*.

Terwijl Klik in onmacht op het matras ligt leer ik de caravan kennen, zijn schaduwhoeken, zijn benauwde, versleten verschijning. Ook het leven buiten de caravan leer ik kennen en ik ben een hele tijd bij de houthakkershut onder aan een of andere heuvel. Tegelijkertijd luister ik naar Zombie's hortende, hese, onzekere stem op mijn walkman. In het begin botsten de twee werelden.

Toen ik over de rotzooi op de vloer van de caravan stapte, verloor ik mijn evenwicht omdat Zombie's vader zijn auto om een bocht op het platteland liet scheuren. Buiten Kliks hut is de focus van het beeld tegen het raam gedrukt, terwijl ik luister naar het stemgeluid van Zombie die de race naar zijn moeder herleeft. *'Vlug, vlug, vlug.' Jake trok en rukte, wrikte en dwong me de heuvel op naar de top, de open plek, mijn vader die stond te jammeren in de zomerlucht. Een wereld vol zonneschijn.*

Ik ben voyeur en luistervink, twee eigenschappen waar de oplettende onderzoeker niet buiten kan. Dit, denk ik bij mezelf, is de kernreden waarom ik hier ben, waarom ik met dit experiment alles op het spel zet. Met conventionele technieken zou niemand iets zijn opgeschoten, daar heb ik mezelf van overtuigd. Ik hoef maar te kijken naar de donkere opening van de tunnel waar Kliks vader zich in heeft verborgen om te zien wat ik moet doen. Ik hoef maar te luisteren naar Jake die door Zombie's stem heen klinkt om te weten waarom ik het moet doen.

Geen enkele ja/nee interviewtechniek zou bij deze twee ooit iets hebben uitgehaald. Net als Peterson geloof ik dat de therapeut bereid moet zijn zelf toe te treden tot de wereld van zijn patiënt. Dit is de psychotherapieschool van Stanislavski, de benaderingsmethode die de therapeut ondergedompeld ziet in een wereld waar verlies van controle een essentieel onderdeel van de uiteindelijke behandeling uitmaakt.

Ik ben er. Ik kniel naast de slapende Klik, wiens borst snel en oppervlakkig op en neer gaat. Ik spreid de laatste foto's uit die hij nam van de beer waarin deze beelden zo lang verstopt zijn geweest, het doodsbange gezicht van zijn vader die wordt afgevoerd door de sociaal werkers... de onzichtbare figuur van zijn moeder die op de laatste dag dat hij haar zag aan de horizon verdwijnt... Ik kniel neer en zet de walkman harder zodat ik onverdeeld in Zombie's wereld ben. Zijn stem is even verwrongen als het onscherpe landschap vanuit de auto van Paniek. Ik voel tranen in mijn ogen als hij ten koste van zichzelf hunkert en jammert en huilt om Jake. De huid in mijn nek tintelt van zweet en pijn als Zombie de ene klap na de andere incasseert. Ik zie de trouwmessen aan de wand van de caravan hangen en ik wil er een grijpen en het in hart van Zombie's vader planten...

Het duurt lang eer ik de zaal kan verlaten. Ik moet mezelf eerst uit Kliks wereld trekken, zijn leven met mijn handen opscheppen en alle brokstukken uit de ruimte wegvegen. Het toneel vrijmaken, het doek blootleggen voordat er iets kan beginnen. Ik neem Zombie's stem uit mijn oren en doe hetzelfde met zijn deel van de zaal. Ik heb ongeveer anderhalve dag om deze twee werelden op te zetten en ik heb er alle vertrouwen in dat ik het kan. Met een beetje hulp van de Breathhouse-patiënten.

Fax van Peterson.
Ik moet je iets vertellen en misschien zul je er niet mee in je sas zijn, misschien grijp je zelfs naar de telefoon of een wapen. Wat zal ik zeggen? Therapie, en niet alleen vriendschap, moet risico's durven nemen. Al mijn botte trucjes heb ik in de stad achtergelaten, al die uitgelubberde oude theorieën over hem tot spreken begeleiden en de fundamentele oorzaken van zijn stilte naar boven halen. Dit zijn de De Long Mountains, Alaska, en ik kan me geen betere plek voorstellen voor het scherp van de snede.
Ik heb wat LSD bij me. Middelzware acid, is mij uit gezaghebbende bron verteld door een vent die een vent kent die een lift heeft gehad van de aartsprogressieveling wijlen Timothy Leary. Een aanbeveling die wel van heel ver komt, maar je moet iemand toch minimaal één keer vertrouwen. Middelzware acid

*is sterk genoeg om van te hallucineren, een paar behoorlijk pittige visioenen te krijgen maar niet zo sterk dat je in een cel belandt en afzakt naar een soort protomenselijke bagger, dat is William Hurt toch, verkeerde film, verkeerde psychoactieve redenering, maar wel iets in die richting, denk ik. Dit zal wel tamelijk radicaal zijn — vandaag de dag althans, vooral in deze strenge tijden nu je aspirine achter slot plus grendel moet houden, maar destijds in de hoogtijdagen van het experimentele onderzoek, toen Leary nog een broekie was dat aan de slippen trok van een stelletje wetenschappers die ervan overtuigd waren dat acid je van het was, de remedie, **de** manier om de wereld in zijn complete abstracte totaliteit te zien. Maar de wet verstikte al die nieuwe ideeën dat je met L S D in principe alles kon behandelen, van depressie tot psychose. Maar ik kan je wel vertellen dat ik het zelf nogal gewaagd vind en ik hoop dat Flegma beseft dat dit een grote stap voor me is. En ik heb het niet alleen over de risico's voor mijn loopbaan, mijn reputatie — shit, één aanklacht van een gek die vindt dat je een vinger op de verkeerde plek heb gelegd of een peilstift in een verkeerd lichaamsdeel hebt gestopt en je kunt het toch wel schudden, als je snapt wat ik bedoel. Nee, ik heb het over mijn hoofd hier, want de laatste keer dat ik acid nam was ik een feut, nat achter de oren, en toch al die behoefte om met mijn kop tegen de muur te lopen, om me af te zetten tegen de studentenvereniging die me veel te conformistisch was. Maar de verveling die naar acid voerde had me niet voorbereid op de vergroting van mijn geest, de golf van angst en vervreemding, de totale, volslagen griezeligheid van het hele gebeuren… Shit, Sad, ik zou je hele kantoor kunnen volstouwen met papier als ik je zou vertellen over de avonturen die Wayne Peterson met acid beleefde. Laat ik het er maar op houden dat het mijn leven heeft veranderd, man… En het is de bedoeling dat het Flegma's leven ook zal veranderen.*

Misschien wil je mijn volgende bericht niet eens lezen, Sad. Ik weet het niet, ik weet het echt niet. Zal ik moeten uit-

leggen wat het verschil is tussen een tabletje in het drankje van
een onbekende in de plaatselijke kroeg gooien en dan kijken
hoe hij worstelt met biljartkeus en naar elandskoppen lonkt, en
de bleke Flegma wiens stemmenwereld uit hem is gezogen door
timiditeit en beteugeling? Als ik het moet uitleggen of als je be-
roepsmatig walgt, zet dan de papiervernietiger maar aan is het
enige wat ik kan zeggen.

Kling, Kennel, Pingel en Snoeper zijn uit het hoofdgebouw van Breathhouse op de unit aangekomen met
een wit busje dat elke dag grauwer en roestiger wordt.
De sloven op Breathhouse, mijn directe collega's en su-
perieuren, zetten allemaal grote vraagtekens bij mijn
bedoelingen en stelden alle belachelijke vragen die ze
maar konden verzinnen, denkende dat ik me niet meer
dan een eerstejaars psychologie bewust was van hun
toestand. *We hebben heel wat werk in deze vier gestoken,*
Sad, dus haal geen grapjes met ze uit want anders weten we
nog wel een paar leuke voor jou... Dit had ik uiteraard verwacht. Er zou nooit een koor van instemming opklin-
ken. Aan de ene kant waren ze hoogst sceptisch over
elke theorie die in praktijk werd gebracht zonder dat
hij op de afdelingen van Breathhouse helemaal dood
was gerost. *Goede theorieën zijn niet de theorieën die op korte*
termijn werken, maar de theorieën die op de lange termijn zijn
bewezen, was een van de vele zegswijzen die over me
werden uitgestort, maar de andere kant was dat ze simpelweg jaloers waren, dat mijn carte behoorlijk blanche
was en dat ik binnen het bestek van dit vervallen oude
gebouw en een zielige toelage de mogelijkheid had
om iets, zoals Peterson zou zeggen, op het scherp van
de snede te ontwikkelen.
  Er school beslist enige wraak in de vier patiënten
die naar me toe waren gestuurd en die ongetwijfeld

niet uitgezocht waren om hun handvaardigheden en uitstekende vorderingen, maar om hun geschiktheid het bloed onder mijn nagels vandaan te halen en het experiment in de soep te laten lopen. Kling was colporteur van een firma in keukengerei en huishoudelijke artikelen geweest. De gebruikelijke regeling: auto van de zaak, korting voor zichzelf en een heleboel commissie in het verschiet als hij goed was. Helaas was dat niet het geval. Het schijnt dat hij weinig aanleg had voor het verkopen van ploppers en stoppen, stoffers of plumeaus. Nooit, aldus zijn achtergrondrapport, deed hij zijn werk met trots, behalve wanneer hij een huisvrouw of echtgenoot een reeks voortreffelijke keukenmessen kon verkopen. Verschillende malen hadden bezorgde gezinshoofden gemeld dat hij aan hun deur een saaie, ongeïnteresseerde verkoper leek, en als zij al enige interesse toonden om een of ander voorwerp of keukenapparaat aan te schaffen, kregen ze daar weinig kans toe. Daar kwamen de messen uit de houten presentatiekist tevoorschijn en daar vlogen de lemmeten door de lucht als hij liet zien hoe je moest snijden of snipperen of hakken. Hij was een grote man, ruim een meter tachtig, en zijn enthousiaste gegoochel leidde niet tot verkopen maar tot bezorgde telefoontjes naar het hoofdkantoor met klachten van gezinshoofden over de gevaarlijke en zenuwslopende ijver die hij tentoon had gespreid. Op het hoofdkantoor hadden ze ongetwijfeld genoeg gekregen van die telefoontjes en het was gemakkelijker om hem te laten gaan dan om deze zaak tot op de bodem uit te zoeken.

Hij raakte op drift, zoals zo velen wanneer ze plotseling ontslagen worden, hij bleek niet in staat te zijn om zelfs maar het simpelste baantje te houden, en hij was nogal eens in het plaatselijke park gezien met een

kistje messen op schoot van het soort dat hij had verkocht, een afscheidsgeschenk van een lolbroek bij de
firma. *Leuker dan een tafelklok.* Voorzover bekend heeft
hij de messen nooit gebruikt om zelfs maar een haar
van zijn hoofd te snijden, laat staan van dat van een ander, maar iemand die zo indringend tegen een messen-
set praat als een minnaar tegen zijn geliefde, blijft niet
tot in de eeuwigheid op vrije voeten.

Kling mocht dan een potentieel kruitvat zijn – *hou
hem uit de buurt van scherpe voorwerpen, Sad* – Kennel was
in potentie al even onbetrouwbaar, maar wel een stuk
rustiger. Een wandelend coma was een van de weinig
flatterende beschrijvingen van zijn bijna-catatone toestand. Dit was zo'n geval van iemand die in de buitenwereld ongelukkig was geweest en in de binnenwereld
klinisch depressief werd. Wat er het eerst was of wat
de juiste diagnose is, het was onwaarschijnlijk dat die
klootzakken op Breathhouse de moeite zouden nemen
om dat uit te zoeken. Zijn achtergrondrapporten meld-
den dat hij was opgegroeid in een huishouden dat onder de voet werd gelopen door honden in alle soorten
en maten, rassen en kruisingen. Hij was enig kind maar
kreeg toch nauwelijks enige affectie van zijn ouders,
die doller waren op hun hondse nageslacht dan op hun
eigen menselijke vlees en bloed. En toen de ouders uiteindelijk naar het grote asiel in de hemel vertrokken,
bleef Kennel achter met een huishouden van meer dan
twintig honden die zich kotsend en winden latend
door het kleine halfvrijstaande huisje blaften. Er was
geen leven voor hem over, vermoed ik. Als hij de honden niet aan het uitlaten was – bij toerbeurt en niet
meer dan vier tegelijk – was hij ze wel aan het voeren
of maakte hij de boel achter ze schoon, totdat energie

255

en geld opraakten. Efficiënt en ongetwijfeld zachtmoedig liet hij de honden inslapen, ook in groepjes van vier – waardoor zijn begrijpelijke leed minder massaal en meer geleidelijk werd. Uiteindelijk maakte het niets uit. Nu zijn ouders weg waren en de honden weg waren, werd hij overweldigd door een enorm gevoel van misplaatstheid en zat er weinig anders op dan zich vrijwillig in Breathhouse te laten opnemen.

In geen van de andere twee had ik al te veel fiducie, maar ze hadden in de werkplaats van Breathhouse tenminste blijk gegeven van enige handigheid. Pingel was verschillende malen gedwongen opgenomen geweest, vaak tot groot genoegen van de staf en de patiënten in het ziekenhuis. Zij was de enige van de vier die ik al had ontmoet of ten minste gezien. Tijdens haar verblijf in het ziekenhuis vond ze altijd wel ergens een piano en begon ze een deuntje te rammelen dat toevallig in haar opkwam – meestal semi-klassieke stukken of folksongs die bekend klonken maar waarvan niemand ooit de titel wist. Niemand beweerde dat ze een muzikaal genie was, zelf voor de a-muzikalen was het duidelijk dat ze om te beginnen veel fouten maakte, en het leek soms wel of ze zich meer interesseerde voor het publiek dan voor het nummer. Ik neem aan dat ze door dit snakken naar publiek bij Breathhouse was beland. Volgens de rapporten wilde ze voortdurend optreden, al was de omgeving er totaal niet geschikt voor, en was ze verschillende malen bij haar voordeur weggehaald, zich wanhopig vastklampend aan het laatste, luide akkoord van 'Merrily we shall play', terwijl een publiek van boze en verbijsterde buren toekeek. Als ze niet voor haar huis zat, dan zat ze wel in het park met haar Casiootje en 25 watt-orkestje en blies ze de duiven en doorgewinterde bankvrijers weg met 'Tie a

yellow ribbon'. Ze was een borderlinegeval, en ik bedoel niet de grens gezond/gestoord, niet iets zo diepgaands, maar ze zat op de wip van acceptabel/onacceptabel sociaal gedrag — soms werd ze na een spontaan
optreden opgepakt en bracht ze de nacht door op het
plaatselijke politiebureau waar ze het misdaadgilde
amuseerde/martelde, maar vaker wel dan niet bezorgde
haar volharding haar de papieren waarmee ze naar
Breathhouse werd gestuurd.

En Snoeper... Snoeper. Ik kan niet zeggen dat ik er
blij mee was dat hij in het groepje zat. Een anonieme
pedofiel die voor drie maanden in Breathhouse zat
voor desensitisatie alvorens naar de Hard Hill-gevangenis afgevoerd te worden om zijn x aantal jaren wegens
molestatie en onzedelijk gedrag uit te zitten. Zijn rapporten waren beknopt en zonder uitweidingen. Zo'n
typisch heteroseksuele man van midden dertig met een
voorliefde voor minderjarigen, die ze naar ieders zin,
met name naar de zin van de wet, te publiekelijk en te
onbeschaamd te bruin had gebakken. Maar mij was
verteld dat hij in het ziekenhuis op autoriteit reageerde
op de manier waarop hij had gehoopt dat meisjes op
hem zouden reageren. Geef hem een reep chocola en
hij doet alles.

Drie dagen lang hield ik Josie achter slot en grendel.
Toen mijn ouders mijn afwijkende leespraktijken en
mijn psychologieboeken over kinderen en volwassenen
achter de ongelezen stripboeken hadden ontdekt, werd
ik als ik thuis was scherp in de gaten gehouden en kreeg
ik daarbuiten de vrije teugel en aanmoedigingen. Uit
het oog was inderdaad uit het hart. Dit duurde niet
lang, ze hielden het niet lang vol en ze wilden hun sociale leven er uit principe vast niet onder laten lijden,

en ongeveer een maand na de hele heisa was het weer het oude liedje en kreeg het gevoel van autoriteit dat van mij halverwege de puberteit werd verwacht weer zijn oude plaats en werden we een groot deel van de tijd aan onszelf overgelaten. In een lang weekend konden we ons allemaal wijden aan onze eigen interessen.

Ik had gelezen over de deprivatie-experimenten van Hugard in Zuid-Frankrijk in het begin van de twintigste eeuw. Een juweel van een onderzoek verborgen tussen de statistieken over de eerste tandjes en het aantal haren die je voortdurend aantreft bij studies naar opgroeiende kinderen. François Hugard, die werd beschimpt en later in de gevangenis belandde wegens zijn onwettige experimenten, was een van de meest vooraanstaande kinderpsychologen in het land geweest, die uitmuntende verhandelingen over een scala aan onderwerpen had geschreven. Hij had prachtige hoge idealen. Voor hem niet de moeizame geruststellingen en platitudes die dit onderzoeksgebied domineerden, voor hem niet de verontschuldigende uiteenzettingen die uit 's lands universiteiten druppelden. Hij was een pionier van het in praktijk brengen van de theorie.

Ook hij was een ramptoerist in hart en nieren en daarom was ik zo gek op hem. In het gedocumenteerde geval, en kennelijk ook in verschillende andere waar het boek slechts naar verwees, stond hij in nauw contact met bronnen bij de politie en de ziekenhuizen die, veelal met steekpenningen of toelagen, werden aangemoedigd hem te waarschuwen bij alle gevallen van misbruik of verwaarlozing in het kleine provinciale district. Kort nadat hij zich in het provinciehoofdstadje had gevestigd hoorde hij van een informant in het ziekenhuis over twee kinderen die waren opgenomen met verschillende vormen van lichamelijk en geestelijk letsel ten gevolge van verwaarlozing. Dit geval trok ogenblikkelijk zijn aandacht. Het waren geen gewone dakloze of zwervende kinderen, die op straat waren gezet door volwassenen die noch het geld noch de genegenheid hadden om ze te onderhouden, de wreedheid leek niet voort te komen uit sociologische achterstand of het milieu. De kinderen kwamen uit het huis van een prominente zakenman, een weduwnaar.

Hugard was geschokt door de toestand van de twee kinderen, een meisje van twaalf en een jongen van dertien, maar in het boek las ik dat hij niet te lang stilstond bij de ongetwijfeld schrijnende toestand van de kinderen, hij interesseerde zich meer voor wat er precies gebeurd was, en via een regeling met de autoriteiten kreeg Hugard toestemming om ze te ondervragen en ten behoeve van de staat bewijzen te verzamelen en te presenteren. Het was een schitterende regeling, want Hugard kreeg toegang tot waardevol bronmateriaal en de staat kon het schandaal en de gevolgen keurig onder het tapijt vegen.

Toen ik de passage in het boek las ging het meeste me boven de pet. Ik was een gevorderde lezer maar nauwelijks in de positie om mijn weg te vinden in de taal en de mentale obstakels van de academische wereld. Evenals veel andere psychologen was Hugard op zijn best als hij de verhalen van zijn studieobjecten vertelde.

Justine en Pierre werden bijna een jaar lang vastgehouden in de kelder van het huis; een kleine vochtige ruimte met een laag plafond onder het protserige huis van de zakenman. Ze werden daar op een koude winterochtend opgesloten door hun vader, die ze had gevraagd gereedschap te zoeken dat hij kwijt was, en de volgende herfst werden ze gevonden door een tuinman die bladeren bijeenharkte en hun hulpgeroep hoorde.

Net als iedereen die tegen zijn wil van zijn vrijheid wordt beroofd, waren ze hypergespitst op routine, en het bleek dat de zakenman niet louter zijn kinderen verwaarloosde door niet de moeite te nemen om voor ze te zorgen en de verantwoordelijkheid onbezonnen en bruut van zich af te schuiven. Er zat meer achter. Met onverbloemde ijver verhaalde Hugard dat de hoeveelheid voedsel die Pierre en Justine kregen zorgvuldig werd afgepast, zodat ze net genoeg kregen om in leven te blijven maar nooit zoveel dat ze geen honger hadden. Hij hield ze met andere woorden op de rand van verhongering. Maar het was nog erger, hij speelde een wreed spelletje met ze. Pierre vertelde Hugard dat hij om het huis heen liep naar een klein getralied kelderraampje, de enige lichtbron van buitenaf, om ze op deze manier te controleren in plaats van de kelder zelf binnen te gaan. Misschien dacht hij dat ze hem zouden aanvallen als hij ze ook maar een minimale kans gaf. Hoe dan ook, het enige contact dat ze met hem hadden sinds hij de deur afsloot en de sleutel weggooide vond plaats via dit rooster. En wat het eten betreft, soms gaf hij ze enkele dagen geen eten of drinken en dan zette hij een dienblad met heerlijkheden en puur vruchtensap voor het getraliede venster. Net buiten bereik. Dan volgde er een spel dat Pierre noch Justine op prijs stelde. De vader duwde het blad naar hun reikende handen en trok het weg als ze met hun vingertoppen bijna een rijpe peer konden aanraken. Dit ging dagen zo door tot hij zag dat ze ernstig waren verzwakt en dan haalde hij het blad met lekker eten weg en verving het door water en brood.

Soms sliep ik met Hugard onder mijn kussen en in mijn hoofd bestonden mijn dromen uit esoterische visioenen. Maar later kwam ik erachter dat er zoveel pioniers noodgedwongen ondergronds waren gegaan of in de gevangenis waren beland, dat het enige wat er nu nog voor de psychologie over leek te zijn niet meer was dan een televisieserie en een overvloed aan dwaze diagnosen die voor tijdelijke geruststelling zorgden.

Drie.

'Wanneer laat je me eruit?'

Ik lig tegen de deur van Josie's slaapkamer mijn verboden boeken te lezen.

'Ik moet naar de wc.'

Daar was ik op voorbereid, dacht ik bij mezelf. Ik had de spullen klaarstaan.

Ik deed de deur net ver genoeg open om snel een limonadeflesje en een potje de kamer in te schuiven.

'Daar heb ik niks aan,' klaagde Josie.

Maar ik wist dat ze ze uiteindelijk zou gebruiken en na twee dagen had ik twee potjes en drie flesjes met Josie's excretie. Ze bleef me vragen, bleef me smeken om haar te vertellen waar ik mee bezig was. Ze wist van de verboden boeken, ze was medeplichtig aan hun gecontinueerde bestaan door ze onder haar matras te verbergen. Ze wist dat dit om onderzoek ging, maar was te koppig om er genoegen mee te nemen zich te koesteren in de afgestraalde glorie van baanbrekende activiteiten. Ze beukte op de deur, schreeuwde verwensingen en bedreigingen naar me als ik haar niet liet gaan. Ze was geen gemakkelijk studieobject, maar haar felle reactie herinnerde me er vooral aan dat ik, net als Peterson jaren later, onderzoek op het scherp van de snede uitvoerde en dat op het scherp van de snede nooit iets gemakkelijk was. Dit vertelde ik haar natuurlijk, ik liet haar weten dat haar poep en pies een fundamenteel onderdeel zouden uitmaken van een nieuwe en opwindende ontdekking.

'Wat dan, wat dan, wat dan?' riep ze steeds weer.

Eerlijk gezegd, en ik schaam me er niet voor het te bekennen omdat ik pas een beginneling op dergelijke onderzoeksterreinen was, had ik geen flauwe notie wat ik met die potjes en flesjes moest of wat voor betekenis ik er in vredesnaam aan kon hechten. Maar als ik de potjes vasthield, en het laatste was nog warm van de recente uitscheiding uit Josie's lichaam, wist ik dat dit een spannend en wonderbaarlijk terrein was en genoot ik van elk moment. Dat wil zeggen totdat ik de auto van mijn ouders in de oprit hoorde en ik de bewijsstukken haastig verstopte en Josie vrijliet en verpletterd werd door de bliksem van haar woede.

Vier.

Terwijl Kling en Snoeper de rollen metaaldraad door de smalle deur sleepten, zetten Kennel en Pingel in Zombie's helft van de zaal met zilverkleurige tape vijftien vierkante meter af. Kennel en Pingel hadden stricte instructies gekregen de lijnen te volgen die ik met witte kalk zorgvuldig op de vloer had getekend. Kennel keek even vertwijfeld als toen hij binnenkwam, begeleid door twee potige verplegers die hem en de drie anderen kwamen brengen voor hun 'briefing'; Pingels handen bewogen krampachtig terwijl ze naar Kennel in de tegenoverliggende hoek staarde en haar hoofd knikte mee op een onhoorbaar deuntje.

Curtis, wanneer laat je me eruit?

Vijf.

Ik sprak mijn bouwploeg toe met de stem van een gedreven coördinator die alles op een rijtje heeft.

De tiende regel van psychotherapie is altijd te

klinken alsof je weet waarover je het hebt.

'De opzet is heel eenvoudig. We hebben een kleine 36 uur om twee dingen te bouwen met het materiaal dat je om je heen ziet liggen. De twee dingen die ik wil bouwen zijn een caravan en een auto en het belangrijkste bouwmateriaal is dit metaaldraad. Welnu, jullie dokters op Breathhouse zijn ermee akkoord gegaan dat jullie hieraan meewerken als onderdeel van jullie lopende therapie en als de klus geklaard is krijgen jullie uiteraard een financiële vergoeding. Er wordt niet van je verwacht dat je voor niets werkt en niemand dwingt je iets te doen wat je niet wilt. Maar jullie moeten twee dingen goed begrijpen. Het werk dat jullie hier doen, moeten jullie niet alleen beschouwen als een onderdeel van de behandeling die jullie al ondergaan, maar ook als een voorbereiding op jullie verdere leven buiten Breathhouse – iets wat voor jullie allemaal van belang moet zijn. Verder mogen jullie van wat je in deze zaal ziet of hoort niets aan anderen doorvertellen of beschrijven of zelfs maar noemen. Je moet maar zo denken, net zoals je er prijs op stelt dat niet iedereen weet waarom je hier bent, zo moet je de wensen van deze twee jongemannen ook respecteren. Terwijl jullie aan het werk zijn zullen zij hier ook zijn, en hoewel ze al die tijd niet wakker zullen worden is het belangrijk dat we niets doen om ze te storen. Is dat duidelijk?'

Kling keek kwaad, Kennel staarde naar de grond, Snoeper haalde zijn schouders op en Pingel tikte een vierkwartsmaat op de muur. De verplegers lieten het verder aan mij over, gnuivend en ginnegappend, en een van hen plakte zijn kauwgum tegen de muur. *Onderzoek dat maar, makker!*

Zes.

Josie, Josie, Josie… wat is er?

'Wanneer laat je me eruit?'

Ik kwam langs de deur van mijn kantoor met mijn armen vol milieu-attributen: haken en gordijnstof die ik geleend had van het hoofdkantoor op Breathhouse, een gebutste camcorder die heel wat klappen had gehad van ontevreden patiënten.

'Binnenkort,' zei ik door de deur tegen haar. 'Binnenkort.'

'Dat duurt me te lang,' hoorde ik haar zeggen met haar beste imitatie van de stem van onze moeder.

Ik vond het heerlijk als ze net deed of ze groot was.

Een oudere Josie, thuis, een paar dagen nadat ik haar in haar slaapkamer had opgesloten, een paar dagen nadat ze had besloten mijn toenaderingen af te wijzen, kwam mijn slaapkamer binnen toen mijn ouders allang in bed lagen, gleed tussen de lakens en verbrak haar stilte.

'Het huis zal te klein zijn als ze ons zien,' zei ik tegen haar.

'Ze zien ons niet, ze zijn diep in slaap. Ik hoorde papa snurken.'

'En als ze nou slaapwandelen?'

'Dan doe ik dat ook.'

Ik glimlachte.

'Slim van je.'

Josie keek naar me op en zei serieuzer dan ik haar ooit iets had horen zeggen: 'Doe dat nooit weer.'

'Wat?'

'Dat weet je best.'

'Het experiment is toch afgelopen.'

'En wat is de uitkomst, dokter?'

'Dat weet ik nog niet. Het duurt even voordat de analyse rond is.'

'Wanneer is het volgende?'
'Dat weet ik ook nog niet.'
'Waarom doe je het?'
'Ik hou van mijn werk.'
'Dat zegt papa ook altijd.'
'Weet ik, maar ik meen het.'

Kling keek vanuit Kliks helft van de zaal kwaad naar me terwijl hij worstelde met de tape in zijn hand, geërgerd omdat de tape eerst aan zijn linker- en toen aan zijn rechterhand bleef kleven. Hij beet de tape door en gaf de strook aan Snoeper. Zijn schokkerige, stijve bewegingen straalden een diepe ontevredenheid uit alsof hij wist dat de klus veel gemakkelijker met een mes geklaard kon worden. Snoeper was een en al inschikkelijkheid en zonder een woord of grimas plakte hij de tape op de vloer, waarmee de eerste kant van het afgetekende gebied gereed was.

Ik zat in het midden van de zaal met het zeildoek opzij geschoven, een voorman op het bouwterrein van de psychiatrische behandeling. In mijn oren fluisterde Zombie, alsof hij het rechtstreeks tegen mij had: *Waar moet je zo nodig over dromen?* en viel toen stil, althans wat woorden betreft.

Op al Zombie's cassettes waren er ondanks de lengte van de bandjes enorme gaten en dan hoorde ik alleen zijn zware, moeizame ademhaling in mijn oren, de echoënde geluiden van zijn voeten die over de vloer schuifelden in zijn worsteling om te communiceren. Soms was hij simpelweg vergeten de cassetterecorder af te zetten en bleef ik ingespannen luisteren naar de lange, lange pauze tussen de zinnen. Ook Kliks aantekeningen waren soms moeilijk te volgen, want hij had soms een hele bladzijde gewijd aan de beschrijving van de omstandigheden rond een bepaalde foto en daarna alles doorgestreept en herschreven en de herziene versie op dezelfde bladzijde geperst. Maar de afdrukken waren kristalhelder, met maar een paar die te donker waren om details te kunnen onderscheiden. Het viel me op dat deze paar zwarte afdrukken opzij waren gehangen zonder begeleidende aantekeningen. Drie foto's, drie lege stukken papier die aan een andere lijn hingen dan de andere afdrukken.

Ergens in zijn verstilde wereld waren de beelden van deze foto's. Ongezegd, niet ontwikkeld maar wel aanwezig.

De elfde regel van psychotherapie is dat het geen wetenschap is maar een sport.

En de motor, de sputterende motor was alles wat we hoorden... De stem van Zombie raspt in mijn oren terwijl Kennel en Pingel de ruwe schets die ik van de auto heb gemaakt bekijken en de metaaldraad beginnen te buigen en te draaien om de basis van Zombie's gruwelvoertuig te vormen. Aan de andere kant van de zaal zie ik Kling en Snoeper zich strekken om de twee langste stukken draad die het buitenste geraamte van de caravan zullen vormen samen te binden. Ik buig vooorover en zonder Zombie af te zetten plak ik met zilverkleurige tape een cirkel. De 'controlecirkel' werd dat vroeger in lezingen en boeken genoemd. *Bij actief onderzoek, als de dynamiek van een situatie van het ene moment op het andere en vaak onverwacht kan veranderen, is het van essentieel belang dat de therapeut is voorbereid.* Binnen de cirkel zet ik mijn uitrusting klaar. Een dergelijke uitrusting – mistmachine, faxapparaat, oliebus, cassetterecorder, Kliks teddybeer, extra walkman, opvouwbare ledenpop in de leeftijd van tien à veertien met beweegbare ledematen – was bij milieutherapie onontbeerlijk, net als de

266

metaaldraad zelf die gebruikt kon worden om alles te maken wat de patiënten zelf hadden aangegeven. In dit geval ging het om een auto en een caravan, andere milieuonderzoekers hadden een toilet gemaakt, een klaslokaal, zelfs een vliegtuig voor een dwangmatige hooghitser...

De 'controlecirkel' fungeert niet alleen als middelpunt voor de mechanismen van het onderzoek, maar kan ook gezien worden als een neutrale plaats, een plek binnen de algehele omgeving waar de onderzoeker zich indien gewenst kan terugtrekken.

De Breathhouse-patiënten staren naar me als ik bezig ben en ik glimlach alleen maar en tik op mijn polshorloge.

Dit is praktische therapie in haar zuiverste vorm.

Zeven.

HET EXPERIMENT

Acht.
Ik hoor de deur van mijn kantoor kraken.
Laat me eruit…
Fax van Peterson.
Hé Sad, dit zou wel eens de laatste begrijpelijke fax kunnen zijn die je de komende tijd ontvangt, maar ik wou je dit even vertellen, zien of je het kunt pruimen, of onze transatlantische vriendschap het aankan… Ik heb Flegma een kwartiertje geleden zijn acidtablet toegestopt en nu is hij met het vuur bezig, hij houdt het brandende met stapels dikke houtblokken die iemand zo vriendelijk was alvast voor ons te hakken. Hij oogt als de tevredenheid zelve. En ikzelf sta me in mijn broek met wijd uitlopende pijpen op mijn eindexamenfeest af te vragen of er iemand met me wilt dansen, weet je wel? Ik zit in de rats, Sad. Maar ik twijfel niet. Er is een verschil. Ik geloof heilig in de ideologie van de zaak waar ik mee bezig ben en ik weet wel dat ik liever naar besneeuwde bergtoppen kijk dan naar de opgefokte televisiejunks die ik meestal zie, maar door de zenuwen ben ik bang voor de uitkomst. Maar ik wou je zeggen dat er een heel tablet in Flegma's maag ronddobbert en maar een halve in die van mij. Hij maakt voor de eerste keer van zijn leven een hele trip en ik, de gepokte, gemazelde en gebaarde ex-hippie, ex elke halfzachte rockband die je maar kunt bedenken en ex-demonstrant in Madison Square Garden met een groot hennepblad op zijn spandoek, ik zit op halve sterkte. En zo hoort het ook, Sad. De LSD is niet voor mij maar voor Flegma. Je moet maar zo denken. Slikt de dokter die methadon aan de heroïneverslaafde voorschrijft er voor de goede orde zelf

ook een paar? Welnee. Wil het waarde hebben, dan moet ik de kloof tussen patiënt en dokter overbruggen, een evenwicht zien te vinden tussen de uitersten ingrijpen en onthouding. Een halve nemen, daar schiet je iets mee op. Ik zal op zijn golfleng-te zitten maar niet met dezelfde waanzin vibreren; ik zal in staat zijn om te reageren op de verbale communicatie die hope-lijk in hem zal opwellen. Ik moet zijn gezicht zien en geen sja-maanvisioenen. Je mag me sentimenteel vinden, een workahol-ic, zeg rustig dat ik niet in staat ben om afstand te nemen, maar ik wil er voor Flegma zijn als de LSD eenmaal toeslaat. Mis-schien is het zelfs wel uit een schuldgevoel omdat ik de hele si-tuatie op touw heb gezet, maar dat jong zou uiteindelijk toch helemaal volgepompt zijn met een of ander middel op recept – zijn ouders hadden daar al mee gedreigd toen de voorraad holis-tische en van de televisie geplukte benaderingen zo'n beetje op-raakte – en als hij dan toch iets zou nemen om uit zichzelf te treden, dan kan het net zo goed de grootvader van het escapisme zijn.

Negen.

Josie probeerde mij een keer in de badkamer op te sluiten. Ongetwijfeld uit wraak, om recht te doen ze-gevieren. De bekende stoel-tegen-de-deurknop-truc. Die had ze in films gezien, oude zwartwitjes die onze ouders op zondagmiddagen gniffelend bekeken. Het werkte niet. Misschien was de hoek verkeerd, mis-schien was de stoel verkeerd. Eén duw en ik was er-uit.

Tien.

Waarom deed je dat? schreeuwt Josie zodra ik de deur van mijn kantoor van het slot doe, maar dat is te veel herrie in mijn hoofd en ik laat haar daarom tegen me fluisteren als ik haar bij haar hand meevoer de gang in.

Maar ik ben van mijn stuk gebracht. Toen ik haar

270

in het kantoor achterliet was ze in de groenejurkfase, lange benen, smalle heupen, het gezicht van een boze kattenkop, en nu was ze jonger dan ik haar ooit had gezien, me zelfs kon herinneren, in een zachtroze slaappakje. Ze was vier, vijf misschien, maar jong genoeg om te waggelen en bij elke stap bijna te vallen. Toen ik de deur van mijn kantoor sloot en me omdraaide, stond ze in het roodverlichte gangetje met haar ogen te knipperen.

Wat heb je gedaan? laat ik haar weer vragen om ons terug te voeren naar bekend terrein.

'Het gaat beginnen.'

Wat?

'Het experiment.'

Ik nam haar mee door de gang die Kennel en Pingel een gedaantewisseling hadden laten ondergaan. Kennel had treurig de trap vastgehouden terwijl Pingel de witte tl-buizen over de gehele lengte van de gang met rode gel bedekte. De vlekkerige muren, die hooguit bont waren te noemen, boden ineens een nieuwe, schaduwachtige aanblik. Precies wat mijn bedoeling was geweest. Als het experiment zich uitbreidde naar de gang zou niet alles verloren zijn en kon een soort omgevingsgevoel in stand blijven. *Verwacht het onverwachte in milieutherapie.* Klik zou denken dat hij in een doka was en Zombie zou het idee hebben dat hij het hol van zijn vader had betreden.

Dek je voor alle mogelijkheden in, Sad.

Eerst bekeek Pingel en toen Kennel hun werk.

'Het lijkt nu wel een discotheek.'

'Bij dit licht heb ik het gevoel dat ik de wereld in een doosje heb.'

Pingel bootst het ritme van een bassdrum en een

hi-hat met haar mond na, en bonkt op het tegenritme met haar smalle heupen tegen de muur.

'Snel,' zeg ik tegen Josie als ze halverwege de zaal treuzelt.

Waarom?

'We willen niets missen.'

Ik duwde haar voor me uit en we werden allebei verrast door de oprukkende mist die onder het zeildoek door kroop. Ik had de machine tien minuten laten draaien en aan de rook die Kliks zaalhelft vulde te zien, waren dat er negen te veel geweest. Ik draaide de knop van de machine om en bukte me naar Josie om de tranen uit haar ogen te vegen. Ze wreef verwoed in haar ogen en plukte aan de geïrriteerde oogleden. We waren ongemerkt de controlecirkel binnengestapt.

'Niet wrijven. Je weet wat mama altijd zei...'

Ik zag haar voor de televisie staan, huilend om aandacht, dikke rode strepen die diep in de huid rond haar ogen brandden en moeder die zei: Als je erin wrijft wordt het alleen maar erger...

Mijn ene hand hield Josie's warme friemelvingertjes vast en de andere liet de opgenomen muziek aanzwellen. Satie. Ongeveer een jaar geleden hadden de gekken op de École du Thérapie in Parijs een muziektherapiesessie opgenomen met gestoorde, agressieve kinderen. Ze kwamen op het afgezaagde idee en de neohippiegedachte dat als je opgenomen natuurgeluiden afspeelde voor een stelletje stadskinderen ze helemaal au naturel werden en tot bedaren kwamen. Een typisch wollige gedachte van een stelletje neo-Freudianen, maar zo is het nu eenmaal, niet iedereen kan het scherp van de snede van Peterson en Sad aan. Maar van één idee was ik wel gecharmeerd, ik denk omdat het ongebruikelijk was maar misschien ook wel omdat het enige *milieu*-waarde had. Ze namen de natuurgeluiden op van vogels, de wind in de bomen en ritselende bladeren, en creëerden met synthesizers en samplers een auditief behangetje voor de kinderen. Leuk bedacht, maar ze hadden natuurlijk *stads*geluiden moeten opnemen, geen natuurgeluiden. Het enige wat ze deden was de kinderen een uitstapje uit hun hel bezorgen, maar altijd met de wetenschap dat ze terug zouden gaan naar de straat. *Terg me, terg me.* Het was veel beter om ze geluiden te geven die ze konden ontcijferen, filteren en herkennen als onderdeel van hun gewone leven... maar dat is mijn probleem niet.

Wang aan wang gluurden Josie en ik door de spleet in het zeildoek Kliks wereld in. We zagen de lichten het eerst. *Mooi, Curtis, mooi...* De rode, blauwe en groene kerstboomlampjes die op regelmatige afstand van elkaar de buitenkant van de caravan accentueerden. Ze brandden door de mist heen en elk lampje had zijn eigen lichtkrans in de duisternis. Een baken, dacht ik, iets wat Klik kon vinden en nooit meer kwijt kon raken, naar welke hoek van de zaal hij ook zwierf. In het licht van de kerstboomverlichting was goed te zien dat Kling en Snoeper uitstekend werk hadden afgeleverd. Met alleen mijn ruwe schetsen en spaarzame aanwijzingen hadden ze een mobiel huis gemaakt dat op een stormachtige westkust niet zou misstaan.

Maar in eerste instantie was het niet van een leien dakje gegaan. Snoeper was chagrijnig en werkte niet mee en trok zich tergend weinig aan van dreigementen, terwijl Kling jammerde en klaagde dat het allemaal veel beter zou gaan met een mes om het draad mee door te snijden in plaats van het kleine (en botte) draadschaartje dat ik hem had gegeven. Het aantal uren tot mijn patiënten wakker zouden worden slonk – het was aan te raden de elothinedrine maar een beperkte tijd te gebruiken omdat er anders complicaties konden optreden en er infusen nodig waren en ze konden gaan doorliggen. *Het is in vele opzichten een wondermiddel, Sad, het beste niet-geneesmiddel dat een psycholoog met probleemgevallen zich kan wensen. Ze worden gevloerd.* Ik besloot de waarschuwingen van mijn Breathhousecollega's te negeren en in te grijpen. Ik vond een mes voor Kling, geen Sabatier, zoals hij grimmig opmerkte, zelf niet van eersteklas staal, maar het gebrek aan kwaliteit werd ruimschoots goedgemaakt door de lengte.

'Vijftien centimeter,' knikte Kling tevreden.

Maar niet alleen Kling moest aangemoedigd worden. Ook Snoepers toch al niet meer dan halfhartige betrokkenheid begon in te zakken. Ik snuffelde de dossiers op kantoor door naar bescheiden die betrekking hadden op de laatste pedo die de unit had bezocht en ik vond een Nederlandse *Boy* die de psychen van Breathhouse voor zijn neus of beter gezegd voor zijn pik hadden gezwaaid, hopend op een bezwarende reactie of erectie. Het werkte bij Snoeper. *Geef die types een vleugje onschuldig, mals vlees en ze zijn weg.* Ik gaf hem tien minuten op de wc en vond het goed dat hij het tijdschrift in zijn achterzak hield wanneer, en uitsluitend als, hij aan het werk was. Hij was opgetogen.

'In het ziekenhuis is dit klinkende munt, echt.'

Mijn pogingen om ze te motiveren nadat hun gevoel voor eigenwaarde er in Breathhouse uit was gebloed, werden beloond met hun aandacht voor detail. Voor het plan hoefde er alleen maar een caravan anno 1970 te worden gemaakt. *Milieu heeft meer met sfeer dan met exacte waarheidsgetrouwheid te maken.* Drie ramen, een deur, twee wielen van metaaldraad met een slinger kerstboomlampjes om de vorm te benadrukken. Maar toen Kling en Snoeper op de juiste manier waren gemotiveerd, gingen ze veel verder. Binnen werd een vloer aangebracht, een vlechtwerk van draden die kriskras van de ene naar de andere kant werden gespannen. De verschillende hoeken zoals Klik die had beschreven en gefotografeerd, de zithoek, de slaaphoek enz., werden aangegeven met een slinger blauwe lampjes voor de slaapkamer, rood voor de zithoek en vier groene slingers rond de ramen en de deur. Toen ze eenmaal gemotiveerd waren, hielpen ze me Klik van het midden van zijn zaalhelft naar een van de zijmuren te dragen, terwijl ze voor die tijd weigerden hem aan te raken omdat ze niet helemaal geloofden dat hij echt leefde. Sterker nog, toen de constructie eenmaal klaar was en ze me hielpen de omgeving te bedraden voor geluid, mist en andere elektrische effecten, droegen ze Klik naar binnen en legden ze hem op de draadvloer neer, in de zithoek, en kruisten ze zijn armen over zijn borst alsof dit alles een bizar dodenritueel was en Klik onderweg was naar een soort walhalla. Het allerbeste was nog de suggestie van Kling, waardoor ik op mijn beurt het milieu uitbreidde tot de buitengang en de rode lichtjes fungeerden als een buitenrand voor de wereld die rond de caravan was geschapen.

'Waar bevindt de caravan zich, dokter?'

'Dat kan overal zijn. Ze reden rond. Ik heb hier de meest uiteenlopende foto's, van bos tot stad en van kust tot bergen. Eigenlijk moeilijk te zeggen.'

'Bos?'

'Ja, een groot deel van de tijd.'

'Vindt u het goed dat ik naar buiten ga?'

Niemand mocht van de unit af was mij dwingend te verstaan gegeven. Op die voorwaarde had ik de patiënten gekregen en dit was de enige regel die ik niet aan mijn laars wilde lappen. Breathhouse was geen t.b.s.-inrichting, het was geen vesting, althans niet buiten, en als Kling eenmaal in het park was met zijn vijftien centimeter lange mes, kon hij zo over de muur springen en gaan hakken. Snoeper en Kling keken me allebei aan, wetende dat mijn bereidheid om permissie te geven niet van enig belang was ontbloot. Vertrouwen of wantrouwen.

'Vooruit, maar laat het mes hier, Kling.'

'Dat heb ik nodig voor mijn plannetje.'

Mijn tenen kromden zich en ik draaide een stuk draad helemaal rond mijn pink tot ik mijn bloed in het topje voelde bonzen. *Een psychotherapeut moet vaak voor de vuist weg denken.*

'Goed.'

Snoeper werd er niet bij betrokken en hij leunde gelukzalig tegen de muur, haalde het tijdschrift uit zijn achterzak en zoog in stilte de verboden wereld op. Collega's op Breathhouse zouden ontzet zijn, maar ik benijdde Snoeper zijn simpele obsessies, dat hij bij alles non-stop aan slechts één ding dacht. Ik dacht aan Josie, niet op de unit maar de Josie van thuis, in het souterrain, haar bleekgroene jurk, haar bevende lichaam in de donkere kelder nauwelijks zichtbaar maar voor mij in mijn hoofd helder. Zeg maar kristalhelder.

We wachtten een tijdje maar ik gaf niet toe aan de impuls om naar buiten te hollen, Kling bij zijn kladden te grijpen en hem naar binnen te sleuren voordat hij werd ontdekt. Eindelijk kwam hij terug, hij gooide een armvol schors op de vloer en vertrok weer. Steeds opnieuw kwam hij terug met eenzelfde lading, schors in verschillende kleuren, grijs, groen, bruin van verschillende boomsoorten.

'Waar heb je dat allemaal vandaan?'

Hij keek me aan alsof de rollen plotseling waren omgedraaid en ik degene was die hulp nodig had.

'Van de bomen, dokter, alle bomen rond de unit.'

En hij had gelijk. Ik liep de gang door naar de voordeur van de unit en zag wat hij had gedaan en waarom het zo lang had geduurd.

Alle stammen van de bomen die ik zag, berken, kastanjes, essen en iepen waren vanaf de grond tot een meter tachtig hoog ontschorst. Ik was ontsteld en geschokt en ik moest lachen, want het was geen gezicht. Mijn eerste gedachte was wat de Breathhouse-bups er wel niet van zou denken, want ze zouden het ogenblikkelijk wijten aan mijn onvermogen om mijn patiënten in de hand te houden of het zien als een buitenissige, wonderlijke therapie die ik had verzonnen om Klik of Zombie te onderzoeken.

Ja, Sad, je hebt groot gelijk, boomtherapie is bijzonder 'populier' op terreinen van Staatsbosbeheer. Je hebt daar namelijk alles bij de hand...

Ten tweede kon het gezien worden als verkrachting van de natuur, een wrede, akelige grap die een ziek en ontaard mens met Gods schepping had uitgehaald en die moeilijk opgevat kon worden als een inleiding op de behandeling. Maar ten derde zag ik, toen ik terugkwam in Kliks zaalhelft, Kling en Snoeper armenvol schors tegen de muur uitspreiden en de boomhuid op de houten vloerplanken strooien, en hun voetstappen klonken steeds gedempter. De omgeving voor een stomme wordt zelf stom: onze voetstappen verstilden. Kling keek me stralend aan en hief zijn mes triomfantelijk boven zijn hoofd. Ik zag hier geen bedreiging in, slechts een patiënt met een intuïtief gevoel voor omgeving, een patiënt die begreep wat ik hier probeerde te doen. Ik kon hem wel zoenen, maar ik besloot hem in plaats daarvan, als dit allemaal achter de rug was, te belonen met een twintig centimeter lange Sabatier van topkwaliteit.

Mooie muziek.

Josie sprong de zaal in toen ik het zeildoek iets opzij-trok en wervelde door de mist met haar armen boven haar hoofd gestrekt en haar benen alle kanten op schoppend.

Nu zie je me.

Ze hurkte neer, haar armen drukten haar knieën tegen haar borst, en ze rolde de zaal door. Ik kon haar niet tegenhouden, wilde haar niet tegenhouden.

En nu niet meer.

Het faxapparaat in de controlecirkel spuugt een fax uit.

Hé Sad, ooit een fax op acid verstuurd, dat is te gek man, gewoon te gek. Ik heb het al vier keer geprobeerd en ik denk dat ik deze bladzijden al naar minstens drie verschillende plaatsen op de wereld heb gestuurd — CIA, Scotland Yard en de Finse politie! Ik vind alles best. Als puntje bij paaltje komt, in een crisis, is elke haven in een storm goed. Iemand moet het toch lezen? Het swingt hier de pan uit, het tript de pan uit. Ha ha! Ik houd me op dit moment aan de tafel vast en ik voel het hout onder mijn vingers krioelen. Ik kan de vezels zien, de onvolkomenheden, de splinters, het is allemaal zo godsgruwelijk elementair. Iemand heeft mijn ogen weggehaald, man, en er microscopen voor in de plaats gezet. Zo voel ik dat. Het neemt me mee terug, dit gevoel, naar de grauw van Howl en zo. Ik ben geen kind van de jaren zestig, maar van de jaren zeventig en iedereen zegt altijd dat ik het ware heb gemist, toen het allemaal begon, maar dat betwijfel ik, dat weet ik zo net nog niet. Ze

waren toen misschien niet te stoned om te denken maar ze wa-
ren absoluut te stoned om er veel aan te doen. Oeps, zeg ik,
er komt de hele tijd acid-eerlijkheid uit, raakt je tussen de ogen,
mept je in je gezicht. Wie hou ik eigenlijk voor de gek, man,
ik zit me hier uit alle macht aan de tafel vast te houden en weet
je wat Flegma doet, weet je wat dat zielige, prachtige joch
aan het doen is? Praten? Dacht je dat hij praatte, een auditie
voor eruditie, dacht je dat, alsof hij ineens na al die toestanden
zijn stem heeft gevonden en, net als Huysmans, zijn omgeving
tot in de kleinste details beschrijft en zichzelf eindige definities
van de natuur en de natuur van de wereld ontlokt? Vergeet het,
man, vergeet het maar. Hij loopt door de kamer, beent rond,
zeven grote stappen voor de ene muur, dan zes, dan negen, dan
weer zeven. Hij telt ze, ik weet dat hij ze telt, maar er komt
geen geluid over zijn lippen. Ik probeerde ze hardop te tellen
maar na vier raakte ik de tel kwijt en nu maakt hij weer een
rondje. Ik heb de boot gemist, Sad, ik denk dat ik de boot op de
terugweg moet pakken, jou op de terugweg moet pakken.
Groeten, Sad, voor dit ogenblik genoeg op dit apparaat geram-
meld.

Twee felle lampen schijnen in mijn ogen als ik Zombie's zaalhelft binnenstap. Twee koplampen om precies
te zijn.
    'Hebt u een auto, dokter?'
    'Ja.'
    'Moet u ergens heen?'
    'Ik heb geen plannen, hoezo?'
    'We zouden de koplampen kunnen gebruiken.'
    Pingel stond klaar om mijn auto te onttakelen.
    'Daar heb ik al aan gedacht en er zit toch geen stereo
in, vrees ik, niet eens een radio.'
    Ze leek een beetje nijdig omdat ik had bedacht wat
zij had bedacht.

'Jullie hebben prima werk geleverd, allebei.' Kennel keek of het hem niet kon schelen en Pingel begon op en neer te springen, één bonk energie, en de bassdrum en de hi-hat vielen weer in. De auto was volmaakt, hij leek sprekend op mijn ruwe schets van een oude Morris, zo'n mollige pruttelauto die nu een lachertje of een verzamelobject is, net hoe je ertegen aankijkt. Ik gaf ze allebei een halogeenlamp die ik voor een zekere prijs van een van de verplegers op Breathhouse had gekocht en ze begonnen ze aan de modelauto te bevestigen.

Pingel en Kennel hadden niet zo goed samengewerkt als Kling en Snoeper, maar ze klaarden de klus wel. Ze gingen allebei te zeer in hun eigen wereld op om zich iets van de ander aan te trekken of zich volledig te concentreren op de taak die ze was opgedragen. Kennel leek voortdurend ergens anders met zijn hoofd te zijn, ergens in zijn ellendige verleden, zijn berooide heden. Hij was niet iemand die gemakkelijk uit zichzelf te halen was. *Kennel, Sad, is zo'n patiënt die door het verleden is uitgezogen, zijn tragedies hebben tot anhedonie geleid, niets om voor te leven maar ook niets om voor te sterven.* Pingel daarentegen was zelden in zichzelf gekeerd, haar hoofd en lichaam waren constant verwikkeld in een niet te stuiten kinetische behoefte. Het duurde een hele tijd voordat ze een stuk metaaldraad van de ene kant van de auto naar de andere had gespannen, ze moest voortdurend een ritme op de vloer tikken, op haar hoofd, eigenlijk overal op. Ze neuriede en zong en was druk bezig met van alles behalve met wat ik haar gevraagd had te doen, terwijl Kennels bewegingen precies het tegenovergestelde waren. *Een stroperige beweging, Sad, hij wil niet vooruit en kan niet achteruit...* Het duurde uren voordat de twee deuren klaar waren en ik

moest het proces versnellen door zelf de kerstboomverlichting aan het dak en de panelen aan de auto te bevestigen.

'Er moet toch echt een radio in de auto,' merkte Pingel op.

'Misschien, maar eerst moeten er stoelen in. Je moet
ergens op kunnen zitten als je naar muziek wilt luisteren.'

Dat soort wollige redeneringen haatte ik bij andere
psychosloven, in één klap beduvelen en neerbuigend
doen, maar ze klaagde niet en op deze manier had Pingel tenminste de motivatie om het draad rond het
grondvlak van de auto in een fatsoenlijke stoelvorm te
wikkelen tot het geheel sterk genoeg was om haar gewicht te dragen.

'Stap in, Kennel, we gaan een stukje rijden en de stereo uitproberen.'

Kennel ging natuurlijk niet in op de invitatie en stak
nerveus een sigaret op. Met zachte dwang voerde ik
Pingel weg van de auto, uit het verblindende witte
licht van de halogeenkoplampen.

'Het is ook altijd hetzelfde,' jammerde ze. 'Zodra ik
in de buurt van een stereo kom, houdt een of andere et-
ter me tegen of hij zet de muziek af of zegt dat hij de
politie belt of zegt dat ik moet ophoepelen of zegt dat
ik moet gaan fietsen...'

Ik greep Pingel bij de arm en bracht haar naar de on-
gebruikte kamer op de gang. Daarna Kennel, met zijn
sigaret die bijna vergeten tussen zijn lippen brandde.
Snoeper en Kling vroeg ik, en dat was iets eenvoudi-
ger, om mee te gaan naar de wachtkamer, zoals ik die
noemde. Daar, zo legde ik ze uit, zouden ze worden
opgehaald en teruggebracht naar Breathhouse, maar
pas als ze ruimschoots beloond waren voor al hun

werk. Kling zwaaide erkentelijk met zijn mes en Snoeper grijnsde en klopte op het tijdschrift in zijn achterzak. Ik deed de deur achter me op slot.

Plotseling, na al die uren van voortdurend lawaai en het geluid van metaal dat over de vloer schuurt en krast, was de zaal stil. Ik trok het zeildoek dat Klik en Zombie scheidde dicht en deed de plafondlampen uit, zette de mistmachine aan en ging mijn Josie halen die met radslagen de zaal uit wiekte, joelend en gillend met haar hoge kinderstemmetje.

Pak me dan, als je kan dacht ik haar te horen roepen.

Sad, je moet me nu terugfaxen en wel ogenblikkelijk. Laat die transatlantische kabels zoemen of weet ik veel hoe dit bericht van hier naar jou toe komt. Ik voel me afgesneden in deze verdomde bergen. Ik ben een stadsmens, altijd geweest, zal ik altijd blijven ook. Deze bergen, de bomen rond de blokhut, alles beklemt me. Je weet wel wat ik bedoel, je kunt op de ruimtelijkste plek op aarde zijn van toendra tot woestijn en toch het gevoel hebben dat je in een kast opgesloten bent, en de sleutel is spoorloos verdwenen.

Ik denk dat Flegma niet langer Flegma is. Dossier nummer x21 ontspoort en ik ben niet in staat om er iets aan te doen. Hoor je me, man, want voor de rest zal geen hond me horen. Dit gaat niet goed. Ik word steeds higher op deze acid, het plafond is nog lang niet in zicht en ik weet niet meer wanneer ik dat kutding heb genomen. Als de eerste de beste beginneling ben ik vergeten op de klok te kijken, dat heb je zo buiten de stad, ik vergat op de klok te kijken. Ik kan er niet bij. Ik had beter moeten weten. Als alles fout loopt en je geen vaste grond meer in het hier en nu hebt, dan weet je nog wel hoe laat het is en kun je jezelf terughalen, de trip afkappen en weer greep krijgen. Maar ik heb geen houvast meer. Ik kom niet weg van deze

tafel. Dit faxapparaat is mijn sinaasappelsap, mijn enige mid-
del om op de grond te komen. Ik kan me niet bewegen. Geen
ideeën die aan deze worteling trekken, geen psychologie die iets
aan deze verlamming doet. En Flegma is voortdurend in de
weer. Hij vernielt de hele boel. Eerst was het non-stop lopen,
rond en rond en rond, en nu brengt hij alles naar buiten. De
stoelen, de schilderijen, de prulletjes, zelfs de borden en kopjes
gaan allemaal naar buiten. En niet omdat hij wil picknicken,
Sad, dit is geen picknick, hij pakt de boel gewoon op en smijt
alles naar buiten. Het begint nog donker te worden ook en God
mag weten waar het allemaal terechtkomt, maar ik hoor heel
wat gekraak en gebonk. Ik kan er niks tegen doen. Stuur jij
hem een fax, type er een paar positieven in, zorg dat hij ermee
ophoudt. Gatsamme, Sad, hij zeult nu met de koelkast, heeft
de stekker er niet eens uit getrokken, hij sleurt de hele zooi over
de grond. Dat wordt straks flink dokken. Het Instituut heeft
een inventarislijst van een kilometer lang voor deze hut, man,
een kilometer, en dit gaat me een rib uit mijn lijf kosten. Er ligt
al voor een half maandsalaris buiten. Shit, en weet je het mooi-
ste is nog, het allerergste is nog. Hij heeft geen woord gezegd.
Geen grom, geen kreun, geen vitamine voor de arbeid. Niks.
Ik moet proberen me te verroeren.

Klik stond in het midden van zijn deel van de zaal.
Wang tegen wang keken Josie en ik naar hem. Ja, dit
was zenuwslopend en ik hield Josie steviger vast dan
anders, mijn arm omringde driekwart van haar smalle
middel. De verwachting van de afloop. In de beste casestudy's, hoe formeel ook van toon, straalde de onderzoeker altijd een gespannen verwachting of ingehouden euforie uit. Die was er altijd, ook in het zelfvolda-
ne academische taalgebruik was dat altijd aanwezig.
Mijn mentor las mijn scriptie over *Seksualiteit thuis: het*
seksuele gezin en zei tegen me: '*Je wou er echt iets van ma-*

ken, hè, Sad, je wou echt iets bewijzen.'

Hij gaf me met tegenzin een voldoende.

'Maar net, maar net. Laat je niet meeslepen door ideeën. Die hebben zonder praktische toepassing niets te betekenen.'

Ik wilde mijn vroegere mentor uit zijn Alzheimerpensioen sleuren en hem meenemen naar de unit. Mijn unit, mijn onderzoek, mijn patiënten. Ideeën die in mijn optiek de praktijk frontaal troffen. Klik had nog niets gezegd en dat was prima. Hij was net wakker geworden uit een kunstmatige slaap na dagenlang intensief herinneringen te hebben teruggehaald, en toen hij wakker werd zag hij een omgeving die leek op de omgeving waar hij voor het laatst een gevoel van zichzelf had gehad, een gevoel van leven. Ik noem dat praktisch.

We draaiden ons om en keken door het tegenoverliggende kijkgat en zagen Zombie in een vrijwel identieke houding als Klik staan, zijn pijnlijk magere lijf beefde, zijn stekeltjeshoofd knikte op en neer alsof hij het roerend eens was met iets wat gezegd was. Zijn silhouet tekende zich af tegen de felle lichtbundels van de halogeenlampen, maar ik zag dat hij zijn hand opstak en dat zijn lippen iets begonnen te zeggen.

Ik drukte Josie dichter tegen me aan, mijn hand gleed over haar borst en ogenblikkelijk, ongelooflijk, werd ze voor mijn ogen te zwaar, ging ze van tien naar veertien en waar mijn hand daarnet nog over haar benige borstkas wreef, stuitten mijn vingers nu ineens op haar borsten. Ik kon geen woorden voor haar vinden maar het lukte haar om zonder mij te zeggen: *Het is begonnen, hè?*

'Ja, zo ongeveer,' zei ik tegen haar, ik zette haar op de grond en stapte terug in de controlecirkel. Zachtjes duwde ik Josie opzij toen ze om mij heen gluurde om te zien wat ik deed, ik rekte me tot buiten de cirkel omdat Zombie me niet mocht zien, omdat ik mijn anonimiteit wilde behouden, en goot de olie langzaam uit de bus in de richting van het midden van zijn zaalhelft.

Er zijn uiteraard heel wat voorbeelden van geuren die herinneringen bovenbrengen; een lucht die de omgeving treft en daarmee de persoonlijkheid van de persoon in kwestie. Van krab-en-ruik t-shirts tot Sensurround-films; van de lang vervlogen geur van simpele kost en *mama's appeltaart* tot de ongrijpbare en persoonlijke lichaamsgeur van een vroegere geliefde. Het was er allemaal in zwart-wit en nu stroomde het over de vloer van de zaal, een stroom van zwart die glinsterde in de gloed van de halogeenlampen.

Er kwam vrijwel ogenblikkelijk een reactie.

Zombie besnuffelde de lucht en keek toen naar zijn voeten. De olie verspreidde zich snel om hem heen en onder het draadframe van de auto. Hij was verbijsterd, zijn mond viel open en zijn ogen rolden in hun kassen.

'Jake...?'

Hij legde zijn hand op de vloer en liet de vloeistof tussen zijn vingers door lopen, bracht zijn hand naar zijn neus en veegde hem af aan zijn Breathhouse-uniform. Op onzekere benen draaide hij zich om en liep langzaam om de auto heen, keek eronder en eroverheen alsof hij het lek probeerde te vinden. De olie had zich nu zo breed en dun verspreid dat het onmogelijk te zeggen was waar hij vandaan was gekomen, onmogelijk te ontkomen was aan de stank.

'*Getverderrie*,' fluisterde Josie.

Ik ging gauw terug naar de controlecirkel en greep Kliks eerste milieu-attribuut. Hij had tot nu toe nog

geen enkel teken gegeven dat hij zijn nieuw opge-
bouwde omgeving herkende en daarom gooide ik zijn
teddybeer in de strijd met zijn ruw gesneden keizersne-
de die keurig was dichtgenaaid door Beth toen Klik
net was aangekomen. De beer gleed over de houten
vloer en verdween in de mist. Even hing er spanning
in de lucht, een sensatie die niet vaak geassocieerd
wordt met een instituut als Breathhouse. Routine
smoorde elk gevoel voor het onverwachte. *Je staat op,
gaat naar je werk, doet je plicht, gaat naar huis, gaat naar bed.
Het is een doodgewone baan, Sad.* Niet hier, niet nu, de
woorden van de psychosloven weergalmden betekenis-
loos in een stilte die alleen verbroken werd door Zombie's gesmoorde uitroepen. Toen brak de spanning en
nam de actie het over. De beer scheerde over de gelakte
vloer naar achter in de zaal. Maar niet de hele beer, alleen zijn lijf, en terwijl dat in de mist verdween stuiterde het hoofd mijn kant uit. Toen scheurden de armen
en benen los en vlogen ze de lucht in en vielen ze door
het frame van de caravan, onder de trage klanken van
Gymnopédies.

Achter me hoorde ik Zombie roepen en ik ging snel
naar de cassetterecorder voor Zombie's zaalhelft om
het geluid aan te zetten van een auto die steeds opnieuw
tot leven sputtert en dan langzaam wegrijdt. Het was
een doorgaand bandje en zodra het geluid van de auto
in de verte wegstierf kwam het kabaal van de startende
motor weer terug. Ik zag Zombie onder de auto verdwijnen, zijn benen en armen besmeurd met olie, en
zijn stem herhaalde steeds weer: 'Waar is Jake... heb je
Jake gevonden... heb je hem gevonden...?'

Josie kroop achter me weg en sloeg haar armen strak
om mijn middel. Ik stelde haar gauw gerust.

'Het is goed, alles is in orde. Zombie weet waar hij

is, hij weet alleen niet wie ik ben. Dat is allemaal de bedoeling.'

'Is dat zo?' vroeg ze. En ik keek haar verbaasd aan. Ik had haar niet gevraagd om dat te zeggen. Waar kwam dat vandaan?

Ik voelde me moe en ook opgewonden.

Toen, alsof er nog niet genoeg herrie was, hoorde ik gekraak in de buitengang en hoewel ik de zaal op dat ogenblik helemaal niet wilde verlaten, zou ik misschien wel moeten. Het kon iedereen zijn, maar in mijn achterhoofd sarde ik mezelf dat het misschien wel Beth was die me op een van haar vrije dagen kwam helpen. *Ik heb je de komende dagen niet nodig, ga er even tussenuit, dat heb je wel verdiend...* Of, erger nog, het kon de chefpsychosloof van Breathhouse zijn die me het onverwachte bezoek bracht waarmee steeds werd gedreigd. *We komen een dezer dagen naar je toe, Sad, kijken of we waar voor ons geld krijgen.* Wat een timing. Het was op Breathhouse waarschijnlijk een slappe middag, maar voor mij was het de crux van weken werk. Een kop koffie, uitleg over het delicate stadium waarin het onderzoek verkeerde en ze er binnen een halfuur weer uit schoppen. Zelfs dat was nog te lang. Maar ik kon er niet onderuit, hoe graag ik ook wou.

Natuurlijk was het niet wat ik had gedacht. Kling, Pingel, Kennel en Snoeper stonden op de deur van de wachtkamer in de gang tegenover de zaal te bonzen en aan de deurkruk te rammelen.

'Wanneer laat u ons eruit, Sad?'

'Wanneer krijgen we het extraatje dat u ons beloofde?'

Toen ik de stemmen van Kling en Pingel hoorde, schoot door me heen dat het stom was geweest om Kling het mes te geven. Zijn stem klonk overal bovenuit maar Pingel krijste een aardig mondje mee. Gek genoeg vond ik niet het geluid van deze twee stemmen het beangstigendst, maar het gebons van vier paar vuisten tegen de deur. Zelfs al waren Snoeper en Kennel te schuchter om zelf in actie te komen, ze konden wel voldoende opgezweept worden door de twee anderen. En dit was niet het juiste moment om verplegers te roepen, niet het moment om er beteugeling van buitenaf bij te halen. Er zouden vragen en opmerkingen komen, en die kon ik op dit ogenblik niet gebruiken.

'Rustig maar. Ik kom zo snel mogelijk bij jullie.'

Sad, grijp de telefoon en draai nu dit nummer. Het gaat hier niet goed. Er staat haast niks meer in de hele blokhut. Flegma heeft alles naar buiten gesleept, en niet alleen de meubels, alles. Daarnet ging het laatste naar buiten, God mag weten hoe hij het voor elkaar kreeg. Hij haalde de poten van de twee bedden, gooide ze het raam uit en sjouwde toen de matrassen naar buiten. En weet je wat hij nu aan het doen is, weet je wat hij nu aan het doen is, Sad, hij staat aan de leidingen in de keuken en de badkamer te rukken en gooit ze naar buiten, voor de blokhut. Er staat geen bad meer, Sad, je gelooft het niet, hij heeft verdomme de badkuip losgetrokken. Alleen de wc is er nog en ook dat zal niet lang meer duren, vrees ik. Wat heeft dat joch? Er was helemaal niks, nul komma nul in zijn dossier, in de gesprekken met zijn ouders, niks dat duidde op vernielzucht. Die vent zou zo mak zijn als een hert dat gevangen is in de koplampen. Weet je wel? Hij zou nog niet reageren als je hem met een elektrische prikkel opporde. En zie hem nu eens. Ik wou dat je hem kon zien, ik wou in godsnaam dat iemand hem nu kon zien. Hij is niet de jongen die hij vroeger was, of ze hebben me wat wijsgemaakt. Ik zit hier met een psychopaat in hart en nieren en ik kan niet eens van deze klotetafel wegkomen. Ik weet het, ik weet het, ik weet wat je wilt zeggen en

misschien geef je daarom geen antwoord en laat je me in mijn
sop gaarkoken, zoiets. Je had hem geen acid moeten geven, Pe-
terson, het is je eigen schuld, je hebt je billen gebrand en nu
moet je op de blaren zitten. Ik dacht dat we dikker met elkaar
waren, mensen op het scherp van de snede horen elkaar te steu-
nen. Het gaat niet altijd van een leien dakje, dat moet je weten.
En misschien is het de acid, bij hem en bij mij, misschien zit
hij gewoon bij het vuur rustig een boek te lezen en beeld ik het
me allemaal in maar dat denk ik toch niet. Zo ver ben ik niet
heen, dat weet ik wel. Hij reageert prima op de acid maar hij
zingt of praat of schreeuwt of vloekt niet. Hij is serieus bezig
deze hut af te breken en dat gaat me een smak geld kosten. Bel
me.

Ik holde terug naar de achtermuur van de zaal waar
het koord voor het gordijn dat Kennel en Pingel hadden opgehangen om een haak was gewonden. Ik
maakte het los en boven het lawaai van de auto en de
spaarzame pianoklanken uit hoorde ik het gezoef van
het gordijn dat de auto omsloot, een snelle ruising van
stof die zich ontvouwt, en het bloempatroon lichtte
op in het halogeenlicht, het silhouet van de modelauto
golfde heen en weer en Zombie's stakerige lichaam
kronkelde zich tussen metaaldraden, kerstboomlampjes
en olie.

Curtis... Curtis...

Josie trok aan mijn overhemd, ongedacht en onge-
roepen. In de afgelopen minuten was ze gegroeid en
ouder geworden en had ze haar haar afgeschoren. Ze
was zestien en stond op het punt het huis te verlaten,
het begin van de lange reis weg van de Josie die ik had
gekend en met wie ik was opgegroeid. Ze kwam nu
tot aan mijn schouders, het kaalgeschoren hoofd klaar
om zich van me los te maken, en haar lange oorbellen

289

zwiepten van links naar rechts toen ze afkeurend haar hoofd schudde.

Je moet nu ingrijpen. Heeft dit therapeutische waarde?

'Hou verdomme je mond. Ik heb je niks gevraagd.'

Ze trok een gezicht, werd jonger en gleed af naar tienjarige leeftijd, net aan het einde van de krullenfase en het begin van de groenejurkfase, jong vet dat wijkt voor niets op haar botten. Ze begon te huilen en ondanks alles wat er om me heen gebeurde – de auto die zich een weg ronkte door Zombie's zaalhelft, zijn stem die steeds scheller werd, de mist die in mijn keel prikte, de ongeduldige Breathhousepatiënten in de andere kamer – moest ik even de tijd nemen om mijn lippen op de tranen die over haar wangen rolden te drukken, om mijn vingers door haar haar te halen. Er was altijd tijd voor Josie, het maakte niet uit wat voor klasse of avond het was, er was altijd tijd voor mijn zusje.

Maar ik bukte me nog niet om haar aan te raken of ze schoot weer op in een verwarrende vaart van jaren en drukte me tegen het zeildoek.

Raak me niet aan, onderzoek me niet, gebruik me niet, schreeuwde ze en ze holde naar de andere kant van de zaal.

Klik roerde zich. Ik werd zo in beslag genomen door Josie dat ik zijn plotselinge beweeglijkheid niet had opgemerkt. Ineens haalde hij de was binnen. Ik stoof naar de cassetterecorder om het bandje met pianomuziek af te zetten en als hommage aan de École du Thérapie zette ik een Eno-achtige soundtrack op met exotische junglegeluiden, lange akkoorden gekruid met dierengeluiden, ruisende bomen en dergelijke. De foto's en de schrijfsels die hij de afgelopen dagen zo verwoed en vlijtig had neergepend werden van de knijpers gerukt

en in tweeën gescheurd, in vieren, in achten, de fragmenten werden opgegooid als confetti en verlicht door
de rode, blauwe en groene kerstboomlampjes. Dit
ging niet goed. Helemaal niet goed. Klik reageerde
duidelijk op zijn omgeving en soms kan de reactie een
slag in het gezicht zijn. Zet iemand in een wei met
schapen en hij wordt niet per definitie een herder, soms
lijkt het meer op een slager; schapenmanie of lamme-
ren naar de slachtbank... In milieutherapie kan de eerste interactie met de omgeving riskant zijn, en Klik
had zoveel tijd besteed aan het ontwikkelen en afdrukken van de foto's en aan het schrijven dat het pijn deed
om te zien dat hij moedwillig de vruchten van zijn
noeste arbeid en de bewijzen van de mijne kapotmaak-
te. Hij zag zijn verleden in de verscheurde en vernielde
foto's en aantekeningen en ik zag mijn toekomst onder
oerwoudgeluiden vervliegen, een onthoofde Exit en
Paniek vielen met stukjes caravan en flarden schrijfsel
neer. *Raak nooit mijn hoofd aan... Ik hoorde mijn moeders
stem die steeds weer herhaalde... Uit dit lichaam, en mijn ogen
hebben alles gezien wat er van je te zien is...*

**De twaalfde regel van psychotherapie is je
nooit maar dan ook nooit op het persoonlijke
vlak met een patiënt inlaten.**

**De dertiende regel van psychotherapie is dat
als je moet ingrijpen je dat ook moet doen.**

Ik hoorde ergens het geluid van hout dat versplintert
en een gejuich van verschillende stemmen. Ik zag Josie
aan de andere kant van de zaal boosaardig naar me kijken, nog steeds met kaalgeschoren hoofd, nog steeds
met haar rug langs de muur van me wegschuivend, en
Zombie stond bij de gordijnen rond de auto van draad-
metaal. Het silhouet deed me huiveren, zijn stem die
om zijn verdwenen broer bleef roepen bezorgde me

kippenvel en zijn hand wreef verwoed over zijn hoofd, dat zwakjes tegen het gordijn sloeg. *Waarom geef je geen antwoord... Heb ik iets verkeerd gedaan...?*

Straks zou ik geen foto's meer hebben om te laten zien. De negatieven waren er wel, maar ik kon er midden in al die troep in de zaal niet op rekenen dat die niet ook kapot waren, en dan zou ik terug zijn bij af en zou niemand geloven dat ik iets had bereikt bij Klik, de zoveelste stomme die was voorbestemd voor een leven in stilte. *Eens zien, Sad, je hebt Klik drie weken gehad en je zegt dat het je is gelukt om hem niet alleen te leren de foto's van zijn gezinsleven te ontwikkelen en af te drukken, maar om hem er ook over te laten schrijven? En dat terwijl hij al die jaren in instellingen voor zich uit staarde en geen woord zei. Vertel eens hoe je dit mirakel in hem bewerkstelligd hebt. Kunnen we zien wat je hebt gedaan?*

Het enige wat ik zag was het enige wat zij zouden zien als ze op dat ogenblik waren binnengekomen. Kliks lange lichaam dat de kluts kwijt was.

Ik stapte uit de neutraliteit, uit de veiligheid van de controlecirkel. *Als je de neutrale ruimte verlaat terwijl je met een labiele patiënt te maken hebt, wees dan op alles voorbereid.*

Door de dunner wordende mist heen zag Klik me ogenblikkelijk en hij reageerde als een roofdier in het nauw. Hij liet de foto van Paniek die in het bergmeertje zwom op de grond vallen en begon om me heen te cirkelen, zonder me met zijn diepliggende, starende ogen los te laten. Ik dacht aan mijn opleiding, aan de module met de titel *Hoe zich te gedragen bij verwarde patiënten*, en bleef doodstil staan, verried niets met lichaamstaal of direct oogcontact.

De veertiende regel van psychotherapie is dat in een gevaarlijke situatie iemand zijn kalmte

moet bewaren.

Ik kon hem even goed ruiken als zien, een scherpe lucht van poep en zweet, en vreemd genoeg schoot me ineens te binnen dat er een hiaat in mijn voorbereidingen voor het verblijf van mijn patiënten zat en dat Beth me erop had gewezen dat ik de sanitaire voorzieningen was vergeten. *Ze zijn hier voor hulp, Beth, niet voor een bad...* De roep van een houtduif koerde om ons hoofd, maar Kliks gespannen bewegingen waren wonderlijk getemperd en gedempt, zijn voeten maakten geen enkel geluid op de grond. Kling had uitstekend werk verricht en eigenlijk had het wel iets ironisch dat een patiënt die ik nauwelijks had ontmoet of kende zo goed reageerde op een milieu dat niet eens het zijne was. En dan Klik, die helemaal niet goed op zijn omgeving reageerde. *Bij milieutherapie moet je de mogelijkheid dat een patiënt de omgeving die voor hem is gecreëerd verwerpt, incalculeren en een alternatief zoeken.* Typisch psychopraat, elke welgemeende theorie, elk eigenzinnig dogma kan altijd, altijd een ontsnappingsclausule hebben − *de uitzondering ondermijnt immer de regel, vergeet dat niet, Sad. Professionele kortzichtigheid is een beroepsrisico.* De paper 'Klik en Zombie' was nog niet aanbeland bij de appendix of de onvermijdelijke logenstraffing.

Klik leek als twee druppels water op zijn vader. Toen hij met zijn gespannen, kronkelende bewegingen om me heen cirkelde, zag ik allerlei foto's van hem − in de houten hut, in de woestenij, bij de zee, in het meertje − de grimmige, gekwelde blik, het lange zwarte haar, de ledematen die hun eigen spastische leven leken te leiden. Dan nog de foto's van Paniek achter het stuur, zijn explosieve woede, in staat om iedereen dood te rijden zonder zelfs maar aan zijn eigen veiligheid te denken. Bij veel close-ups had zijn vader een roekeloze, afwezige uitdrukking op zijn gezicht, en toen Klik dichterbij kwam was het op zijn zachtst gezegd onthutsend om de replica ervan in de ogen van zijn zoon te zien.

Zijn adem rook muf en rot, zijn dunne lippen waren gescheiden in een onbestemde uitdrukking en mijn oog viel op enkele aangetaste tanden — een stomme die een groot deel van zijn leven in instellingen heeft gezeten, krijgt niet de beste tandheelkundige zorg. Zijn adem gleed over me heen en terwijl hij me passeerde zag ik vanuit mijn ooghoek Josie achter in de zaal. Ze was weer tien, met krullen en bloemetjesjurk en ik verloor mijn gevoel voor het hier en nu en voelde me warm worden toen ik probeerde haar iets te laten zeggen. Bij een natte bushalte, toen we nog geen van tweeën in de tienerleeftijd waren, kropen we rillend tegen elkaar aan, we werden overplensd door voorbijrijdende auto's en wachtten op de bus naar huis. Zij legde een been over de mijne en ik legde een been over de hare; ze sloeg haar arm om mijn middel, de andere over mijn borst en zo waren we aan elkaar gekoppeld en geklemd. We schoten in de lach toen de bus kwam en doorreed omdat we wanhopig probeerden onze ledematen te ontstrengelen en in een plas vielen... Josie reageerde niet. Misschien kon ze me niet horen door de bosgeluiden en het rammelen van de auto in de andere zaalhelft, of misschien kon ze me door de mist niet zien. Het leek te veel op een spelletje dat we ons hele leven hadden gespeeld, kat en muis, doktertje en verpleegstertje, de goede en de slechte...

Maar ik liet me natuurlijk afleiden, ik had moeten opletten, had me moeten realiseren waar ik was en wat ik aan het doen was. *In milieutherapie moeten zowel dokter als patiënt bereid zijn zich aan de gecreëerde omgeving over te geven. Elke andere attitude kan gezien worden als depreciatie van de therapie en een gedeprecieerde milieutherapie is niet wenselijk.*

De vijftiende regel van psychotherapie is dat je je niet moet laten afleiden.

Denk aan dat verschrikkelijke Houton-incident, Sad. Een vooraanstaande consulent-psycholoog van Breathhouse die plotseling voor een collega moest invallen. Het ene ogenblik praat hij met een zwaargestoorde patiënt om diens onvoorspelbare gedrag te doorgronden en het volgende ogenblik ligt hij in de struiken van de onberispelijke tuin voor Breathhouse. De patiënt had een aanval gekregen zoals hij wel eerder had gehad, alleen had hij deze keer een aanval met een grote bureaulamp in zijn hand. De consulent is nooit meer de oude geworden. Door het ontstane hoofdletsel kon hij niet meer lang achter elkaar praten en was zijn langetermijngeheugen aangetast.

Terwijl ik contact krijg met Josie, haalt Klik een paar meter draad van de achterkant van de caravan af, hij grijpt mijn handen en windt snel het draad om mijn polsen.

Hé Sad, ik heb eindelijk iets slims bedacht, ben tot een paar concrete conclusies gekomen, of op zijn minst mogelijke verklaringen voor het feit dat Flegma sinds het jaar nul weigert te praten. Hij is zijn hele leven omringd geweest met dure spullen en raffinement en hij is op het breekpunt gekomen, het punt waarop hij het niet langer kan verdragen om geketend te zijn met de boeien van het tastbare leven. Óf het is dat, óf hij gaat als hij helemaal volwassen is in de verhuisbusiness, óf hij kan natuurlijk ook van nature een kleine psychopaat zijn die kalmerende middelen en jarenlang reconstruerende therapie nodig heeft. Daar kan ik momenteel niet over oordelen. Ik ben nu los van de tafel en ik bied mijn excuses aan voor mijn laatste fax. Ik had niet het recht om je te beschuldigen van waar ik je ook weer van beschuldigde, ik weet het toch niet meer, en de uit-

draaien zijn samen met de rest weggesmeten. Je zult je handen
momenteel zelf wel vol hebben.

Het is inmiddels wat rustiger geworden, de acid begint uitge-
werkt te raken maar er zijn af en toe nog steeds waanzinnige
opvlammingen en alles heeft een paars randje — de bergen zijn
nog nooit zo mooi geweest — maar de andere reden is natuurlijk
dat ik Flegma al meer dan een uur niet meer heb gezien. Het
is stil in de De Long Mountains. Ik zou me zorgen moeten
maken. Als hij van een rots is gestort kan ik mijn subsidie en
mijn middelen van bestaan wel schudden en ligt mijn verdere
loopbaan op de schroothoop. Maar eerlijk gezegd, en dit moet
tussen ons blijven, Sad, net zoals dit allemaal tussen ons moet
blijven, ben ik blij met dit uurtje om de boel weer op een rij te
krijgen en te verwerken wat er is gebeurd. Ik heb heel wat keren
meegemaakt dat er mensen over de rooie gingen maar er was al-
tijd controle, of het nu iemand van de beveiliging was, een
dwangbuis of een psychopaat die zo platgespoten was dat hij
geen bedreiging vormde. Maar we waren en zijn nog steeds met
ons tweeën in de De Long Mountains waar niemand je kan ho-
ren gillen. Klink ik bang? Klink ik boetvaardig? Ik weet het
niet, dat moet jij maar bepalen. Maar het is nog niet afgelopen,
ik heb het niet opgegeven, ik ben alleen van slag, en op het
scherp van de snede kun je verwachten dat het wel eens zwaar
weer wordt. Ik ga Flegma zoeken om de confrontatie aan te
gaan. Genoeg soft gedoe, wat jij? Ooit zal hij weer bij zijn po-
sitieven komen, zelfs na een heel tablet, en in die staat na wat
er allemaal gebeurd is, na zijn aanval van vernielzucht, is hij
misschien wel in de stemming om te praten. En weet je, ik vind
eigenlijk dat ik wel een verklaring verdien, op welke manier
hij die ook kan overbrengen: pratend, tekenend, gebarend, dat
maakt niet uit, maar ik heb het verdiend.

Ik geloof dat ik begin te klinken als zijn ouders.

Josie is bijna volwassen, haar haar heeft de lengte die

het had toen ik haar voor het laatst zag. Zeventien en op het punt uit huis te gaan. Niet om te gaan werken of een opleiding te volgen, alleen maar uit huis. *Maken dat ik hier wegkom, maken dat ik van jou wegkom*, in haar woorden. Er is iets gebeurd, op een gegeven moment, maar het is allemaal zo onduidelijk. Op een avond vond ik mijn schrijfblok en mijn boeken weer in mijn kamer, in een hoop op mijn bed waar iedereen ze kon zien, en vanaf dat moment wilde ze niet meer met me praten, vond ze andere bezigheden buitenshuis, andere mensen om mee om te gaan. Ineens bloeide ze op tot een sociale vlinder met vriendinnen en vriendjes. Er kwam een slot op haar deur en een muur tussen haar en de rest van het gezin. Het haar werd afgeknipt en een houding aangemeten. Geen overleg met wie dan ook. Alleen maar een mededeling dat ze wegging en nooit zou terugkomen. Er waren gesprekken tot diep in de nacht waar ik nooit deel van uitmaakte, voortdurend geklop op de deur van mijn zus als allebei mijn ouders of een van de twee de slaapkamer van mijn zus binnengingen en daar bleven tot er harde stemmen klonken of tranen vloeiden.

Ze was nu zo, ze vermeed mijn blik niet maar hield hem vast met de ogen die ze soms opzette als we onze spelletjes in de kelder van het huis speelden.

Ik verzette me niet toen Klik mijn polsen met het draad vastbond. *Bij milieutherapie moet de betrokken therapeut soms geprojecteerde bedreigingen ondergaan wanneer de patiënt, die gewend raakt aan de herschapen omgeving, onverwacht of gewelddadig gedrag tentoonspreidt. De therapeut moet op een dergelijk moment snelle, doorslaggevende beslissingen nemen met betrekking tot zowel de lopende behandeling van de patiënt als zijn of haar eigen veiligheid.*

Klik schudde zijn hoofd heen en weer en de gitzwarte manen zwierden over zijn gezicht. Josie keek me vanaf haar plaats bij de muur nog steeds strak aan. Toen ik mijn ogen sloot en aan haar dacht zoals ze thuis was, in bad, in bed, waar dan ook maar niet in de zaal, gleed er een glimlach over mijn lippen, maar niet over de hare. Toen ik mijn ogen opende keek ze me nog steeds strak aan. In haar handen had ze een stuk draad waar ze mee speelde, niet als een kind maar met de concentratie van een volwassene, watertrappelend, pas op de plaats makend.

Klik ontmantelde draad voor draad de caravan; de kerstboomverlichting lag in een hoopje op de vloer, een kampvuur van rode, blauwe en groene lichtjes. Hij deed het met zorg, haalde de ramen er in hun geheel uit, lichtte de deur uit zijn hengsels van draad en legde alles op de vloer van de zaal neer. De constructie van Kling en Snoeper werd in hoog tempo gereduceerd tot een verzameling tweedimensionele draadsculpturen op de vloer. *Hoewel de rol van de geestelijke-gezondheidszorgwerker in bepaalde stadia van milieutherapie uitermate passief lijkt, kan hij of zij wel vragen stellen of opmerkingen plaatsen die te maken hebben met de persoonlijke geschiedenis van de patiënt.*

'Weet je waar je bent?'

'Weet je waarom je hier bent?'

'Weet je dat niemand je kwaad wil doen en dat je bij vrienden bent die je willen helpen?'

Klik hoorde de vragen wel degelijk. Zijn hoofd schudde heen en weer, zijn lange zwarte haar deinde in de mist; zijn bewegingen werden levendiger. Geen woorden, maar zoals Peterson me al had verteld kon je op meer manieren communiceren dan alleen met woorden. Hij vertrok zijn gezicht, plooide de bleke huid over de hoge geprononceerde jukbeenderen tot kortstondige grimassen en schudde hevig met zijn hoofd, de hele tijd, zonder zelfs maar een hoorbare kreun of grom, rukkend aan het draaddak van de caravan.

'Weet je waarom ik dit model voor je heb gebouwd?'

'Weet je waarom je hem uit elkaar haalt?'

'Vind je het vervelend om een voorwerp te zien dat je aan je ouders herinnert?'

Plotseling gooide Klik het restant van het draad op de vloer en bukte hij zich om een handvol verscheurde foto's en versnipperde tekst op te rapen. Resoluut, met de beteugelde, gecontroleerde woede die ik in de loop der jaren bij een heel scala aan sociopaten had meegemaakt, liep hij op me af en strooide hij de stukjes over me heen. Snippers van zijn leven vielen op verschillende delen van mijn lichaam. Een boomtak, een rimpeling in het water, de ingang van een tunnel en tekst, zinsbrokken en flarden van zinnen, *maar de kopcamera kan liegen... verstrikt in mijn pogingen... mijn adem werd uit mijn mond gestoten...* Ik knikte en glimlachte.

'Ik begrijp best waarom je dat deed. Ik zie er alle reden toe. Je bent boos op jezelf en je omstandigheden, het is niet meer dan normaal dat je mij als je natuurlijke vijand ziet. Maar dat ben ik niet, Klik, dat ben ik echt niet.'

Ik voelde een lach opborrelen. Ik hoorde mijn stem, de woorden, en vond het bewonderenswaardig dat er het soort zelfkastijdende onzin uit kwam die ik jarenlang als student psychosloverij had moeten verdragen – het professionele ethos dat werd omarmd was dat van de ultieme geestelijke-gezondheidszorgwerker die zijn uiterste best doet en zich helemaal inzet voor het welzijn van de patiënt. *Je bent een voertuig, Sad, op de weg naar het herstel van de patiënt.*

Op mijn dijen lagen de brokstukken van een cara-vanleven.

Exit zittend in de caravan, een bruine sluier van haar voor haar ogen...

En alleen de lucht van zijn zweet en een paar losse haren bleven boven me hangen...

Een foto van de binnenkant van Kliks mond.

Maar haar starende blik lijkt nergens op gericht te zijn, ten-minste niet op iets wat ik kan zien.

Een stukje zee, eb en ver weg.

Ik nam een foto van haar, lopend in de zon...

De afgesneden top van Kliks penis in erectie.

De caravan is voor niemand een toevluchtsoord...

Klik pakte een van de zijpanelen van de caravan en zette het achter me neer. Josie haalde zonder dat ik het haar vroeg ergens een schrijfblok en een pen vandaan en begon te schrijven, af en toe naar me opkijkend.

'Wat schrijf je op, Josie?'

Ze gaf geen antwoord, hoe hard ik de vraag ook in mijn hoofd schreeuwde. Toen ze wegging, toen ze de voordeur van het huis van onze ouders dichtsmeet, keek ze niet om. Ik ging naar het raam om te zien of ze een blik over haar schouder wierp. Maar niets. Geen laatste oogcontact door de met regen bespatte ramen, geen poging tot een laatste verzoening. Ze ging koud weg. Liet mij koud achter. Mijn moeder jammerde achter de deur. Mijn vader schonk zich stoïcijns een glas whisky uit de karaf in. Ik holde naar mijn kamer en wilde er dagen niet meer uit komen. Op dat ogen-blik vond ik dat we een ontzettend gewoon gezin vormden. Ik was zwaar teleurgesteld.

De deur naar de zaal vloog open. Voetstappen weerklonken.

Dit was niet het uitgelezen moment voor een bezoekje van de Breathhouse-afvaardiging. Ik kon ze horen, hun stemmen getoonzet tussen ongeloof en achterdocht. *Noem je dit diepgaande interactie met je patiënt? We hebben de indruk dat je je een beetje te veel met hem vereenzelvigt.* Ik wist dat het ze niet zou bevallen wat ze zouden zien. Als ze diep in hun geheugen groeven, herinnerden ze zich misschien dat de ideeën aangaande omgeving en therapie uiteenliepen, maar wat hen betrof waren de enige omgevingen die ze als aanvaardbare opties voor de geestelijke gezondheidszorg kenden het witter dan witte ziekenhuis, de keurige cellen en gerieflijke zitkamers met stoelen uit de jaren zestig en overal spatten bruin en beige. Kortom, alleen wat de boeren kenden wilden ze eten. De rest was onbestaanbaar en te extreem. *Therapieën komen en gaan, Sad. Wat de patiënt nodig heeft, wat we allemaal nodig hebben is een samenhang van ideeën, een stel regels en handelingen waar we in moeilijke tijden op kunnen terugvallen.*

Ik zette me schrap, verklaringen in de aanslag, redenen voor mijn ogenschijnlijke gebrek aan controle over een van mijn patiënten terwijl de tweede aan de andere kant van de zaal compleet over de rooie ging. Maar toen hoorde ik stemmen; niet het nasale gejammer van de stagiairs of het gebrom van de psychosloven, maar de schelle hysterie van Pingel en de lage dreiging van Kling.

De versplinterende deur kwam van de Breathhouse-patiënten die uitbraken.

Hé Sad, ik had een visioen, een afgrijselijk voorgevoel van een kop in de nationale kranten.

Drugsexperiment in bergen loopt verkeerd af
Verdwaasde, hallucinerende therapeut valt jongen aan

Maar de waarheid was, zoals zo vaak, een stuk simpeler. Ik trof Flegma aan naast de berg meubels die hij uit de blokhut had gehaald. Tafels, stoelen, bedden, wasbakken, borden, kommen, handdoeken, alles wat eruit was gerukt, gescheurd of gesleept lag op een grote hoop onder aan een van de hellingen bij de blokhut. Het rook er sterk naar benzine en hij had een metalen emmer in zijn hand. Ik had niet veel inzicht nodig om te snappen wat Flegma van plan was en ik wist dat ik het hem uit zijn hoofd moest praten, hem van weet ik welke hoogte waarop hij verkeerde naar beneden moest praten, een beroep moest doen op zijn betere ik en hem ervan moest overtuigen dat een dergelijke daad van opzettelijke vernielzucht hem (of mij) bepaald geen goed zou doen. Maar weet je, het punt is dat ik het niet kon, ik zei geen woord. Ik had een complete preek in mijn hoofd over de schade die zo'n daad zou toebrengen aan zijn kansen op een geslaagde aanpassing, over het vergooien van de mogelijkheid om zich te ontwikkelen tot een volwaardig mens enz. enz., maar verder kwam het niet. De preek bleef in mijn hoofd vastzitten, kon mijn mond niet bereiken en niet naar buiten komen tot in Flegma's oren. Ik had het gevoel dat ik voor het eerst van mijn leven niets te zeggen had en het frustrerende was dat ik wist dat ik wel degelijk iets te zeggen had. Het lag natuurlijk aan de acid. Van LSD werd ik altijd al introvert, ik worstelde met visioenen en gedachtenstromen die van de hak op de tak sprongen. Vroeger in de wilde tijd zonder zorgen trok ik me in mezelf terug, terwijl iedereen om me heen in de lucht of van het dak sprong of een hele hoop kosmische inzichten kreeg. Ik niet. Ik zweeg in alle talen.

Maar mijn God, Sad, nu komt het ergste, nu komt het deel dat me bijna een hartverzakking bezorgde, dat pap in mijn be-

nen goot en de toekomst tot nul reduceerde. Toen hij me aan
zag komen goot hij de inhoud van de emmer over zijn hoofd en
sloot hij zijn ogen alsof hij een verkwikkende warme douche
nam. En toen hij ze weer opendeed staarde hij me alleen maar
glimlachend aan en het was geen psychotische grijns, ik weet
het verschil tussen een tevreden lach en een lach die alleen maar
ik-ga-je-vermoorden-want-daar-heb-ik-zin-in uitstraalt. Je-
zus, dat verschil hoef je mij niet te vertellen. Maar zijn glim-
lach, Sad, was ongelooflijk lief. Ik kwam dichterbij en hij goot
het restant van de inhoud van de emmer over mij heen en ik
moet nog steeds behoorlijk traag zijn geweest, want voordat ik
zelfs maar kon schreeuwen of gillen of terugdeinzen had hij al
een aansteker in zijn hand die hij boven ons hoofd hield. Het
enige wat ik kon doen was mijn ogen sluiten. Jezus, Sad, ik
weet nu dat ik niet goed ben in een crisissituatie. Ik word een
ergere zoutpilaar dan dat hert in de koplampen. Een doodsbang
dier. Maar wat dacht je, hij knipte de aansteker aan en er ge-
beurde niets. Kun jij er verdomme met je pet bij, ik sta daar
stokstijf, probeer wanhopig te sidderen omdat ik het in mijn
broek doe van angst, en er gebeurt niets. In gedachten was ik al
een menselijke fakkel, een redeloos offer. Dan duwt hij me
weg, hij loopt naar de andere kant van de stapel, pakt een ande-
re emmer en gooit de inhoud over de in puin geslagen blokhut.
En als hij de aansteker nu aanknipt slaat de vlam natuurlijk
in de pan en ik ga bijna van mijn stokje door de hitte en zie een
vonkenregen van rood en geel om zijn hoofd spatten. Ik heb
het gevoel dat mijn hart het gaat begeven terwijl Flegma zo cool
als wat terugloopt naar mijn kant van de hoop en zijn kleren
in de vuurgloed begint te drogen, hij strekt zijn armen uit en
zijn handen zijn algauw rood van de hitte. En het enige wat ik
kan is hem aanstaren en ineens zie ik X21 of Flegma in een an-
der licht – van spattend rood en geel en vlammend oranje.
Dan pas zie ik de groene tuinslang liggen, hij zit vast aan een
roestige kraan die in de buurt van de stapel uit de grond steekt.

Ik besnuffel mijn kleren en ruik alleen de geur van mijn eigen
zweet. Flegma komt naar me toe met een ongrijpbare dungelip-
te glimlach die zijn jonge gezicht splijt en zegt: 'Goeie acid.'

Het was me nu duidelijk wat Klik aan het doen was.
Hij bouwde iets om me heen en dat kon alleen maar
een hut zijn. Hij had een groot deel van de metaaldraad
in een hoop neergegooid op de plek waar de caravan
had gestaan en had van een paar panelen drie wanden
van de hut gevormd. Terwijl hij aan het werk was probeerde ik me te bewegen, te ontkomen aan zijn wezen-
loze toestand, maar hij blokkeerde al mijn pogingen.
Links, rechts, steeds stond hij voor me en drukte hij
een beslissing door. En de beslissing was, wat mij betrof, hoe ver ik zou komen, wat ik moest doen om me
uit deze situatie te redden.

**De zestiende regel van psychotherapie is dat
in een botsing tussen twee willen de therapeut altijd moet winnen.**

Ik doorgrondde hem niet. Zijn ogen verrieden niets,
gaven geen blijk van echte bewustheid noch van een
psychotische aanval. Zijn hoofd zwaaide van voor naar
achter en de lange zwarte slierten sloegen in mijn gezicht; hij beet op zijn onderlip terwijl hij het draad
boog in de vorm van de planken van de houten hut uit
zijn levensverhaal. Er sprak concentratie uit, aandacht
voor detail, niets wees erop dat hij me iets zou doen,
maar niet alles was voorspelbaar, dat had ik na Petersons fax moeten weten.

Hij kreeg er genoeg van om steeds als ik probeerde
weg te lopen mij de pas te moeten afsnijden en uiteindelijk greep hij een van de draadstoelen uit de caravan,
de enige die hij niet kapot had gemaakt, en drukte me
erop neer. Elke bil keurig gehalveerd door het draad.

Ik probeerde op te staan en nu gaf hij me een kopstoot en ik plofte terug op het draad. Op mijn voorhoofd voelde ik een bult zwellen en hij bukte zich en gebruikte twee losse stukken draad om mijn benen aan de draadstoel vast te binden.

Als de psychotherapeut wordt geconfronteerd met een patiënt die ineens gewelddadig wordt, moet hij besluiten wanneer hij de therapeutische touwtjes weer in handen neemt. Meestal is dat wanneer de therapeut het gevoel heeft dat zijn welzijn wordt bedreigd.

Kling stoof Kliks zaalhelft in, met wilde nietsziende ogen en een Sabatier van vijftien centimeter in zijn hand. Klik ging een paar stappen achteruit, tilde de deur van de caravan op en verborg zich erachter, roerloos. Kling probeerde door de mist heen te kijken, zag eerst de draadtroep op de vloer, toen de stokstijve Klik en toen mij.

'Wat hebt u gedaan?' riep hij.

Ik zag Josie dichterbij komen, tussen Klik en Kling, met stralende ogen.

'Wat doe je hier? Ik had gezegd dat jullie moesten wachten, en dat er iemand zou komen om jullie op te halen.'

'U kletst uit uw nek. Er is niemand geweest *"om ons op te halen"*. We zitten daar al uren met onze koppen tegen de muur te beuken en dat kutwijf van een Pingel tikt de hele tijd hetzelfde ritme op de vloer, Kennel zeurt maar door over het einde van deze klotewereld en Snoeper zit zichzelf steeds te betasten onder het bekijken van de smeerlapperij die u hem hebt gegeven. Wie denkt u verdorie wel dat u bent?'

Je opleiding, Sad, je opleiding. *Het is belangrijk dat gedurende de kritische stadia van milieutherapie storingen van buitenaf tot een minimum worden beperkt.*

305

'Toe, Kling, ik zie dat je over je toeren bent en daar heb je ook reden genoeg voor. Maar het beste wat we op dit moment kunnen doen, is bedenken hoe we jullie zo snel en veilig mogelijk weer naar Breathhouse krijgen.'

Haal het lont uit het kruitvat, Sad. Maar Kling raasde door.

'Ik ben niet degene die over zijn toeren is. Wat dacht u van die arme knul hiernaast...'

'Wat is daarmee, Kling?'

'Wat daarmee is, ik zal u vertellen wat er met hem is...' Kling kwam dichterbij en ik voelde zijn speeksel op mijn gezicht spetteren.

'Die knul is er eerlijk gezegd slecht aan toe. Hij zit onder, maar dan ook compleet onder de olie, die druipt godverdorie nog van zijn tanden af, hij is doorweekt. En hij kan niet eens overeind komen, hij glibbert maar een eind weg onder die stomme namaakauto. En hij is net een spook, hij ligt uit alle macht over een of andere Jake te jammeren... Die knul is compleet uit zijn dak en over de rooie en u bent daar wel mooi verantwoordelijk voor...'

'Kling, hoor eens, je moet kalmeren en naar me luisteren. Die man daar over wie je het hebt, Zombie, is heel ziek en hij is daar voor observatie en hopelijk behandeling. Hij heeft tot nu toe een heel zwaar leven gehad en zijn verblijf hier is het lange begin van het genezingsproces, van een prettiger leven. Het is belangrijk dat je de behandeling niet onderbreekt. Dat is zoiets als... hoe zal ik het zeggen... ineens iemands medicatie veranderen en hem zonder waarschuwing iets anders geven, begrijp je wat ik bedoel?'

'Wat voor behandeling dan? Ik zie geen behandeling, niks wat daarop lijkt. Het enige wat ik zie is een knul die overdekt met smeer op de grond ligt, met een kutdisco om zich heen waar een auto in zit, en hij jankt het hart uit zijn lijf.'

'Je begrijpt het niet, de progressie voor zijn herstel is een ingewikkelde en netelige zaak.'

'Vertel hem dat zelf maar.'

'Hoe bedoel je...'

Pingel en Snoeper ploeterden door de mist. Met Zombie bij zich, half gesleept half gedragen. Kling had op één punt gelijk, hij zat inderdaad onder de olie die ik in de zaal had uitgegoten, zijn huid was van etnische oorsprong veranderd en zijn gezicht was nauwelijks te herkennen. Zijn bijna naakte lichaam had snijwonden en op verschillende plaatsen vermengde de olie zich met karmozijnrood bloed. Zijn omgeving had een extreme reactie in hem losgemaakt en daar was ik stilletjes in vele opzichten blij mee, maar ik was ook teleurgesteld dat het verloop van de gebeurtenissen mij werd afgenomen. Milieutherapie was niet altijd gemakkelijk, hoewel er talloze voorbeelden bestaan van een reeks gebeurtenissen die in een keurige en ordelijke conclusie uitmonden. Soms klopte het doktersadagium wel degelijk. Het moet eerst erger worden voordat het beter wordt. Na lijden komt verblijden. Ik moest op dat ogenblik bij Zombie zijn, ik moest bij hem zijn met mijn oor tegen zijn lippen en alles zijn wat hij nodig had. Zijn raadsman, zijn vriend, Jake, zijn vader, Jochim of hoe die vent ook weer heette. Ik moest de rol spelen die van mij als milieutherapeut verlangd werd. Het was nu tijd om in te grijpen, het milieu had zich geïnstalleerd en Zombie's regressie had zijn authenticiteit bewezen. Niemand hoefde met een vlag te zwaaien en NU! te roepen. Ik wist dat ik in zijn verleden aanwezig moest zijn om hem een kans op een toekomstig leven te geven.

Ik probeerde het draad stuk te krijgen dat mijn handen en voeten in bedwang hield, maar Klik kwam aanzetten met de deur van de hut en zette die een paar centimeter van mijn gezicht op zijn plaats.

'NEE!' schreeuwde ik toen hij hem aan de wanden van de metalen hut bevestigde.

'Niet nu.'

De vier Breathhousepatiënten gingen om mijn draadkooi heen staan. Pingel trommelde met haar vingers heen en weer langs het draad en Kennel en Snoeper keken hoe Kling zijn gezicht tegen het draad duwde.

'Haal die deur eruit en maak me los, Kling.'

'O nee, nee, nee. Ik mocht de behandeling toch niet hinderen?'

'Zie je niet wat er gebeurt... Kling... Kling?'

Ik hoorde Zombie's stem.

'Wegwezen en rennen, dat gaat er door mijn hoofd, wegwezen en rennen tot ik ons huis terugvind, tot ik onze kamer terugvind waar Jake me lachend op ligt te wachten.'

Ik zag Josie haar gezicht tegen het draad drukken, naast Kling, en haar gekortwiekte hoofd borstelde langs het metaal. In haar handen had ze een schrijfblok en een pen die leken op de attributen waarmee ik haar heupomvang had genoteerd en de haren onder haar armen had geturfd. Ze was verwoed aan het schrijven en hoewel ik probeerde haar in de bleekgroene jurk te zien, probeerde met haar in bad te gaan, probeerde onder de dekens met mijn zaklantaarn tussen haar benen te schijnen, veranderde er niets. Ze keek niet eens naar wat ze opschreef, haar blik liet me niet los, zelfs niet toen Zombie zich tussen haar en Kling in wrong en met zijn oliehanden het draad vastgreep.

'Ik wachtte in mijn kamer met alleen maar de geluiden van onbekende mensen. En hij kwam niet terug. Weet u hoe het is om op iemand te wachten, dokter, echt wachten, een zwevend leven, zweven in een leven waarin mijn vader me achterliet. En Jochim. Ja, en Jochim. Grote armen, grote handen, alles was groot. *Wil je nog meer?* vroeg hij me. En ik zei nee. Nee, ik wil niet meer.'

Een van de moeilijkste aspecten van een niet-geslaagde milieutherapie is het beëindigen van de sessie. Dit moet door de therapeut naar eigen goeddunken bepaald worden.

Klik wurmde het kluwen kerstboomlampjes door de openingen tussen de metaaldraden tot ik niets meer zag dan hun gloed, stralenkransen die samenvloeiden met stralenkransen. Om me heen hoorde ik het gefluister van de Breathhousepatiënten, de oerwoudkrijsen, de auto die knarsend tot stilstand kwam toen de band afliep, Zombie's trieste litanie vlak bij mijn gezicht en Josie, vooral Josie. Op de een of ander manier was het haar gelukt om haar hoofd tussen de draden door te persen tot haar gezicht pal voor het mijne was, omstraald met rood, blauw en groen. Ik sloot mijn ogen en voelde haar kus op mijn lippen, haar stem in mijn oren.

Het experiment is afgelopen, Curtis.

APPENDIX I

DE REGELS VAN PSYCHOTHERAPIE

De eerste regel van psychotherapie is dat de patiënt zelf al weet wat er mis is.

De tweede regel van psychotherapie is dat in een gezond lichaam niet per definitie een gezonde geest huist.

De derde regel van psychotherapie is nooit geloven wat de patiënt zegt.

De vierde regel van psychotherapie is dat het doel altijd de middelen heiligt.

De vijfde regel van psychotherapie is dat een goed en toegewijd onderzoeker geen vrije tijd mag kennen.

De zesde regel van psychotherapie is dat wanneer de patiënt je in de ogen kijkt hij steevast liegt.

De zevende regel van psychothcrapic is nooit je gevoel voor het absurde verliezen.

De achtste regel van psychotherapie is je nooit afvragen of waar je mee bezig bent wel goed is.

De negende regel van psychotherapie is het iedereen laten weten als je gelijk hebt en niemand iets zeggen als je fout zit.

De tiende regel van psychotherapie is altijd klinken alsof je weet waarover je het hebt.

De elfde regel van psychotherapie is dat het geen wetenschap is maar een sport.

De twaalfde regel van psychotherapie is je nooit maar dan ook nooit op het persoonlijke vlak met een patiënt inlaten.

De dertiende regel van psychotherapie is dat als je moet ingrijpen je dat ook moet doen.

De veertiende regel van psychotherapie is dat in een gevaarlijke situatie iemand zijn kalmte moet bewaren.

De vijftiende regel van psychotherapie is dat je je niet moet laten afleiden.

De zestiende regel van psychotherapie is dat in een botsing tussen twee willen de therapeut altijd moet winnen.

APPENDIX II

Fragmenten uit de aantekeningen die psychotherapeute Hilda Folic maakte met betrekking tot zes therapeutische strategieën die ze toepaste tijdens gesprekken met Josie Sad.

GELEIDE FANTASIE

Josie Sad is een vrouw van 27 die om therapie verzocht vanwege haar depressies, angsten en slapeloosheid. Ik begon met mijn gebruikelijke inleidende strategie voor 'eerstelingen'. Ik vroeg Josie haar ogen te sluiten en zich een veilige plaats voor te stellen. Dit is een veelgebruikte meditatietechniek om herinneringen te ontsluiten. Josie gaf een tamelijk gedetailleerde beschrijving van een kelder waarin ze zich vroeger verstopte voor haar broer Curtis. Deze veilige plaats werd door Josie zelf gekozen, zonder enige invloed mijnerzijds. Maar ze beschrijft een vochtige, donkere kelder vol angstaanjagende voorwerpen en schaduwen, en hoewel ik denk dat ze zich hier, althans gedurende enige tijd, veilig voelde, is de kelder in de beschrijving niet zo'n onneembare vesting als locaties die andere patiënten wel eens noemen, zoals een bunker, een gifbelt of een groot betonnen gebouw. Wanneer ik een tweede persoon aan het beeld toevoeg, begint de gedachte dat dit inderdaad een veilig oord is af te brokkelen...

'Ik verberg me daar, ik druk me tegen de oude kleerkast en ik voel de spijkers en splinters in mijn huid. Ik pers me tegen de muur. Ik hoor Curtis boven, bij de kelderdeur. Hij wil naar beneden…'

Ik vraag Josie of het hem lukt om de kelder binnen te komen, haar plekje.

Het lukt hem.

Ik vraag haar te beschrijven hoe Curtis eruitziet.

'Hij is een jaar of veertien. Hij lijkt nogal lang, met heel kort haar en een bril. Hij draagt het vuile t-shirt dat hij altijd draagt, verschoten blauw met vetvlekken en een v van zweet op zijn rug. Hij heeft strakke jeans aan en niets aan zijn voeten.'

'Kun je iets ruiken?'

'Ik ruik de olie op de keldervloer, de geur van apparaten, van drogend gras op de oude grasmaaier, en verder hout, de geur van hout met creosootolie. Een branderige, sterke lucht. En Curtis.'

'Wat ruik je van Curtis?'

Op deze vraag, die ik stelde om haar dieper dit specifieke beeld binnen te voeren, reageerde Josie opmerkelijk heftig: ze wierp haar hoofd in de nek alsof de vraag de geur had opgeroepen en ze hem weer rook.

'Het was zijn geur. Alleen van hem, van niemand anders. Het was zijn geur, van zweet, van ongewassen kleren, van seks.'

'Kun je iets meer over die laatste geur zeggen? Hoe kende je deze geur?'

'Hij stopte zijn hand in zijn broek, veegde zijn geval aan zijn hand af, hield hem onder mijn neus en zei: "Ruikt die van jou ook zo?"'

HYPNOTHERAPIE

Ik legde Josie uit dat hypnose helpt bij het reconstrueren van een persoonlijk verleden en dat ik met behulp van hypnose herinneringen kon versterken, met name die vroege herinneringen met haar broer, omdat ik de mogelijkheid van misbruik niet wilde uitsluiten.

'Welke geur associeer je met je vader, Josie?'

'Ontsmettingsmiddelen.'

'Welk lichaamsdeel rook daarnaar?'

'Zijn handen.'

'Waarom rook hij naar ontsmettingsmiddelen?'

'Dat weet ik niet, misschien omdat hij dokter was.'

'En je moeder, waar rook zij naar?'

'Ontsmettingsmiddelen.'

'Was zij ook dokter?'

'Nee, maar ze werkte in een ziekenhuis.'

'Juist, ja. Je herinnert je die geur van ontsmettingsmiddelen heel duidelijk. Rook Curtis daar wel eens naar?'

'Nee.'

'Omdat hij naar seks rook?'

'Ja.'

'Roken je ouders wel eens zoals Curtis?'

'Dat weet ik niet.'

'Probeer je een moment te herinneren waarop jullie dicht bij elkaar waren, je vader die zich bukt om je op te tillen, je moeder die je haar borstelt. Kun je je daarvan een geur herinneren?'

'Ontsmettingsmiddelen... maar ik herinner me een andere geur...'

'Ja, ga verder.'

'Badschuim.'

'Zat je met je moeder of met je vader in bad?'

'Nee, ik zat in bad en Curtis stond ernaast.'

'Wat was hij aan het doen?'

'Hij speelde met het schuim in het bad.'

'Probeerde hij je op dat moment ook aan te raken? Duwde hij het schuim in je vagina...'

315

'Hij speelde ermee op mijn lichaam.'

'Penetreerde hij je met het schuim of wreef hij het over je borsten?'

'Hij speelde met het badschuim.'

'Dus hij speelde met het schuim, wreef het over je lichaam terwijl jij naakt in bad lag en niet snel weg kon komen als je dat wilde. Voelde je je gestrikt?'

'Soms.'

'Strikte hij je in de badkamer?'

'Ja.'

'En speelde hij deze spelletjes met je?'

'Ja.'

REGRESSIETHERAPIE

'Hoe oud ben je, Josie?'

  'Tien.'

  'Wat heb je aan?'

  'Een jurk.'

  'Wat voor kleur heeft de jurk?'

  'Groen.'

  'Ben je met Curtis?'

  'Ja.'

  'Wat heeft hij aan?'

  'Niets.'

  'Bedoel je dat hij geen kleren aan heeft?'

  'Ja.'

  'Waar ben je met Curtis?'

  'Buiten.'

  'Waar buiten?'

  'In de tuin.'

  'Zijn je moeder en vader daar ook?'

  'Nee.'

  'Wat doet Curtis?'

'Hij tilt mijn jurk op.'

'Waarom doet hij dat?'

'Hij zegt dat hij wil zien of ik veranderd ben.'

'En wat zeg je tegen hem als hij dat doet?'

'Ik zeg dat het goed is.'

'Weet je zeker dat het goed is? Wat zeg je hardop tegen hem?'

'Wordt hij altijd zo groot?'

'Bedoel je zijn penis?'

'Ja.'

'Wat doet hij als die zo groot wordt?'

'Niets. Hij staat daar alleen maar te schrijven. Net als u.'

'Maar ik ben niet naakt, Josie. Ik ben niet Curtis.'

'Nee, dat is waar.'

'Wat wil hij zien als hij je jurk optilt?'

'Hij wil weten of ik haar heb.'

'Waarom til je je jurk op? Bedreigt hij je, zegt hij dat hij je zal slaan of je ouders iets op de mouw zal spelden?'

'Ik wil het zelf.'

'Je wilt het omdat je het idee hebt dat je hem teleurstelt, jezelf teleurstelt als je het niet zou doen.'

'Ik wil het zelf. IK WIL HET ZELF.'

'Vind je dat je het moet doen omdat je hem anders zou afwijzen als je broer?'

'Wat kon ik anders doen?'

LICHAAMSBEWUSTZIJN

Ik heb Raymond Pusch, een ervaren masseur, gevraagd een sessie met Josie te doen om te zien of haar gevoelens losgemaakt kunnen worden door een lichte aanraking of een diepere manipulatie. Hij meldde dat toen hij haar been masseerde, ze klaagde over pijn en vertelde dat ze het als kind had gebroken en dat haar broer het had gezet. Hij vroeg hoe ze het had gebroken maar ze kon zich het ongeluk niet herinneren, alleen het zetten. Toen hij haar billen masseerde, zei ze dat ze daar misselijk van werd. Toen Raymond vroeg waarom ze dat zei, en hij meldt dat haar toon vrijwel totaal ongeëmotioneerd was – patiënten vertonen vaak deze objectieve staat van ontkenning als ze hun misbruik onder ogen gaan zien – antwoordde Josie dat Curtis haar billen soms lange tijd uit elkaar duwde als hij de exacte afmetingen van haar anus probeerde te bepalen.

AUGURKENAVERSIE

Ik ben onlangs begonnen met deze nieuwe techniek, die wordt toegepast bij therapieën voor posttraumatische stresssyndromen. Patiënten kunnen hiermee gevoelens en symptomen beter preciseren en plaatsen. Ik maak in mijn supermarkt een zorgvuldige selectie van een reeks producten en zet deze voor een patiënt neer om een reactie los te maken. De uitkomst kan verbluffend zijn. Veel slachtoffers van mishandeling en langdurige incest hebben een aversie tegen augurken of bananen omdat die een penisvorm hebben, en zo kunnen room en mayonaise, vanwege hun gelijkenis met zaad, ook een intense emotionele reactie in de patiënt opwekken. Deze afkeerreactie kan gezien worden als een teken van misbruik.

Ik smeerde wat mayonaise op mijn hand en hield met mijn vingers een halve okra vast, en dit liet ik aan Josie zien. Ze deinsde achteruit en zei: 'Walgelijk.'

WERKEN MET DROMEN

Tijdens een latere sessie vertelde Josie me over een droom die naar mijn idee alles te maken had met haar geleidelijke aanvaarding van misbruik. Ze vertelde dat ze in haar droom dertien was en dat Curtis haar dwong tot een seksueel rollenspel en net deed of hij seks met haar had door boven op haar heen en weer te schuiven, haar borsten te betasten en haar hand op zijn penis te leggen. De daad vond in haar droom plaats in het tuinschuurtje, een plek die ze tijdens een eerdere sessie al had genoemd in verband met misbruik, en de droom kan dan ook gezien worden als representatief en accuraat.

TOT SLOT

Josie is gestopt met de therapie. Ze heeft het idee dat haar angsten en depressies niet in haar verleden wortelen maar in haar heden, en ondanks mijn pogingen haar ervan te overtuigen dat het een wel degelijk met het ander te maken heeft, is ze vastbesloten om haar gewone leven weer op te pakken. Ik heb haar duidelijk gemaakt dat mijn deur altijd openstaat wanneer, en niet als, ze besluit terug te komen.

Hilda Folic

APPENDIX III

OVERZICHT VAN KLIKS FOTO'S